开放——一个时代的教育命题

开放式教育——一座现代城市的名片

开放式教育

KAIFANGSHI JIAOYU

张云鹰 著

教育科学出版社
·北 京·

序一

从思考到实践：成长中的开放式教育

■ 袁振国

张云鹰同志从一名普通教师成长为一名特级教师、优秀的校长，在于她孜孜不倦的探索和创新。《开放式教育》就是她探索和实践的结晶。

在深圳城市化进程中，如何实现乡村小学向城市化的转型？张云鹰校长一直在思考研究这个问题。她坚信：城市化首先是人的城市化。人是城市化的主体，如果不是现代城市人去建设、促进城市现代化，那势必就会被非现代城市人拉住城市化进程的后腿。因此，要培养学生成为现代城市人，就必须实施“开放式教育”。

本书信奉的理念是：学校教育不仅应该对学生的升学考试负责，更要对学生的终身幸福负责，要为学生的幸福人生奠定一个坚实的基础。基于这样的信念，作者致力于把封闭的教育、应试的教育改造成开放的教育、全面的教育——培养全面和谐发展的人的教育。

作者认为，开放式教育包括教育信息空间和沟通渠道多元化，教育功能作用纵深化，教育方法多样化，教育技术手段科学化，教育评价个性化，师生关系民主化。开放式教育是公平的，是面向全体学生的，是学生主体自主选择性的。这种开放式教育的内容和模式，既是一种思想、一种理论，又是一种课程、一种活动。它是从满足和谐社会建设和学生身心发展需要的整合观点出发，将教育目标指向培养和谐的、具有国际视野和现代科学文化素质的城市人，是培育公民社会的一个最有效的途径。学校要优质地服务于个体、家庭、社会发展的要求，就要从未来的高度和人的需要出发，去规划今天的教育。

张云鹰校长在深圳农村城市化的社会转型过程中，提出“培养现代城市人”的教育理念，形成的“开放式语文教学”辐射全国，创造性构建并组织实施教师专业发展“三·三制”（三格层次、三环道路、三维空间），提出并打造“读书的女人最美”、“西海讲堂”、“领袖训练营”、“潜在天才培养”等文化品牌，带领一所原属农村、基础较差的小学在城市化进程中实施“开放式管理”、“开放式德育”、“开放式课程”、“开放式教学”、“开放式手段”、“开放式评价”、“开放式文化”，使之转变为一所被政府、社会、家庭以及教育界认可的省一级优质学校，一所融入城市新文化的知名小学。因为实施了“开放式教育”，她所在的学校、课堂发生了静悄悄的变革，师生面貌也因此产生了深刻的变化。

开放式教育是一个新鲜的概念，还需要不断探究、思考，需要各方面的关心、扶持。

（作者系中国教育科学研究院院长）

序二

开放式教育：一座城市的名片

郭雨蓉

《开放式教育》这摞厚重的书稿摆上我的案头，我感觉到了一种特别的分量。这不仅仅是300余页30余万文字构成的物理重量，我更能感觉到的是张云鹰校长对“开放式教育”执著探究的坚实足迹与成就。

开放式教育，兴起于20世纪70年代的英国，后来发展到美国、日本等。它强调以人为本，尊重人的差异性、独特性和创造性，主张发挥人的主体性，促进自立健全的人格发展。开放式教育现已成为世界基础教育改革与发展的创新范式之一，不仅成为学术研究的前瞻性课题，也成为一些发达国家政府倡导的办学方向，更成为勇于变革学校的价值追求。

作为我国改革开放的窗口，深圳教育理应担当起改革先行者的责任，探索从封闭的教学走向全方位的开放、整合和重构的道路，把满足不同学生个性发展需要作为教育发展新的价值诉求。学生的个性和禀赋不同，他们的学习能力、学习适应性和学习兴趣等都有差异，不能用一把尺子衡量每一个学生，也不能用同一种方式去培养每一个学生。我们要从时间、空间、资源等方面，改造我们的教育，发展我们的教育，建立起以学生为本的制度，推进以学生为中心的教学改革。我们还应打开学校与学校之间、学校与家庭之间、学校与社会之间的壁垒，让全市教育系统乃至家庭、社会共享优质学校的教育资源，推动学习方式、教育方式乃至生活方式的变革，发挥教育在家庭幸福、城市文明、社会和谐中的辐射作用。

令人欣喜的是，张云鹰校长对于“开放式教育”的理论探索与辛勤实践，就是基于这样的一种研究胸怀，与现代学校教育的真谛，保持着高度一致的同方向运动，形成了自己独有的研究风格。她的《开放式教育》

有几个突出的特点：一是定位准确，切合教育需要；二是思考深入，不乏探索亮点；三是联系实际，可操作性强。书中各章节内容的确立与阐述，笔下的“开放式教育智慧”、“开放式教育背景”、“开放式教育定位”、“开放式教育观念”、“开放式教育管理”、“开放式品德教育”、“开放式课程与课堂”、“开放式教育手段”、“开放式教育评价”、“开放式教育文化”等，全方位诠释了“开放式教育”，让我们看到了一个新的教育体系的雏形，其研究有相当的深度和广度。

穿插于书中的案例，记录了教师和学生群体的行为，再现了同步实践过程，传达了教学一线的声音。一种教育理论，深藏于高阁，其价值是微弱的。只有当它融入教育实践之中，才会焕发鲜活的生命。这也正是张云鹰校长的可贵之处，校长的教育理想只有转化为全体教师的意识和行为时，才会真正产生强大而持续的动力和效果。

与整个教育改革实践一样，开放式教育，既是一个需要深入探讨的理论问题，也是一个需要积极实践的现实问题。我们既不能完全用传统教育方式去诠释，也不能完全套用开放的理论来解读，而应依据教育发展规律和学生身心成长规律，从当今学校教育的新变化和国际教育发展的新趋势出发，大胆进行开放式教育的理论创新和实践探索。从这一角度来说，开放式教育的研究和实践，还需继续努力，期待着更多的类似著作和作者涌现，期待深圳的开放式教育研究成果向全国传播，在全国开花。

是为序。

（作者系深圳市委教育工委书记、市教育局局长）

目　　录

第一章

滋生崭新命题的开放式教育智慧

21 世纪是知识经济时代，其社会形态是以信息化、网络化、城市化、智能化、学习化和国际化为特征的开放社会。当代中国是开放的，广东深圳更是以开放而引起世人瞩目。开放的国家，开放的社会，开放的城市，必然生成开放的教育。

21 世纪又是“教育的世纪”、“学校的世纪”、“学习的世纪”，我越来越深切而清醒地认识到，面对开放时代的社会，学校的教育哲学、办学思想、管理模式等必须改革，封闭型的学校教育已不再适应开放社会的需要，只有变传统封闭的教育为现代开放的教育，只有超越传统学校的时间与空间的界限，打破学科之间，教师与学生、学校与家长、学校与社会之间的壁垒，促使学校由孤立和封闭全面走向开放，才能真正深化素质教育，促进教学创新，提高办学质量与效益，才能培养与社会发展相适应的现代城市人。

深圳是我国改革开放创造的第一个举世瞩目的经济特区，一个奇迹般发展的新型城市，也是经济社会发展进程中最具代表性的文化现象。深圳的基础教育既是全国中小学教师向往的地方，也是教育科研工作者热情关注的园地。

我来深圳从事教育工作已整整 14 年，其社会发展成就让我震撼，教育改革热潮让我激动，但最让我感兴趣的却是这座新型城市的基础教育。尤其是我在任深圳市宝安区西乡中心小学（以下简称“西小”）校长八年的实践过程中，我一直探索“开放式教育”模式，率先提出“培养城市人、培养现代人、培养国际人”的育人目标，实现了办学效果“校长悦心、教师欢心、学生开心、家长称心、政府放心”的“五心工程”，取得了显著的办学效益。

“开放式教育”模式的探索，既丰富了我的教育智慧，让我在探索中成长与发展，也促进了西小这所虽地处改革开放前沿，却缺乏城市化办学特色的小学良好地实现了城市化转型，引来中央电视台、中央人民广播电台、人民教育、中国教育报、南方日报、深圳特区等多家媒体的关注与报道，美国、英国、日本、香港、北京等国家和地区的众多教育机构、办学单位纷纷前来探秘。在培养现代城市人的理论与实践探索中，我积累了一些粗浅的看法和基本经验，得到同行的肯定和赞许。我想，这些富有地方性、实践性的探索，也许会给正在思考教育转型的人们某些有益的启示和借鉴。

一、第一次竞争上岗当校长

2003 年 7 月，对我来说是个难忘的转折点。一直从事教学研究和教师培训的我，作出了人生中一个大胆而重要的选择。当时，深圳市宝安区西乡政府在《中国教育报》刊登启事，面向全国公开招聘宝安区西乡中心小学校长。其中有一条“硬杠杠”是“年龄 40 岁以下”，而那一年，我刚好 39 岁。如果不抓住这个机会，纵有万般理想也将付诸东流了。1999 年，曾有领导建议我去学校，但当时的我仍旧执著于业务研究。而这一次，我思虑再三，却愿意斗胆一试——此时的我，渴望拥有一块自己的教育“试验田”。

西乡中心小学始建于清朝光绪二十一年（1895 年），是一所具有百年历史的老校。学校原在西乡河西村，是一所私塾。新中国成立后，私塾经改造、扩建，先后更名为西乡小学、海湾小学、西乡中心小学。1996 年，随着西乡教育事业的发展，学校迁入新址西乡商业开发区——碧海湾。1999 年，学校作为宝安区第一所省一级小学，通过评估正式挂牌。

当时的招聘大约收到了上千份应聘材料，西乡政府和当地教育局择优选取了一百多位来自全国各地的教育精英集聚深圳宝安，有的已是内地很优秀的校长。庆幸的是，我以第一名的成绩通过了笔试。面试时，我沉静而微笑着走上讲台面对专家答辩：“我最灿烂的 10 年，是穿梭在中小学教学的课堂里；我最丰富的 10 年，是耕耘在教研和培训的岗位上；现在，我希望把自己最成熟的 10 年，奉献给西乡中心小学。”

5 分钟的自我竞聘演讲获得阵阵掌声，但台下苛刻的评委仍不买账：“张老师，你从未当过校长，何以如此自信，凭什么当校长？”问题如此尖锐。的确，在我的履历中，只写着教研室副主任的职务，从没有当过学校行政领导。然而，面对评委的问题，我毫不犹豫脱口而出：“有时候，过去的教育管理经验也许正是今天教育发展的障碍。有没有当过校长或许不重要，关键是能否在办学思想理念上有所创新。只有创新才有教育个性，才有独到的教育哲学。创新比经验更重要。”

凭着这样一份自信与率真，我的答辩获得第一名。希望出任西小校长，是因为我看重、热爱西小。但是，我看重它不仅具有省一级小学的优良教育设备、环境，更是因为它是处于城乡结合部的农村校，有许多教育转型问题非常值得研究，具有挑战性和可操作性。我把西小当做一个大舞台，一个可以长袖善舞，可以实践我所追求的教育理想的广阔天地。

就这样，我走上了西小校长的岗位。对于我能否胜任，我能感觉到仍有一些人在拭目以待。我选择，我负责。39 岁的我给自己加压，从机关毅然来到学校，“不惑之年”的我常常思考生命的意义。虽说生命之路已走了近一半，但我感觉更不能懈怠，于事业，正是厚积薄发、有所作为之时；于家庭，孩子已过十八，学业前程全靠自己主宰；于身体，四十出头的“机器”还能高速运转……

二、校长必须思考的两个问题

2003 年 8 月 24 日，我是踏着基础教育课程改革的步伐走进西小的，这也是我第一次当校长，体验这一角色的苦与乐。从走进学校的第一天开始，我就清醒地认识到自己的价值和使命——身为一个学校的校长、法人代表、决策者，我要把这所学校带向何方？什么时候才能让西小所有师生感到学习生活在这里是一种自豪和荣耀？我怎样让他们最大限度地走向成功、享受幸福与快乐？校长岗位给了我更宏观的思考机会。

我重点思考了两个维度的问题：一是培养什么样的人和怎么培养的问题；二是办什么样的学校和怎么办的问题。这是我们每个校长都不能回避且必须清醒认识的问题，也是一个校长教育智慧的集中体现。我们国家有总的教育培养目标——培养德智体美全面发展的社会主义建设者和接班人，而具体到每一所学校确立的培养目标则一定要有个性和特色。大学、职业学校、中学、小学和幼儿园又各有区分。

在改革开放地区，有一所小学提出了培养“狼性人才”的目标。该学校校长还在校园正门口精心雕刻了一群狼的塑像作为学校文化标志。结果可想而知——家长恐惧了，教育行政部门震惊了，校长下课了，群狼雕塑推倒了。因为在人们的意识中，在中国人的心目中，狼是一种极其凶残的动物，是吃人的象征，是恶势力的代表，幼儿园的小朋友都知道这一点。但为什么这个校长提出了这样一个不可思议的培养目标呢？在我看来，原因有二。一是由于当时我国刚刚加入世贸组织，中国面临一些新的制度与挑战，社会上开始流行起“狼来了”的恐慌，而著名企业家任正非又在华为打造世人津津乐道的“华为的狼性文化”；二是《向狼同志学习》之类的小册子正悄悄流传，狼的很多优点，比如狼群的团结合作、尊老爱幼、不达目的不罢休的执著精神，很值得我们人类去学习。这个校长一定是想顺应时代的需求，希望培养具有狼性的人才，在竞争中立于不败之地。殊不知，我们确立的学校培养目标一定是在我们党的教育方针确立的国家目标指导、引领、涵盖之下产生的。比如“培养合格的中国公民”，“培养德才兼备、学有所长、健康发展的人”，等等。

当然，也有不少校长对自己的学校应当确立什么样的培养目标十分茫然，他们往往是上传下达，仅仅起到了一个“二传手”的作用。上面说做什么就做什么，至于学校具体要培养什么样的人，没有想法，缺乏个性。

第二个要思考解决的问题是：办什么样的学校和怎样去办？人大附中刘彭芝校长就曾明确提出“创建国内领先、国际一流、世界名校”的办学目标，这是符合人大附中特质的，它应该是中国一流基础教育的象征。受此影响，许多学校也提出创办“管理一流、质量一流、教学一流、环境一流、服务一流的现代化名校”的办学目标，这些学校当中，有的是高端办学，上述目标经过努力或许可以达到，有时则是低水平运作，目标很不切实际。如果我们每一位校长都大声呐喊要创国际一流，那这种口号就只能是一个童话。因此，在思考办什么样的学校时，校长必须要学会定位，实事求是地定好位。联系学校所处的地域环境，针对学校不同的性质，明确本校具体的办学目标。

经过慎重思考，我提出了“培养具有国际视野的现代城市人”即“培养城市人、培养现代人、培养国际人”的目标。确立这个培养目标后，我与全校师生开始朝着它努力。前三年的实践就得到了教育界专家和同行的肯定。原中央教育科学研究所朱小蔓所长这样评价：“张云鹰校长率先提出‘培养现代城市人’的教育理念，并且一直带领着全校师生在理论和实践上执著地进行探索。仅仅三年多的时间，一所原属农村、基础较差的小学，很快转变为一所被政府、社会、家庭以及教育界共同认可的省一级优质学校，一所融入城市新文化的小学。我相信这是先进的教育思想与创新性实践结合的力量所致，是云鹰校长倾心教育实践研究的智慧之果。”

在此实践中，我首先在思考自己究竟要做一个什么样的校长。当前，我国基础教育正处于改革发展的活跃时期，教育观念、办学体制、育人模式、课程设置和品德教育都在不断进行改革和探索，这就要求校长必须以敏锐的战略眼光、锐意改革的精神，主动应对挑战，理清改革思路，创建富有特色的学校，使自己承担起“教育改革者”的角色，向“教育家”型的校长努力。

同时，一名优秀校长还要能够站在时代的高度，把握历史的机遇，对学校的办学价值取向进行正确的选择与定位，尊重教育规律，带动群体，进行创造性办学。

纵观近代教育史，许多教育家和成功校长都有他们自己独特的教育理念，这是他们成功的根本标志。如，苏霍姆林斯基以“相信孩子”的思想缔造了国际著名的帕夫雷什中学；陶行知以“生活即教育”、“民主教育”、“创造教育”的教育思想创立了具有“开明、平等、实干”风格的晓庄师范；上海建平中学老校长冯恩洪提出“合格+特长”的育人思想，创建了闻名全国的“建平模式”。所以，优秀校长应形成自己独特的办学理念，只有这样才能办出自己学校的特色和个性来。

与此同时，究竟应当办什么样的学校，这是我在办学中所要面对的另一个重要问题。西小是在农村向城市化转型过程中发展起来的学校，进校之初，我提出要培养城市化的现代人的教育目标。城市化的现代人同时还扮演着国家公民的角色。培养城市化的现代人，就是要培养现代的公民，就是要培养具有独立的人格、健全的心理和健康的身体的一代新人。

在实践、思考、再实践、再思考中，应该说，我顺利地完成了开局第一年的预期目标。当然，也感到一些遗憾和不足。回顾第一年的艰辛，多少次夜不能寐，多少次食不甘味，只因为有这份沉甸甸的担子，我必须开足马力前行。听课、开会、决策、协调、谈心、汇报、接待、组织活动、调查研究、参观考察、学习思考、处理矛盾、解决问题、撰写文章……大大小小的事情，把我的每一天都填得满满的，我几乎没有上下班的概念，没有节假日的享受，但我很幸福、很欣慰，因为学校在进步，每个老师在进步，每个学生在进步，我在这个集体的熔炉中也在进步。西小的硬件设施条件并无太大改观，但我领导下的一支蓬勃成长的教师团队却开始让人眼前一亮。宝安区教育局长郑映通到学校检查工作时，连声称赞我这里“教育理念新，师生面貌新，教育环境新”。

三、确立“培养现代城市人”的育人目标

萌动培养现代城市人的想法，还缘起于2003年9月1日开学第一天现场情景的一次视觉冲击。

这一天，我作为走马上任的新校长，整装修饰早早地来到学校，满怀喜悦地准备举行开学典礼。但是，我一到现场便立刻懵了：很多家长都不注意自己的着装，有的穿着拖鞋，有的穿着睡衣，还有的竟然穿着短裤；而学生的衣服也参差不齐，如长袖上衣配短裤，衣服扣子系错了位，邋邋遢遢的大有人在，一些家长和孩子在校门口出出进进，目中无人，怡然自得……这哪里是学校？哪里像文明的殿堂？简直像个菜市场！这种其他人早已司空见惯的情景却深深地刺激了我，并激起心灵的震动。我自1991年8月离开学校一线做专职教研员和专职培训教师达12年之久，的确很少关注过课堂外的校风校貌。当天晚上，我辗转难眠，思绪万千。第二天，我向学校教职工谈了我的初步想法，即在农村学校向城市化转型时期，必须树立“培养城市人”的教育目标。很多老师、家长，甚至教育局的领导都不太理解，有的问：“宝安在深圳，很快就要实现城市化，人人都会自然而然地变为堂堂正正的城市人，你为何还提出培养城市人？”有的说：“你提出培养城市人，是不是瞧不起农村人、歧视农村人？”

为了回应这众多的疑惑，我向大家阐述了我的一些基本想法。因为社会转型，所以教育必须转型；因为教育转型，我们的培养目标就必须与之相适应，尤其是处在农村向城市化转型期的西小，更应适应时代和社会的要求，肩负起全面提高人的综合素质的培养重任。

我认为，所谓城市化，主要是指农业人口转变为非农业人口、农村地域转化为城市地域、农业活动转化为非农业活动的过程。深圳自改革开放以来，创造了一个又一个世界瞩目的经济发展奇迹。但是，深圳作为一座靠“空运”完成的移民城市，主要劳动力来自外地，其流动人口占70%以上，而且文化底蕴十分有限，缺乏吸引、孕育出新型的稳定成长的高素质创新型劳动者的基础。因此，深圳要保持持续、稳定、健康的发展，其面临的关键问题是如何解决城市化与现代文明的冲突，如何建立学习型社会，整体提高市民文化素质，提高科技生产创新能力。

为了巩固深圳的“经济强市”地位，在21世纪初，深圳市委市政府审时度势，提出了“文化立市”战略，借此促进深圳的城市现代化建设。正是因为宝安区的城市化进程即将启动，所以在农村城市化变革之中的农民及其受教育阶段的子女，不仅要“洗脚上田”，更要“换脑进城”。宝安的农民要变成合格的市民，必须破除小富即安、小打小闹的小农经济思想，同时必须树立起体现城市文明的规则意识、责任意识、卫生意识、生态意识、城市人际关系意识、城市公共生活意识、城市文化意识，等等，进而才能真正融入社会化大生产和城市各类行业，成为推动社会进步的新型城市市民。也就是说，无论是老市民还是刚转型的“城市农民”，他们在一定时期内都不可能快速完成现代化城市人的转变，从这个意义上讲他们还只能说是“准市民”。

深圳是一块充满改革创新气息的神奇土地，每天不仅生长着高楼，还更多地生长着观念。来自五湖四海的人们，抱着“同在一方热土，共创美好明天”的理想在这里工作和生活着，他们对现代城市文化品质的执著追求，使得这座年轻的城市展现在世人面前的是一幅物质文明、政治文明与精神文明旺盛生长、协调发展的壮丽画卷。为此，对青少年培植一种对现代化城市的认同感、归属感、自豪感与责任感，提高未来城市人的文明素养，对于增强文化在城市建设中的凝聚力、亲和力，增强城市发展中的文化含量，提升城市的文化资本，是十分必要的。

因此，我提出的“现代城市人”，是指“独立的、有公德、有智慧、有活力、有情趣、有气质的公民”。具体地说，“现代城市人”应该具备公民所具有的“独立意识、责任意识、规则意识、公共意识、文明意识、卫生意识和参与意识”等，落实在行为上表现为良好的教养和文明的习惯。

事实上，由于地理位置的缘故，一个“二线”关口把深圳划分成“特区内”和“特区外”，宝安人在深圳特区人看来都是乡下人。究其原因，无非是宝安城市化程度不高，市民遵守规则、参与公共事务的意识不强，文明素质有待提高。开着宝马会打开窗户随手丢果皮纸屑的大有人在。所以，我们该培养一个什么样的人？尤其是小学六年打基础、涂底色的阶段，是分数重要，还是人的德行、品质更重要？是教学技艺重要还是教育性更重要？这都是培养现代城市人这一架构下我们应该明确的问题。

四、"现代城市人"的生存能力

城市是一个国家或一个地区文化的中心。自有城市以来，人类文化的创新、扩散和变异最先都是从城市开始。直到20世纪，世界各国最先进的文化设施、教育机构、文化艺术队伍几乎都聚集在城市，而一个城市人的生活质量，常常反映文化发达程度，也往往代表着一个地区的文明水平。随着城市文化价值及其独特魅力的日益凸现，它已不仅仅是吃、穿、住、行等生活方式的外在体现，而是渗透到社会生活和经济生活的一切领域，成为每一个人及每一种社会生活的基本组成部分，并在社会政治和经济发展中展现出特殊的地位和巨大的促进作用。联合国1986年制订的《世界文化发展十年》政策文件宣称："没有一项名副其实的发展项目能无视自然和文化环境的基本特点及有关人群的需要、追求和价值。"人类发展的两个主要目标：第一是"在发展过程中更强调文化尺度"；第二是"广泛促进人们的创造技能和文化生活"。

生活在现代城市的人们，首先必须具有基本的生存能力，其次是发展能力。培养人的生存与发展能力，是教育的根本任务。具体言之，西小在培养现代城市人方面，确立了如下基本目标。

一是主动学习、善于学习、终身学习，具有追求创新的能力。

联合国教科文组织的著名报告《学会生存——教育世界的今天和明天》中提出了"未完成人"的概念，该报告认为：人永远不会变成一个成人，他的生存是一个无止境的完善过程和学习过程。人与任何其他生物的不同点主要就是由于他的未完成性。事实上，他必须从他的环境中不断地学习那些自然和本能所没有赋予他的生存技术。为了求生存和发展，他不得不继续学习。正是在这样的认识基础上，此报告主张教育应扩大到一个人的一生，使学习者能够主动确定学习目标，善于选择学习内容，终身规划学习过程，不断反思学习结果。

现代城市是一个学习型社会，一个信息化社会，一个智能化社会，一个创新型社会。随着现代城市化进程的不断加快，每一个城市在发展过程中将更强调文化尺度，并且广泛要求提高人们的创造技能和文化生活能力。

在现代城市中生活的城市人，学习将是第一生存与发展的需要。因此，我们不仅要给予学生必要的书本知识和学习技能训练，保证他们按照现行的教育制度要求获得升学的机会，更重要的是要给予他们有益于终身学习的能力培养，培养良好的学习习惯，教会他们主动学习，善于学习，培养他们观察问题、分析问题、解决问题的能力，培养他们独立思考的良好思维习惯，培养他们的怀疑、批判精神和创造欲望，培养他们学会在网络时代收集、吸收、处理、加工各种有效信息的能力，学会在信息的海洋中获得最有价值的发展资源。总之，作为一个合格的现代城市人，必须具有学习能力和发展创新能力，而这些能力的培养正是我们学校教育必须认真对待的任务。

二是适应社会发展，具有自我调节的能力。

社会总是在发展，尤其是发达的现代化城市，发展变化可谓日新月异。城市的本质是文化，而城市文化的特性是多元的、创新的。作为现代城市人，不仅要能适应本城市的文化，而且必须要有广阔的文化视野，以宽广的胸怀，善于学习、吸收别的城市、别的地域、别的国家不同的文化，对不同的文化内涵、价值，要有正确的理解力。我提出培养“城市人、现代人、国际人”的目标，正是出于培养这一能力的考虑。

每个人的发展总是以适应社会发展要求为前提的。在社会转型时期，社会的发展不仅要求我们的教育目标、教学内容、培养模式要适应未来城市发展的需要，为未来城市培养合格的城市人，而且必须要有动态的社会发展观，让我们的青少年明白未来社会的发展速度将会更快，对人的素质要求将会更高，主动适应社会才能求得生存和卓有成效的发展，每一个人都要有自我调节行为、心态、价值、知识和能力结构的能力。如在国外发达城市，一般学生都要学习和掌握两种以上的语言，这不仅是生活与工作的需要，而且也是适应经济全球化、文化多元化的需要。从某种意义上讲，一座城市中人们的外语水平，反映出它的教育和文化水平，我们必须有这种文化与教育观念，注重学生的外语学习，培养他们善于运用多种语言进行文化交流的能力。

三是热爱科学，热爱劳动，具有自食其力的能力。

人类社会已经进入到了一个科学高度发达、科学技术广泛应用、科学技术创新日益主导社会发展和人类生产与生活的科学时代。传统的农业社会、传统的工业社会，日益被科学社会所替代。在我国，尽管科学化程度较低，但城市的生产模式已经开始从劳动粗放型向劳动密集型发展，科技含量快速增强。在知识经济时代，知识创新、技术创新是推动经济增长方式转变的基础，我们必须大力提高劳动者的科学文化素质，大力提高民族创新能力，这是不以人的意志为转移的发展趋势和客观要求。

从深圳城市化的整体发展进程来看，它已经而且还在不断地生产着“准市民”这一特殊社会群体。由于他们的迅速壮大，在他们身上表现出来的滞后于城市发展的社会观念、文化要素，不仅与现代城市社会的发展很不相适应，而且还会造成与现代城市文明、经济社会发展不协调的矛盾。

因此，作为现代城市人，不仅应有必要的基本知识和技能，有社会责任感，而且必须具有未来科学社会所要求的科学素养。我国政府已经高度重视全民科学素质低下对经济社会发展产生巨大障碍的问题，提出了实施全民科学素质行动计划纲要。不少有识之士认为，青少年的科学素养培养不能忽视，刻不容缓。在我们“培养现代城市人”的计划中，西小把科学素养列入素质教育的核心内容，旨在培养我们的学生热爱科学、热爱劳动的素质，培养他们作为未来的劳动者必须具有的劳动能力。劳动是人类生存的第一需要，在未来科学社会的城市人要想自食其力，必须学习和掌握科学技术，必须具有相当的科学素质和劳动技术。

五、开放式教育是实现“培养现代城市人”的必由之路

21 世纪的社会是学习型社会，经济先发达地区应该在建设学习型社会方面作出表率。20 世纪联合国教科文组织发表的《学会生存——教育世界的今天和明天》报告指出，学习可理解为一个教育与社会、政治与经济组织（包括家庭、单位和公民生活）密切交织的过程。在学习型社会里，每一个公民享有在任何情况下都可能自由取得学习、训练和培养自己的各种手段。在现代社会中，作为一个合格的公民，自觉接受教育和学习不仅是一种义务，而且是一种责任。

2004 年初，西小组织了一次家庭文化、教育水准的基本调查。在一、三、五年级学生家庭问卷调查中，我们统计到，40.14% 的家长文化程度在高中以下，47.00% 的家长从事自由职业或无业，84.82% 的家庭没有阅读书报习惯，62.07% 的家长对子女教育不够重视。这种文化水准，反映了宝安区大多数家长的受教育程度和家庭文化现状，同时也帮助我们确立了实施城市化教育的基点。在城市化进程不断加快的进程中，尤其是经济

先发达地区，应该根据社会发展自觉调整、深化素质教育的内容，为提高新生代作为现代城市人的生存能力提供有效的教育服务。

学校、家庭、社区是少年儿童发展中影响最大、最直接的教育与成长环境。作为学生最早接触的是家庭文化，其次是社区文化。父母的受教育程度、社区的文化环境、社区人们的文明行为习惯，对学生发展所起的作用，是其他任何因素所不可相比的，直接或间接地决定着一个地区在校学生的文明教育起点。我在考虑实施现代城市人培养计划时，充分考虑到深圳宝安是一个新兴经济极其发达的城市，是一个外来人口居多而且人口结构极其复杂的城市，是一个多元文化并存、各种价值尖锐冲突的城市。宝安区人口近七百万，外来人口占80%，这在全国也是绝无仅有的。因此，西小在实施培养现代城市人的教育上，把培养现代城市人素养作为人生存与发展的重要内容，以此理解并具体体现、落实、深化素质教育。

在教育日益走向城市化、现代化和国际化的今天，我们只有站在为未来社会培养人才的高度，深层次地分析今天的教育改革方向，深层次地考虑转型社会如何深化素质教育的问题，让教育面向未来、面向社会、面向开放，把人的社会化、城市化放在突出的位置，才能使今天的教育更好地适应社会发展对人的素质的挑战，才能回应知识经济对教育转型的呼唤。

因此，我提出的“培养现代城市人”的教育，它对应的一定是新社会形态背景下的“开放式教育”，这种“开放式教育”的内容和模式，既是一种思想、一种理论，又是一种课程、一种活动。它是从满足和谐社会建设、学生身心发展需要的整合观点出发，将开放教育目标指向培养和谐的、具有国际视野和现代科学文化素质的城市人。总之，我们希望通过“教育一个学生，带动一个家庭，辐射一个社区”，构建起的学校、家庭、社区三位一体的立体多维教育体系，将素质教育落实到各个层面。

附：我的校长竞选演说

校长竞选演说

我国有三个地方以吃辣著名：江西，不怕辣；四川，怕不辣；湖南，辣不怕。我就是辣不怕的湖南人。也许是辣不怕的原因吧，在内地工作了16年后，1997年9月，我有幸成为深圳宝安教育战线的马前卒。我就是张云鹰，中学高级教师，毕业于华中师范大学，现在宝安区教科培中心工作。经过慎重选择，来竞争全省第一个教育强镇的“窗口”学校、宝安区第一所省一级小学——西乡中心小学校长一职。

我深知这个岗位有领导的期待、众人的关注，任重而道远。它既要有扎实的教学管理经验，又要具备深厚的教育科研素质。而我来深圳前，就在全国教育先进单位、湖南省重点小学“向警予学校”任教，教过一个从小学一年级到初三毕业的实验班，还在地方教育电视台做过一年的教育专题节目。曾获得过省教学大赛一等奖，省教研成果一等奖。1991 年，被选任湖南怀化地区语文教研员，负责 12 个县市的小语教研工作。主持实验课题获全国一、二等奖，曾被评为全国优秀教研员，湖南省教研工作先进个人。

我深知作为西小校长，既要有敏锐的眼光，开阔的视野，又要具备协调、合作精神，特别要熟悉区镇教育现状。1997 年，我调宝安后，最初任宝安沙井教研室副主任，跟政府领导一起策划学校布局调整，撰写的《重组沙井教育资源、推进乡镇教育转型》获广东省吴汉良教育管理二等奖。2000 年 9 月调教科培中心负责全区小学教师培训工作。多次参与区教育局规划制定，起草“全区中小学教师三年培训计划”，与各镇教研员精诚合作，发挥各镇优势、集思广益，开创我区培训工作新局面。被评为“区优秀教师”、“区继续教育先进个人”。

我还清楚地知道，作为西小校长，不仅要有育人之心，用人之道，还要具备一定的口头表达和写作能力，树立“龙头”校长的“招牌”形象。来宝安后，我进行各类专题讲座 92 场，培训教师 2000 余人。在国家级刊物发表论文数十篇；其中 5 篇获国家级一等奖；出版编专著 7 本，还应邀参加人教社教师教学用书的编写。

“人生难得几回搏”，站在各位领导、专家面前，我渴望成为西乡教育一个名副其实的指挥者，把我对教学、科研、培训的激情、痴情、真情，化作管理一所学校的豪情。

假如我能成为西小校长，我首先会进行角色转变，从业务过硬的行家向领导管理的专家转变；从执行者向决策者转变；从个人成就观向集体成就观转变。

假如我能成为西小校长，我会充分利用一般人所不具备的行政、专家“资源库”，团结全体教职工树立“人本管理”的思想，把“制度管理、人文关怀”并举，深入调查研究，凝聚班子活力，确立“一个目标”、“两块基石”、“三大支柱”、“四点依靠”、“五项策略”的办学思路。

“一个目标”，即总体办学目标——把西小办成一所“师生素质发展为本，展现精神生命活力”的现代化精品学校。倡导“教者儒雅，以研为乐”的教风，把教师塑造成儒雅人、科研人、幸福人；营造“学者如渴，以思为悦”的学风，把学生培养成求知人、探知人、快乐人。让西小成为宝安区的优质校，成为全面实施素质教育的高质量、个性化的区域示范校。

“两块基石”，即以硬件和软件为基础。既重视硬件建设，提升镇办学校文化品位；更突显软件效应，以课题研究为龙头，以培养名师为主线，走“两件”滚动发展之路。

“三大支柱”，即“创美、创新、创特”。创美——创造“绿色”文明、城市文明、现代文明；创新——理念创新、管理创新、课程创新；创特——特色学校、特质教师、特长学生。

“四点依靠”，一依靠政府领导、宣教办领导的支持；二依靠所辖村委领导的信任；三依靠全体教职员工的努力；四依靠社会、家庭的监督。

“五项措施”，一是法德治校，确保健康发展；二是激活机制，造就高素质队伍；三是优化环境，营造团队精神；四是整合资源，提高办学效益；五是扩大交流，实现对外辐射。

人们常说：“选对一个长，救活一个厂；选对一个人，富裕一个村。”办学也如此，“一个好校长就是一所好学校！”“给我一个支点，我就能撬起地球。”借古希腊哲人的这句话，表明我来之能战、战之能胜的信心。我想，我父母四十岁的时候才有了我——他们这辈子唯一的孩子。给我取名“云鹰”，希望我像飘飞的云、展翅的鹰，翱翔蓝天。我一定能得到这个支点！我希望能用我的能力、我的热情、我的忠诚让政府、社会、家长、师生“满意在西小”；我希望今天先交一份口头答卷，明天有机会再交一份实践的答卷。

谢谢大家！

第二章

阐述地域特色的开放式教育背景

深圳开创了第一个全国无农村城市，随着城市化进程的不断加快，我们不得不重新认识教育的发展方向，重新定位学校教育的功能。邓小平同志早在20世纪80年代中期就提出教育要“面向现代化，面向世界，面向未来”，强调中国的经济社会发展必须解决人力资源开发与科技进步问题，由此引发了我国素质教育的大讨论和科教兴国的共识。今天，当我们面对西方发达国家已经在工业化过程中实现了现代化并步入后现代社会时，我们必须清醒地认识到：我国城市化才刚刚起步，我们还有三分之二以上的人口仍滞留在传统的农业社会，数以千万计的农村剩余劳动力背着沉重的行囊作为发达城市的“新市民”艰难地迈步城市街头，成为现代城市中庞大的“打工族”，四处漂泊。即使在发达地区，刚刚起步向现代城市迁移的本地农民，要真正成为城市社会的高素质劳动者，也必须注入更多的现代性文化要素。

一、生成开放式教育的现实土壤与文化基础

2003年10月30日，深圳市委、市政府作出了《关于加快宝安龙岗两区城市化进程的意见》的决定。同一天，深圳市委、市政府召开“加快宝安龙岗两区城市化进程动员大会”。2004年7月1日，深圳市宝安区宣布启动推进城市化计划，迈出了具有历史意义的城市化步伐。从2004年7月底开始，西乡、福永、沙井、松岗、公明、石岩、龙华、观澜、光明等九个镇进入具体实施阶段，包括撤镇、村委会改建街道办，社区委员会挂牌，资产清查工作等，深圳由此成为全国首个“无农村城市”。

一瞬间，农民在深圳消失，随之而来的是“新城市人”问题。有关专家指出，相比深圳特区内前几个区的城市化，此次宝安、龙岗两区的城市化措施范围更广，渗透更深，改革更彻底，考虑也更全面，更具操作性，特别是充分考虑了村民社保、医疗、教育、就业等切身问题，免除了

村民的“后顾之忧”。

尽管如此，对于我们这些在深圳从事基础教育工作的人来说，学校城市化任务更加艰巨。一方面，深圳城市化的巨大社会进步与发展使我们感到高兴和振奋；另一方面，我们也因为看到这些一夜变为新市民的农村人和大量城市外来务工人员普遍存在着“城市是城市人的城市，不是乡下人的城市”的心理，深深感到宝安区原有农村学校向城市化转型的重大责任。

宝安历史文化源远流长，东晋时就在此建郡县。曾是深圳市崛起源地，在改革开放发展的进程中不断被分出，如今已成为深圳市的六大区之一。宝安区作为深圳市重要的工业基地和西部中心，持续、快速、健康的经济发展，为现代城市化建设和教育事业发展提供了良好的基础。

宝安区基础教育规模和总量占到了全市的三分之一，教育综合实力明显增强。与此相呼应的是对人才的强大需求。20 世纪 90 年代，宝安凭借区位优势吸引了大批优秀人才。但是进入新世纪以后，面对全区教师总量已逾三万人的庞大基数，单纯的引进人才，已经解决不了本土教师长远和深层次的需求，更不能适应全面实施素质教育的要求。为此，宝安区先后提出了“教育转型”、“理念更新”、“人才高地”、“建队提升”等口号，为西小创立开放式教育、建设现代化学校提供了很好的土壤。

一座城市的文明素质，决定它的文化含量和财富。一座城市中人的文化素养，反映出它的教育水平与质量，体现着它的文化品位和文化生态。教育是文化建设的基础，培养什么样的城市人，决定着城市发展的未来。深圳是经济发达城市，大力提升现代城市人的文化素养，既是城市文化建设的重要内容，也是基础教育的艰巨任务。

深圳市政府早已把有计划、有目的地大面积地提升深圳市人的文化素质，列入城市发展的议事日程。在 2004 年 10 月，深圳市文明办联同市社会科学院就开展了一项具有开创性的城市文明测评体系研究课题。在充分研究和吸纳国际相近的评价体系，如联合国有关人类发展指标、社会发展指标，美国、日本、印度等有关社会发展评价指标和《全国文明城市测评体系》的基础上，制定了一套深圳市文明评价体系。它的“文明指数”，是参考了 100 位专家意见，并根据 1000 名市民对 117 项预选文明指标作慎重选取来确定的，基本上体现了科学与民意的统一。如它的“关爱指数、幸福指数、人文指数、安全指数、诚信指数、环境指数、廉洁指数”被确定为7个一级指标和75个二级指标。在75个二级指标中，有49个指标为全国文明城市考评内容，19个指标为深圳市基本实现现代化的指标，64个指标为国际常用指标，三者同时符合的有14个，二者同时符合的有32个。该评价体系既符合深圳市的实际，又符合国家测评体系，且与国际标准相符。

2005年4月29日，深圳市政府向社会公布了这套“城市文明指数”，成为国内第一个独立发布文明指数的城市。人们常说，深圳是一座新型的移民城市，深圳人作为城市真正的建设者，对这座一砖一瓦建立起来的新型城市，却有着比别的城市居民更强烈的家园意识和归属感。这种“家”的感觉让深圳人对文明有了自觉的群体性的追求：自发地关爱他人，关注这个城市发生的一切，自觉地保护自然环境、维护生活秩序、培养社会公德、提高自身素质。2005年，深圳市用这套评价体系对2000年至2003年全市文明状况进行了测评，其结果令人振奋：4年中深圳市的文明指数年均递增率为9.04%。这一结果表明，深圳文明指数年增长率远高于近100年来的世界平均水平（1.5%），创造了世界文明发展史上的奇迹。

我以为，这种乐观的文明指数只能从一个方面说明深圳经济建设带来的文化进步，但它并不证明深圳城市的整体文化素质高于其他文化教育比较发达的城市，如上海、北京、南京、武汉、杭州、西安、重庆、成都等。一方面，这些历史悠久的大城市具有深厚的文化底蕴，有数十所大学，甚至是国内一流的大学城和学术研究机构，在万人大学生占有比例中，深圳显然不能与他们相比。另一方面，深圳作为一座快速崛起的特区城市，由于“深圳速度”不断吸引着越来越多的新增打工族人口，他们的城市化程度比较低，而且在短时间内很难实现质的飞跃和蜕变，相当一部分城市人口仍然存在“洗脚上岸”的农民意识，所以，深圳缺失的是真正意义上的“现代城市人”。

作为学校教育的培养目标，我们所说的现代城市人，关键是要看其文化素养。诚然，文化素养不是单纯的学历指标，而是指那些生活在现代城市社会中富有行动活力、知识智慧、高尚德行、生活情趣、儒雅气质的都市文化人，他们应该具备城市意识、规则意识、公共意识、文明意识、卫生意识和参与意识等六种意识，落实在行为上表现为良好的教养和文明的习惯。随着深圳市的快速发展，现代城市人的文化素质必将会纳入深圳市新的城市文明发展指数体系。而作为一个教育工作者，我只能用开放式教育去逐步实现这种转变。

二、生成开放式教育的理论基础

在形成开放式教育的认识过程中，我认识到，一定的社会形态决定着教育形态，社会转型必然要求教育转型。践行开放式教育、培养现代城市人作为一种教育认识，一种教育理念，要想有说服力并能指导教育改革实践，必须得到理论的支持，必须建立它的理论基础。

我认为，马克思主义关于人的全面发展学说，是“践行开放式教育、培养现代城市人”命题的重要理论基础。马克思主义的这一学说认为，人的全面发展，一方面必须建立在人的社会实践基础上，教育必须与现实生产实践相结合。因为人是社会的，是现实社会的生产劳动者和生活者。在现实社会中从事生产和生活的人们，其体力、智力必须得到充分与自由的发展，以适应不同生产劳动和社会实践的需求。另一方面，随着社会的进步与发展，人的才能、潜能与品质的多方面发展也应该是不断完善的、逐步全面的。因此，教育在培养社会人的一切属性时，每个人都无可争辩地有全面发展自己的权利。

马克思主义教育理论的基本观点告诉我们，人的全面发展内涵必须从适应社会发展需要来确定。我国素质教育强调人的全面发展，强调创新能力与实践能力的培养，正是根据社会发展需要确定的。西小实施开放式教育、培养现代城市人，就是要把生长在城市中的青少年培养成合格的现代城市社会的新成员。新一代城市人应该具有现代城市社会生产与生活的基本素质，包括基本社会意识、社会责任、科学素养以及生产与生活的基本技能。

我国的素质教育在理论基础上必须坚持马克思主义关于人的全面发展学说，从社会现实与发展的需要看待如何发展，发展什么的问题。从教育与社会之间的发展关系看，一定的社会形态决定着教育的模式、性质、内容与目标，当我国大力推进城市化而且传统农业社会正在向城市化、城镇化转型的今天，我们的素质教育应该突破传统狭隘的学校教育观念，以社会化而非学校化的范畴丰富素质教育的内涵，让素质教育赋予现代城市精神与特色。

从教育基本理论角度看，许多现代教育家提出了“教育即社会改造”、“教育即生活改造”的观点。

我国教育家陶行知秉承美国著名教育家杜威关于“教育即社会”、“教育即生活”、“教育即成长”的理念，于1926年12月在《中国乡村教育之根本改造》一文中指出：乡村学校是今日中国改造乡村生活之唯一可能的中心。明确提出了以办学为途径来改造乡村的教育目标。陶行知认为，教育就是社会改造。他说，我们一提及教育便含了改造的意义。教育好比是火，火到的地方，必使这地方感受他们的热，热到极点，便要起火。“一星之火，可以燎原”，教育有这样的力量。教育又好比是冰，冰到的地方，必使这地方感受它的冷，冷到极点，便要结冰。教育有力量可以使人“冷到心头冰到魂”，或是变热，或是变冷，都是变化。变化到极点，不是起火便是结冰。所以教育是教人化人。化人者也为人所化，教育总是互相感化的。互相感化，便是互相改造。社会是个人结合所成的，改造了个人便改造了社会，改造了社会便也改造了个人。寻常人以为办学是一事，改造社会又是一事，他们说办学已经够忙了，还有余力去改造社会吗？他们不知道学校办的得法便是改造社会，没有功夫改造社会便是没有功夫办学，办学和改造社会是一件事，不是两件事。改造社会而不从办学入手，便不能改造人的内心；不能改造人的内心，便不是彻骨的改造社会。反过来说，办学而不包含社会改造的使命，便是没有目的，没有意义，没有生气。所以教育就是社会改造，教师就是社会改造的领导者。在教师的手里操着幼年人的命运，便操着民族和人类的命运。

叶澜教授在“新基础教育”理论中把教学过程的基本任务定位为：教学过程使学生努力学会不断地从不同方面丰富自己的经验世界，努力学会实现个人的经验世界与社会共有的“精神文化世界”的沟通和富有创造性的转换；逐渐完成个人精神世界对社会共有精神财富具有个性化和创生性的占有；充分发挥人类创造的文化、科学对学生“主动、健康发展”的教育价值。教学过程中师生的内在关系是教学过程创造主体之间的交往（对话、合作、沟通）关系，这种关系是在教学过程的动态生成中得以展开和实现的；“多向互动、动态生成”是教学过程的内在展开逻辑。这一教学过程任务的定位，表达了我们对教学过程中必然出现的两个“世界”的多重变换关系的认识，对如何教学式地处理这些关系的基本立场，以及教学需要完成的任务和服务目标的要求。在有关学生对社会共有精神财富的“个性化和创生性的占有”这一要求中，“个性化”是指个人的动机、需要、基础、兴趣、特长、倾向性、学习的风格和思维方式等因素的组合，是指每个人从共有精神财富中获取的内容、方式，都带有个人的选择和特征，并形成其个人精神世界的特质和促进个性的丰富化与发展。这里强调“两个世界”的转换不是千篇一律的过程，更不是要求通过教学培养出“统一的标准化”的学生。“创生性”包括两方面的含义：第一，创生性的“占有”过程，对于学生的发展具有生成的意义，它不仅表现在丰富、形成和发展了学生的内在精神世界，培养了学生各种能力和加速了其社会化的进程，而且表现在学生对自我的期望、信心和发展意识、策略等方面的提升；第二，创生性的占有是学生创造能力的开发、生成和积聚，同时对创造性活动的理解和体验过程，它不是知识的灌输与简单积累，而是用科学、文化内涵的创造力，去激发、促进学生个体生命创造力的发展过程。

美国哈佛大学的发展心理学家霍华德·加德纳创建的“多元智能理论”，被视为我国实施新课程改革的重要理论依据之一。这一理论主要讨论了如下八种智能（智力或能力）：一是语言智能，指的是掌握并运用语言、文字的能力；二是数学—逻辑智能，指的是逻辑推理、数学运算以及科学分析方面的能力；三是音乐智能，指感觉、欣赏、演奏、歌唱、创作音乐的能力；四是身体运动智能，指运用全身或身体的某一部分，解决问题或创造作品的能力；五是空间智能，指针对所观察的事物，在脑海中形成一个模型或图像从而加以运用的能力；六是人际智能，指了解他人，与人合作的能力；七是自我认识智能，指自知、自处、深入理解自己内心世界的能力；八是自然观察者智能，用于对各类事物的观察辨别，就是通常所说的观察能力。

我国当前的教育改革的目标，是彻底变应试教育为素质教育。这一点，与多元智能理论的教育学导向不谋而合。此理论的出现，为我国的教育改革提供了科学的理论根据。它在美国和世界各国成功的应用，给予我国基础教育课程的改革很多有益的启示。哈佛大学教育研究生院院长墨菲（Murphy）教授对多元智能理论给予了恰如其分评价：这个项目的研究对人类的智能理论发起了挑战，使我们对创造性和认知的理解更进了一步。它还使我们不得不再一次思考教育的内涵，思考未来教育的模式。他还说：他们的工作帮助教育家辨认和培养那些在传统教育中不被承认和没有被发现的智能强项，开发和试验了新的课程、新的活动、新的评估方法和教学方法，对美国各级学校有深远的影响。

加德纳及其多元智能理论认为，心理学家不应专注于发明各种测试方法，然后将儿童按照聪明程度分等、排队，而应该集中精力，帮助那些在学校表现似乎不佳的人，树立他们学习的信心，开发他们的智力特长和强项，从而造福于社会和人类。多元智能理论表明，过去的应试教育着重选拔、淘汰人，方向错了，所用的标准也错了。仅仅凭逻辑数学智能和语言智能，判定人的智力高低，以决定谁该接受高等教育，谁该从事简单劳动，人才评价、职称晋升以文凭为唯一标准，是社会人力资源的最大的浪费。对于应试教育中的不成功者，应该发挥其数理逻辑、语言以外的智能优势，进行跨学科的学习，同时开发智能弱项，以求全面发展。对于应试教育中的成功者，一样需要加强数理逻辑、语言智能以外的音乐、身体运动、空间、人际、自我认识、自然、存在智能的培育，满足时代对人才综合素质的要求，度过更加美好的人生。多元智能理论："每个学生都是潜在的天才"；"每个学生都是不同的，有差异的，应该注意发现和发挥学生的智能强项"；"教育家应该追求更远大的目标，也就是真正理解并学以致用。"因此，"多元智能理论"也是我们践行开放式教育、培养现代城市人理念的重要理论依据之一。

三、开放的社会必须满足人的终身教育要求

在当前开放的社会中，学习（认知发展的需要）已成为人的基本需要。学习是成为"人"的基本条件。知识是人类经验的积累和总结。要把人类积累下来的知识、经验传给下一代，需要通过教育来完成，这里就包括教师的教和学生个体的学。无论现代的信息手段如何先进，知识资源如何丰富，不经过学习就无从掌握所需要的知识。也就是说，人们要掌握所需的知识，最基本的付出就是学习。知识经济时代，知识作为经济发展的主要资源，是维系社会存在和进步的基石。因此，不经过学习，就不能成为"人"。

在当前开放的社会中，学习已成为人生存与发展的必要手段。在现代社会，更多的工作需要劳动者有良好的科学文化素质、坚实的专业技术知识和勇于开拓的创新能力，即使是普通岗位的劳动者亦是如此。要适应这个环境，必须不断地掌握新的知识，必须不断地学习。

20 世纪 70 年代初，联合国教科文组织提出"终身教育"的新观念，认为教育是一个终身的开放学习过程。"终身教育"不限于青少年、儿童

时期的学校教育；既指有组织的学习，又指偶发性的学习；既包括正规的学历教育，又包括非正规的、非学历教育。其最终目的是持续发展人的潜能素质和不断改善个人社会生活的质量，以适应社会急剧变化和科技不断进步的需要。

随着现代信息技术的发展，让每个人根据自己意愿主动进行学习已成为可能。信息高速公路、多媒体技术、光纤通讯、虚拟现实等技术的长足发展与普及，使得教育媒体不再局限于印刷的书本，还可包括融文字、声音、图像为一体的电子教科书，多媒体软件以及网上传输的影视节目、卫星节目、教育节目等，这一变革将使每一个学习者都有可能获得优质的教学服务。学校将没有明显的校园界限，对于学习者，所有信息都是开放的，不受时空的限制，也不受职业和年龄的限制，每个人都能真正获得均等的受教育的机会。网上学校已经出现，终身教育将满足人的基本学习的需要。

联合国教科文组织在《学会生存——教育世界的今天和明天》一书中指出：科学技术时代意味着知识正在不断地变革，革新正在不断地日新月异……教育应该较少地致力于传递和储存知识（尽管我们要留心，不要过于夸大这一点），而应该更努力寻求获得知识的方法（学会如何学习）。基础教育是一个人学会学习的最好时期，也是学会学习能力的关键时期。学校到底应该教什么？我们认为最重要的是应该让学生学习“怎样学习”和“怎样思考”，基础教育将成为为人的“终身学习”打基础的教育。开放式教育正是要努力成为体现基础教育的这种打造生命基础和提升素质品质的功能的教育，从而将学生引入学习型、创新型人生的殿堂。

四、开放的社会需要开放素质的新型人才

当今的开放社会是知识经济时代，知识经济对教育现代化提出了挑战。知识经济的本质是创新，培养创新人才将成为教育的基本任务；知识经济的核心是教育，教育培养未来的人才素质是否适应社会发展的要求，将决定一个国家、民族的前途和命运。

知识经济所要求的新型人才，必须具有开放的素质，包括思想价值观念、知识能力结构和身体心理素质等方面。

思想价值观念：新型人才应具有多元化的价值观，注重自我实现的人生观、民主化的政治观、强烈的竞争意识、紧迫的危机感和开放灵活的处

事态度，能适应各种生存环境等。换言之，不应有单一的价值标准，不以个人利益和需要的获得与满足为人生理想，不以极端的权力为政治追求，不拖沓、不懒散，不麻木、不呆板，不自我封闭。

知识能力结构：知识是知识经济的基础，显然，知识以及合理的知识结构对新型人才来说是至关重要的。在所有知识结构中，理论知识是基础，应用知识是关键；"有形知识"是基础，"隐形知识"是关键；专业技术知识是基础，信息传播知识是关键。知识经济时代经济活动的多元化、灵巧化和分散化等特征要求人才对知识的掌握是全面的，因为，专业人才是经济活动中具体知识和技术的开发者，而普通人才则是知识和技术的应用者。形成多方面能力是知识经济时代对新型人才的基本要求，这里说的能力包括一般能力和特殊能力。一般能力是指从事职业所必备的通用能力，它一般是指针对正在出现的工作形式与工作组织的、使个人得以有效地参与各种不同的社会环境的、涉及知识和技能的整合与运用的那些能力，如认知学习能力，社会适应能力和人际交往能力以及评价能力等。特殊能力主要是指主体特有的知识创新能力，包括适应终身学习的要求而自主获取知识的能力，发现问题和解决问题的能力，科学思维特别是创造性思维的能力，判断、选择、开拓、生存的能力，还有敏锐的感知能力和坚强的承受能力等。

身体心理素质：知识信息稍纵即逝，新型人才应具有敏锐的感知能力；创造是知识经济的主题之一，新型人才应具有进行创造性思维的习惯或思维定式；多元化是知识经济时代的特质，新型人才应具有丰富的个性；知识经济时代的激烈竞争将导致成败体验的频率和程度日益加剧，新型人才应具有坚强的心理承受能力；知识和信息传播与交流范围的极大拓展而导致人际利益往来日趋密切，新型人才应具有开朗活泼的性格；人际利益往来日趋密切的背后将导致人情的淡漠，新型人才应保持其丰富、善良、真挚的情感；激烈的竞争和繁重的工作对身体素质又提出了严格的要求，新型人才应养成锻炼身体的习惯，具有健康的体魄。

准确把握并着力培养学生形成这些素质，是教育改革和发展中的重要课题，也是现代教育质量提高的主要标志，更是实现提高人的生活质量与服务于社会进步的必备条件。

五、开放的城市需要开放的教育

深圳城市化序幕拉开以后，开放的程度越来越高，经济和社会的高速发展，更加促进了深圳宝安的城市化水平不断提高。西小所处的西乡位于宝安的碧海湾，从20世纪90年代开始设镇，是宝安辖区管理的一个大镇，经济总量和人口总量均位居宝安前茅，如今的总人口数近100万。西乡街道共有公民办学校、幼儿园36所，是通过宝安区优质教育评估的第一批街道。西乡的教育在宝安经济蓬勃发展、社会进步日益加快、社会文明程度不断提高的进程中，始终沐浴在城市化的春风里。西乡政府在城市化的进程中，特别注重用发展的眼光，高起点、高标准致力于夯实西乡新的经济腾飞基础，在不断加强市政设施建设、美化城市环境、打造城镇经济文化品牌的同时，不断增加基础教育的投入，成为“广东省第一个教育强镇”，西小也成为宝安区第一所省一级学校。

然而，在日趋城市化的进程中，也日益暴露出人的素质与城市化要求不甚协调的一面，出现了一些不和谐的“音符”。如作为一种“准市民”，城市中的原有村民在农村社会形成的传统文化意识依然存在，长期沿袭下来的文化观念、行为方式与现代城市的发展不相适应，拖了城市化发展的后腿；一些村组织及村民缺乏大局观念，影响了城市的整体规划；人们的农村意识、农民观念与经济发展、市政建设和社会管理等之间的矛盾日益凸显，严重制约着城市和教育的可持续发展。

众所周知，社会转型的关键是社会经济与文化的整体转型。人是经济、文化的主体，也是教育的主体。在社会转型的过程中，通过多种途径和方法引导人们转变社会角色，树立现代城市人意识，以城市发展观念指导工作、生活，实现人的思想观念和行为修养的“城市化”，使之成为真正意义上的“城市人”，的确是一种新的教育问题。在这种情况下，作为一名普通的教育工作者、一名小学校长，怎样将自己的教育思考、教育管理有机地纳入城市化的大背景中，如何有效利用教育手段为这项社会转型过程中人的发展需要服务？这是我当时不断思考、不断探索的课题。

我想，现代城市社会的中小学不再是孤立于经济社会的、仅仅依靠财政拨款办学来普及九年义务教育的文化孤岛，更不是为了满足孩子上学、升学、考试而盲目进行单纯书本知识灌输的信息中心，而应该是为现实社会培养合格人才、促进新生代社会化的基地，是现代先进文化、现代科学信息的传播中心，它应该具有独特的文化、教育辐射功能。因此我提出，西小要转变功能，就必须坚持“以人为本”和“社会为本”并重的教育理念，以切实提高新生代及其家长们的现代城市人的基本素质，充分利用学校教育资源，用“开放式教育”培养“现代城市人”。

附：西小“开放式教育”三年新发展战略规划

西乡中心小学“开放式教育”三年新发展战略规划（2008—2011年）

西乡中心小学在二次创业五年发展规划顺利完成之后，已迈入了新的发展关键时期。根据《西乡中心小学二次创业五年发展规划（2003—2008年）》，秉持继承、发展与创新的原则，深入开展开放式教育实践与研究，以科学的思维、严谨的作风、求实的态度、创新的精神，规划新蓝图，推进新发展。

一、背景分析

（一）学校概况

深圳市宝安区西乡中心小学始建于清朝光绪二十一年（1895年），是一所有一百多年历史的老校。学校原在西乡河西村，是一所私塾。新中国成立后，私塾经改造、扩建，先后改名为西乡小学、海湾小学、西乡中心小学。1996年，随着西乡教育事业的发展，学校迁入西乡商业开发区碧海湾。1999年，学校作为宝安区第一所省一级小学，通过评估正式挂牌。

学校环境优雅，人文荟萃，占地2.7万平方米，建筑面积1.24万平方米；建有200米6道环形和130米直线塑胶跑道，6个室内羽毛球场，700多平方米的体育馆；拥有校园网、校园电视台、生物园、实验室、语音室、图书室、阅览室、心理咨询室、科学探究室、生物标本室、电脑室、电子琴室、电子音乐训练室、古筝排练厅、舞蹈室、音乐室、陶艺馆、美术室、书法室、展示中心、交流中心、汇演中心等教育教学功能场所及设施。学校现有36个教学班，学生2146人，教职工117人。学校现有区学科带头人和名班主任5人，现任校长张云鹰是广东省特级教师、中央教科所特聘专家、全国中小学信息技术创新管理校长。

2003年9月，张云鹰校长上任，恰逢深圳城市化进程如火如荼。作为一所向城市学校转型的农村学校，张校长率先提出了“培养现代城市人”的教育目标，被有关专家誉为“国内首创”，并得到顾明远教授、朱小蔓教授等国内知名专家的高度评价。

学校把《培养现代城市人——开放式教育实践与研究》作为全面实施素质教育、推进基础教育改革的综合性校本课题。该课题2005年5月被正式列入深圳市教育科学“十五”规划重点课题。学校根据深圳城市化大环境，结合学校教师、学生和家长的客观条件及其文化背景，把“现代城市人”的外延概念确定为“现代城市学生”、“现代城市教师”和“现代城市家长”，将其内涵界定为“有活力、有德行、有智慧、有情趣、有气质的现代都市文化人”。

学校把“培养现代城市人”作为素质教育目标的具体化，开展了卓有成效的实践与研究，得到各级领导专家及社会各界的广泛支持和普遍赞誉，实现了学生、教师、学校的科学发展。中央电视台、人民教育、中国教育报等30多家新闻媒体进行了报道；科研成果系列丛书《扬帆西海》《放飞梦想》已由中国文联出版社正式出版；张云鹰校长的近30万字的专著《教育智慧与学校创新》被列入中国特级教师文库，由人民教育出版社出版。学校现为深圳市第一个“全国科学教育实验基地”、宝安区第一所“全国写字教育实验学校”，被评为全国中小学信息技术创新应用示范学校、中国西部教育顾问单位、广东省绿色学校、深圳市安全文明标兵小区、深圳市教师继续教育先进单位、宝安区优质化学校、宝安区教育工作先进单位、宝安区科研工作先进单位、宝安区家庭教育先进单位、宝安区首批信息教育示范学校等。

（二）学校“新发展”面临的新形势

1. 具有较好的基础和一定的优势

学校在二次创业五年发展中，先后历经“管理合作年”、“学习创新年”、“课程质量年”、“名师团队年”、“科学人文年”，为今后的三年新发展（以下简称“新发展”）积累了经验，打下了基础。

在各级政府和社会各界的大力支持下，学校先后高质量通过了“广东省一级学校”复评和“宝安区优质化学校”确认，被评估组评定为“一所学生欢心、教师开心、家长称心、社会放心、具有区域示范性的学校”。学校在校本培训、教育科研、活动课程等方面取得了优异的成绩，在全区处于领先水平；在信息技术、陶艺、书法、国学等方面形成了鲜明的学科特色，在全区具有一定的优势。学校办学理念不断提升，队伍建设、教育设施、办学规模、内部管理、综合实力等方面也有长足进步，为学校的“新发展”奠定了坚实的基础。

2. 发展新机遇

随着宝安教育的发展，学校将由西乡街道直管小学逐步过渡到区教育局直管完全小学，这为学校的发展提供了更加广阔的空间；学校新的领导班子重新整合，为学校的新发展凝聚了管理力量；宝安区教育系统的人事制度改革以及提高教师工资待遇的有关政策，为学校引进更加优秀的教师提供了有力保障，建立一支德艺双馨的高素质的教师队伍已成为可能；学校的进一步发展和社会声誉的不断提升，为学校树品牌、创名校提供了保证。

3. 面临的主要困难和挑战

第一，由于人民群众对优质教育的需求，造成西小班额过大。如何在大班制条件下，真正做到“面向每一个学生”，如何在村小改造的同时，凸显中心学校的作用和地位，有待上级领导和教育主管部门的进一步支持。

第二，在宝安区第二届“新课程·新理念”教学大赛总决赛中，西小六金一银总成绩名列全区第一名。近年来，虽然西小教师的整体素质提高较快，但音乐、体育、美术、科学等学科名优教师偏少，不利于学校全面均衡发展。因此，如何引领青年教师快速成长，形成各学科名优教师梯队，是学校实施可持续发展过程中要认真解决的问题。

第三，学校有近45%的学生来自外来劳工子女，这些孩子家庭收入低，住房条件差，父母学历低，社区文化氛围与宝城城区相比也有一定的差距，学习困难或品德有缺陷的学生较多，提高他们的学习成绩和品德素质，仍然是学校工作的重点和难点。

第四，学校功能室不足，设备设施有待进一步完善。需要兴建一栋综合大楼，以保障学校健康发展。

第五，虽然长期以来学校的信息技术教育在全区具有一定优势，但近年来区内有些学校在这一学科显示出较强的实力，对西小的优势地位形成较大压力；学校在艺术教育、家庭教育等方面，与全区小学中一流水平学校相比，还存在着一定的差距，有待采取大举措，实现大提升。

二、指导思想

以“教育要面向现代化，面向世界，面向未来”为指导，全面贯彻国家教育方针，全面落实科学发展观，用“承华夏传统，纳四海文明”指导学校的“新发展”。在学校教育实践中，遵循现代教育发展规律，坚持继承、发展与创新的办学方略，围绕“为和谐社会培养现代城市人”的办学宗旨，与时俱进，自主创新，全面实施素质教育，全面提高教育质量，为进一步办好让人民满意的教育而努力奋斗。

三、发展目标

办学宗旨：为和谐社会培养现代城市人

教育方略：以愉快成就学业，以知识博大胸怀，以创新激活生命，以智慧奠基未来

育人目标：培养城市人，培养现代人，培养国际人

校训：自主、扬善、慎独、躬行

校风：为人求真，为学求实

教风：教者儒雅，以研为乐

学风：学者如渴，以思为悦

学校践行“开放式教育”，实现“新发展”，这里的“新”主要表现在：第一，倡导多元智力的全面发展；第二，倡导全人发展的综合教育体系；第三，倡导培养创新精神和实践能力。通过开放式教育实践，努力使学校、学生、教师获得新的和谐发展。

（一）学校发展目标

1. 探索“以人的发展为本”、实现自主与创新、师生共同发展的小学教育现代化之路，全面建构以“自主、发展、创新”为核心的新体系，推进学校办学模式的现代转型。

2. 探究学生发展为本的课程与教学新模式，既实现以发展为出发点，达到自主、创新目标的纵向课程目标，又实现兼顾不同发展关键期需要的横向课程整合；从根本上转变以学科和教材为中心的教学模式，既把发展作为教学的中心，又实现自主、创新的教学效果。

3. 建设一所具有现代教育理念、以教育科研为兴校基础、推行现代教育思想、学生得到全面发展、名师荟萃、整体办学效果显著的实验性、示范性、现代化名校。

(二) 学生发展目标

1. 实现学生多元化的全面发展。充分开发学生的各种潜能，创造多样化的发展机会，真正做到因材施教，人人得到主动的发展。

2. 实现学生自主的教育理念。在发展为本的前提下，学生具有较强的自学、自理、自强、自治、自律、自护的能力，具备良好的学习方法，基础知识扎实，兴趣广泛，求知欲旺盛，身体健康，有一定的判断能力。

3. 实现学生具有良好创新精神的教育目的。学生具有一定的独处能力和乐观向上的自信心，热爱科学，热爱生活，思维敏捷，勇于发表不同意见和看法，有健康的人生理想和健全的人格特征。

(三) 教师发展目标

1. 树立新型的现代教育理念，掌握新发展教育实验的教育原则，有创新、开拓的发展要求和科研精神，有立志改革的决心和信念。

2. 强化教师教育科研意识，大力提高科研能力。每位教师都应制定个人科研工作计划，人人著书立说，形成不同的教学风格和学术流派；鼓励教师在教学中敢于冒尖，加速培养学科带头人；鼓励教师敢于创新，形成自己的科研“拳头产品”，使学校涌现出一批具有较强科研能力的名师。

3. 提升教师的教育教学能力，达到“四会”、“四好”、“四心”、“四转化”。每学年应开展一次“一达二评”系列活动和教学基本功竞赛活动，全面评比教师教学综合素质，包括师风、教学水平、教学科研成果以及合作精神等，推出一批有重要影响的教学尖子。

四、推进策略

(一) 新发展教育工程

全面实施开放式教育，建构“自主、发展、创新”的新发展教育体系，进一步优化办学模式，促进学校新的发展，培养具有中国情怀和国际视野的现代城市人。

自主，是指学生获得自学、自理、自治乃至自立的能力，形成一种人生的自觉、自尊、自爱的态度，具有强烈的主动性、主体性的主人翁意识和使命感，养成健康的自我意识结构，发展健全的人格。

发展，是指学生包括身心、个性都得到积极、和谐、有人性的进步，这种发展需要改革以应付考试为目的的传统课堂教学模式，也需要转变偏重于知识教学，以分数衡量人的发展观。

创新，是指学生具有强烈的求新、创新精神。这种创新精神来自学生在获取丰富的知识中的不断进步，并在掌握知识、具有较高分析能力下，具有自信和独特的观察探究能力，敢于推陈出新，提出新观点，作出有价值的发现、发明等。

“自主、发展、创新”三者既是一个动态过程，又是融为一体的。没有学生的发展，要形成自主性和创新精神就无从谈起，而失去对自主性和创新的追求的发展，也必会陷入教育的误区，最终只能变成一种空洞的游戏。

1. 倡导三种教育的结合：一是知识教育与创新教育结合，把知识教学的目的定位于培养学生的创新精神，把发现、创造引入知识教学过程，使知识学习的过程同时也是创造和发现新事物的过程，转变传统学习知识的背记模式，使学生的学习成为发展智力和培养自主性及创新精神的必要活动，从而获得真正的发展；二是学校教育与社会教育结合，把社会实践和人类生活引入学校教育过程，在全面学习人类的文化知识中参与人类生活过程，使学习成为参与人类发展知识和发展自身的过程，使学生在丰富的学习情境中激发创新意识，培养自主精神，获得全面的发展；三是智力教育与人格教育结合，按人自身的方式学习知识，通过发展健全人格来促进智力的发展。

2. 以学生发展为本，建构适合学生发展的新教学体系。调整各学科的年级设置秩序和课时量，突出小学教育发展性和基础性的特点。根据“自主、发展、创新”来设计教育教学工作。在倡导学生全面发展为本的基础上，坚持和谐、健康、向上的方针，实践“一切为了学生，为了一切学生，为了学生一切”的思想。教学过程中强调难度教学原则、广度教学原则、情趣教学原则、探究教学原则和有意义教学原则，倡导面向全体，开发特有潜能，注重因材施教的精神。

3. 重视培养学生自主能力。建构发挥学生自身积极性、树立学生主体意识、培养学生自主能力的教育体系；转变传统注重服从、灌输的教育原则，通过重视自学能力、自理能力、自治能力和自主能力的培养，形成良好的行为习惯；切实转变传统教学以教师为中心的教育思想，通过培养主动性进而达到主体性、发展性小主人翁精神；转变传统的统一约定的教育模式，通过良好氛围的陶冶，达到健康的自我意识，发展健全、和谐的人格特征。

4. 重视激发学生创新精神。发展与自主的最重要目标是培养学生的创新精神。学校大力倡导创新意识，把创新作为教学的纲领来组织教学，鼓励学生大胆质疑，积极探究；组织创新讲座，训练思维方法，开发创新欲望；利用“科学探究室”，建立各种发明创造兴趣小组，拓展学生创新的空间；鼓励学生参加各级小发明、小制作、小论文比赛，对学生创造发明发现给予重奖。

（二）管理体制建设工程

深化学校管理体制改革，把推进和创新管理体制作为学校“新发展”的突破口，作为优化教育资源、重组教育结构、盘活办学机制、提高教育效益、实现“新发展”的关键。

1. 推行全员聘任制。对学校中层管理人员及学科教研组长、年级组长实行竞争上岗制度，优化管理人才培养机制。制定工作实绩考核制度，对全体教职工的主要工作实行量化管理，把量化考核结果作为聘任的主要依据，力争考核科学，管理公开。

2. 进一步优化内部管理机制。把目标管理、制度管理、情感管理有机结合起来，继续实行“年级负责制”，与学科教研组双管齐下，体现责、权、利的有机统一，科组之间既明确分工，又相互协作，充分发挥集体智慧和团队作用。

3. 进一步完善学校各项管理制度。在2008年秋修订完成学校章程及各项管理制度的《方圆广视角》，并提交学校教代会讨论通过后实施。

4. 建立科学的质量管理机制。质量监控分为四个层面，即校长、教学处、质量监控小组（教研组长和学科骨干教师组成）、科任教师等四个层面。学校设立质量监控室，教学处主任兼质量监控室主任，具体负责落实《西乡中心小学教学质量监控方案》。

5. 加强学校安全工作。成立由校长任组长、主管副校长和安全办主任任副组长、各处室负责人和年级长为组员的安全工作领导小组，认真制订工作方案并组织实施。制定不同层级的安全管理责任制，层层签订安全责任书，全面推行“目标明确、责任清晰、制度保障、绩效考核”的管理机制。根据学校的作息时间，划分安全责任时段，实行时段安全责任制；根据师生在校的活动区域，划分安全责任区域，实行区域安全责任制；进一步完善学校安全应急预案，确保万无一失。

6. 经常开展安全知识讲座和应急演练，提高师生安全意识和自救互救能力；加强与共乐派出所的联系，深入开展学校周边环境的综合治理；加强食品安全，经常组织食堂工作人员学习有关的文件，食堂物品采购统一由知名公司负责。

7. 建立和完善各项信息化管理制度，加强网络管理，保障网络安全。网站管理员要借助网络防火墙和网络过滤软件，屏蔽掉不良网站和信息，排除安全隐患，并及时做好重要数据的备份。强化教师的网络道德意识，提高自律能力，做到不上非法网络，工作时间不上与教育无关的网站，不玩游戏，不利用网络聊天。

（三）科研兴校工程

全面推进学校教育科研工作，把教育科研作为转变办学体制、转变教育教学观念、增强学校核心竞争力、提升教育质量的根本措施。

1. 倡导科学治校、科研促教的新办学观，践行科研兴校方略。每个学科教研组都要拟定科研工作方案，申报科研课题，把教育教学工作建立在科研的基础上，从而使科研兴校深入人心，全校上下形成强烈的科研意识、成果意识、精品意识，努力向科研要质量、向科研要效益、向科研要特色、向科研求发展。

2. 推行全校性的教育实验工作，促进学校新的发展。全面开展“开放式习作”教学实验，构建以“写”为核心的语文新课堂；深入开展英语综合式实验，促进英语教学质量的全面提高；大力开展国学经典诵读实验，培育学生的人文素养；以民乐、合唱、书法、国画、油画、陶艺等为先导，打造艺术教育品牌；以田径及篮球为主体，形成传统优势项目和体育特色。

3. 聘请专家到校开设教育科研讲座，普及教育科研知识，提高全校教师教育理论水平和科研能力。

4. 扎实开展“开放式教育”、“科学教育”、“国学教育”、“艺术教育”、“教师教育”、“家庭教育”等现有课题的研究工作，鼓励每个教师承担课题研究任务，积极参加科研活动。

5. 学校科研处负责组织学校的科研工作，指导教师开展以行动研究为主的科研活动，学校每年评审一批科研项目，并拨出一定资金支持科研。

6. 每年举行科研汇报会，教师汇报课题研究成果，评选科研先进项目，并给予奖励。

7. 鼓励教师著书立说，形成相应的科研特色和教学流派。学校根据有关的奖励办法，给予表彰；把科研成果作为教师晋升、奖励、评优的重要条件之一。

（四）开放德育工程

为提高德育实效，促进学生全面发展，学校认真开展开放的德育活动，让孩子们在丰富多彩的活动中积淀文明，升华情感，拓宽视野，健康成长。

1. 深入开展“八个一”活动，即“具备一项业余爱好”、“熟练一门体育运动”、“结交一个知心朋友”、“精读一本名家名作”、“能写一种工整好字”、“参与一次公开亮相”、“掌握一套学习方法”、“形成一些做人原则”，让每一个孩子的个性得到发展。

2. 通过“领袖训练营”、“西海之星评选”、“雏鹰展翅行动”等少先队常规活动，充分发挥学校少先队大队部的职能作用，认真组织少先队活动。

3. 进一步加强对学生的法制教育，预防学生违法犯罪，确保学生健康成长，培养学生的法制观念，提高学生学法、守法的自觉性，增强其自我防范和保护意识。组织学生认真学习、贯彻《中华人民共和国未成年人保护法》《中华人民共和国预防未成年人犯罪法》《学生伤害事故处理办法》等法规；教育学生不进入营业性网吧等不适合青少年学生进入的场所；加强对学生进行“珍爱生命，远离毒品”为主题的禁毒教育；提高学生的自防、自护、自救能力，确保他们在校内外健康成长。

4. 加强“西海校园电视台”、“红领巾广播站”的建设，优化人员，优化栏目，优化内容，优化资源，提高育人效果。

5. 每一学年坚持开展两项大型活动：上学期，举办“校园文化节”；下学期，开展“阳光少年活动周”。

6. 以“家长学校”及“家长委员会”为载体，以“亲子主题班会”、“亲子才艺表演”、“书香家庭评选”、“‘潜在天才’家长会”、“现场家教咨询”等活动为内容，进一步完善学校、家庭、社会“三位一体”的德育网络，实现德育效益的最大化，形成“教育一个学生，带动一个家庭，辐射一个社区”的生动局面。

（五）名师建设工程

进一步完善优化教师队伍人才结构的工作机构，迅速提高教师的学历水平和专业能力，全面提高综合素质，使传统的“教书匠”向科研型教师转变，使一部分教师成长为专家型教师和教育教学拔尖人才：不仅具有高尚的师德师风，而且掌握扎实的教学基本功和现代教育技术，成长为“一专多能”、知识和能力多元化的复合型教师。

1. 制定师资发展规划，鼓励教师进修学习，提高素质，采取在职进修，自学考试或函授等方式，3 年内 80% 以上教师达到本科以上水平，20% 以上达到硕士研究生毕业水平。

2. 继续实施教师专业化发展三个“三”立体化培训模式，推动教师专业化发展：（1）搭建专业人才“三格层次”：新老师“入格”培养、青年教师“升格”培养、骨干教师“风格”培养；（2）铺设专业人才“三环道路”：历练教学基本功、锤炼教学策略、提炼教学思想；（3）架构专业人才“三维空间”：学习空间、实践空间、展示空间。

3. 把教师专业发展“八个一”作为教师培训的重要内容，即“改进一个教育教学问题、完成一个学生成功辅导案例、上一堂表现自己教学模式和风格的展示课、制作一个可供交流使用的电子教案、编制一套高水平的试卷、写一篇教育叙事、研究一位名师并写出研究报告、研修一本教育实践或教育理论的书”。每一学期重点完成其中的一两个内容，以促进教师专业化水平进一步提高。

4. 经常邀请各方面专家到校讲授当代教育教学理论和基本教学技能，并聘请名校教师现场教学和组织教师到名校交流学习。

5. 实施教师业绩考核制度，表彰先进，扶持弱项，对有特殊贡献的教师进行重奖，并在校刊《西海论坛》进行事迹介绍。

6. 经常开展有内涵、高品位的文化活动，让广大教师在活动中缓解工作压力，激发工作热情。激励全体教师要继续发扬“崇尚科学，坚定执行，团结协作，乐于奉献，勇争第一”的西小精神，牢固树立服务意识，在平凡的岗位上充分展示现代城市教师的精神风貌。

（六）课程改革工程

把握课程改革契机，进一步优化校本课程，构建既符合国家课程标准、又衔接地方课程规划的校本课程体系，促进学校教育教学改革，提升教育质量。

1. 在学校课程改革成果基础上，建构一个以基础性学力、发展性学力和创造性学力相结合的课程发展目标，使必修课的学科课程、选修课的模块课程和活动实践课的探索课程相互配搭、珠联璧合，并突出显性课程与隐性课程的结合。

2. 进一步调整小学语文、数学、英语课程设置，把数学课程适当往后移，低年级适当加大英语教学量，更好地适应学生早期学习语言发展的要求。

3. 进一步加强校本教材建设，建设开放而有活力的校本教材体系，经常开展校本教材建设研讨会，开发出新的具有西小特色的高质量的校本教材。

4. 以学科活动课程、书法、美术、陶艺为重点，打造教学特色，丰富教育成果；以教育部门组织的各类“新课程”教学比赛为契机，开发学生潜能，发展学生个性，积极组织参赛，力争优异成绩。

（七）文化建设工程

1. 坚持以学校文化建设为抓手，放大“文化”的力量，打造有“文化”的学校。始终牢记西小教育宣言——“小学教育是人生幸福的基石，是民族幼苗的保姆，是国家命脉的根本”。践行西小教师誓言——“我是一名光荣的西乡中心小学教师。面对国旗，面对学生，我庄严宣誓：我将依法履行教书育人的职责，严谨治学，修身立德，为人求真，为学求实，道德自律，工作自励，为培养具有国际视野的现代城市人殚精竭虑，为建设人力资源强国上下求索”。把“为自己的履历工作，为学生的未来播种”作为西小教师永远的追求。

2. 建立以人为本的管理文化。坚持以“为和谐社会培养现代城市人”为宗旨，以“科学领航、人文奠基、思想解放、行为规范”为工作思路，打造“事事有人管，人人都管事，管事看效果，管人凭考核”的管理文化；“学习工作化，工作学习化”的校园文化；“多元、开放、人文、科学”的课程文化；“团队成就就是我的成就”的团队文化；“自主、自信、真爱、真情”的班级文化；“抬起头来走路，打开眼界读书”的学生文化；“道德自律，工作自励”的教师文化；“文明、表率、合作、共赢”的家长文化。

3. 建立高效智慧的课堂文化。立足课堂，坚持把“课前静，课中活，课后实”作为课堂文化，使每一节课都能“课始情生，课中情浓，课后情未了”，努力提高课堂教学效益，让课堂回归生态本色，洒满生命阳光，让师生共享课堂的快乐和幸福。

4. 建立和谐发展的培训文化。深化教师专业发展三个“三”立体化培训，丰富“读书的女人最美”、“西海讲堂”、“轻松驿站”等校本培训的文化品质，让教师丰富专业知识，厚实专业素质，获得“专业疗养”，从而使教师浸润着和谐文化，诗意而幸福地工作，执著人生信念和追求。

5. 建立儒雅生态的环境文化。坚持把校园环境与学校文化紧密结合，大力实施“生态校园”行动，着力打造“诗意、个性、童趣、雅致”的环境文化，科学、合理地规划校园环境，注重环境建设的内涵，力求校园环境优雅，有品位，使校园真正成为师生“精神的家园、学习的乐园、生活的花园”。充分发挥“文化一条街”、各种功能室、主题橱窗的育人功能，让师生在感受美、欣赏美中获得知识和启迪。

（八）教育信息化工程

全面落实学校信息化工程，推进教育教学工作的信息化，实现与世界教育发展接轨，创设优良育人环境；培养信息化观念，开发早期信息化人才；构建校园信息化社会文化，推进教育现代化建设。

1. 继续做好校园网建设，建立以信息化为基础的校园管理体系和工作系统。优化教学网络、辅导网络、家庭作业网络，以及师生之间互学交流的网络体系。

2. 全体教师普及信息化知识，熟练掌握从文字处理、课件制作到设计简单程序的基本技术。

3. 从三年级开设信息课，传授基本的信息技术，使学生学会使用计算机的基本知识，学会用计算机绘画等。五六年级能上网并学会搜集有关资料，学习制作有关软件。学校组织学生定期进行各种网上活动，对学生网络制作进行评比。

4. 建立教育网俱乐部，辅导对早期信息技术有兴趣的学生，让学生在使用网络中进行学习，并引导学生通过网络进行创造性学习。

5. 进一步加强学校传媒中心、西海校园电视台、红领巾广播站的建设，使之成为展示学生风采和对外宣传的重要平台。

五、实施步骤

（一）全面规划

为确保“开放式教育”三年新发展战略规划的实施，设立相关工作小组，全面规划学校发展的各项工作。

1. 总体发展规划完成初稿之后，向全体教职工公布，并进行充分讨论，广泛征求意见，在此基础上进一步完善，并研讨实施策略。

2. 在完善总体规划之后，根据总体思路，成立工作小组，研制实施“新发展”的具体实施计划。

3. 本规划在实施过程中，本着求真务实、与时俱进、科学创新的原则，不断完善，不断修正，形成修订稿。

（二）分阶段实施

2008 年下半年为起动阶段，调整机制，组织队伍，统一思想，逐步推行；

2009 年年初进入边实施、边整改阶段；

2010 年为见成效之年，为出成果做好各种准备；

2011 年最后验收，并采取多种形式进行成果汇报。

每一项具体的计划和方案都严格检查落实，实行责任到人，职、权、利一体化原则，教师晋升必须依照方案考核实施效果，如有教师调动也应视方案实施情况作为办理手续的基本条件。

（三）检查及表彰

制定定期检查制度，每一项目都根据原定目标定期检查，强化过程评估，及时纠正错误，解决问题，对取得的成果也进行表彰和宣传。项目完成后，在总结基础上，评先评优，奖励有功人员。

（四）成果出版

对成果进行提炼加工，编辑出版，其中包括教师个人专著，以及专题性论文集。

六、保障措施

（一）法律及政策保障

牢固树立依法治校观念，严格执行教育法律法规、有关政策及各种教育管理制度，维护正常的教学秩序，依法保障教职员工、学生及其家长的合法权益，是学校发展的必要保障。在学校教职员工、学生及其家长中，加大《中华人民共和国教育法》《中华人民共和国义务教育法》《中华人民共和国教师法》《中小学教师职业道德规范》《中华人民共和国未成年人保护法》等法律法规的宣传和学习。按照上级的有关规定、要求，结合学校实际制定具体措施，并严格执行，从而保证学校的依法治校落到实处。

（二）教育环境保障

学校及教师要以业绩赢得学生、家长、社会的赞誉。要强化以“外树形象，内强素质”为核心内容的师德师风建设，形成一种敬业、向上的正气。努力提高教育教学质量，提高办学效益，达到“学生欢心、家长称心、政府放心”的办学效果。

加强学校的对外宣传工作。充分利用学校媒体和社会、政府的宣传媒体，有计划地宣传学校的各项工作，营造积极向上的、有利于学校健康发展的外部教育环境。

加强家校沟通。办好家长学校，提高家长素质，争取广大学生家长对学校工作的理解和支持。

（三）经费保障

为实现学校更好的发展，提出兴建综合大楼。我们要努力争取西乡街道办、区教育局及学校办学董事会对学校教育经费一如既往的支持。同时，学校要逐步由外延式发展转移到内涵式发展上来，注意开源节流，维持学校教育经费的正常运转，保障学校的可持续发展。

（四）队伍保障

我们要充分认识到教职员工队伍建设的作用。教职员工队伍的综合素质是学校发展至关重要的因素。学校把各类人才的引进和培养作为与其他同类学校进行竞争的重要手段。

学校发展，教师先行。学校已经初步聚集了一批德艺双馨、能适应学校工作需要的教师队伍。在此基础上，要通过引进、培训、淘汰、待遇提高、事业激励、学习型组织建设以及科学的管理机制来储备和优化教师队伍。

加大聘请教育专家担任学校教育教学及科研工作顾问的力度，使广大教师在与专家的真实接触中得到指导，获得专业成长。

保证学校管理队伍的年龄结构、学历结构、专业结构、职称结构和地域结构的科学合理使用。同时，按照相对稳定、合理调整的原则，加强对学校管理队伍的建设和培养。

说明：本规划在《西乡中心小学二次创业五年发展规划》的基础上研制而成，并在学校行政扩大会议审议通过。

二〇〇八年九月

第三章

追寻现代特征的开放式教育定位

教育现代化作为现代社会的重要特征和现代化进程中的关键因素，是与中小学的教育改革相关联的。我国的教育现代化进程始终伴随着传统与现代、本土与国际、大众与精英等文化冲突。因而，实现教育变革是教育现代化的重要课题，也是每一个教育工作者历久弥新的话题。

在教育现代化改革的时代浪潮中，我经过系统反思，深刻地认识到只有让我们的小学生自幼就张开品质、思维、精神的翅膀，才能推动其持续发展，实现个人终身发展目标。小学开放式教育的研究就是要培养学生开放的思维、开放的品格和开放的能力，这是小学阶段为小学生的人生奠基与生命发展所应承担的重要使命。

封闭式的学校教育已不再适应开放社会的需要。我提出的“开放式教育”，就是追求一种能够满足人的终身发展的现代教育。它是针对现存的封闭式教育模式中传统教育观念与相对封闭的教育管理流程的弊端而产生的；其改革指向是变革现有封闭式的办学策略以及课堂教学与学校管理的模式，建构开放式的现代化教育模式，以实现教育观念的大转变，教育管理的大转折，教育评价的大变革，学校德育的大融合，学校课程的大平台，学习兴趣的大增长，教育情怀的大视野，教育效益的大提升。

一、传统封闭性学校的教育弊端

20 世纪 70 年代初，联合国教科文组织在《学会生存——教育世界的今天和明天》报告中指出了传统教育的弊端，明确提出要用开放的教育系统代替封闭的教育系统。从开放的教育系统的角度来看，几乎没有一个组织是自我孤立封闭，与外部环境毫无联系的。学校作为一个社会的组织系统，也应该和必须是开放的系统。

学校长期以来过于强调自身的独立性，脱离于社会，在围墙内与世隔绝。传统的封闭式学校教育与开放式学校教育的特点，通过以下对比可窥见一斑（见表3－1）。

表3－1　封闭性学校与开放式学校的差别

封闭性学校	开放式学校
学校的独立性、独立王国	学校的开放式、社区中心
教学时空的封闭性、隔离室外	教学时空的延续性、存疑空间
班级间的排斥性	班级间的协同性
学习内容的分割性	学习内容的整合性
组织形式的划一性	组织形式的多样性
教学方式的教师中心	教学方式的学生中心
评价的相对性、否定性	评价的绝对性、肯定性
关注教学结果、同步指导	关注教学过程和教学方法、个别化指导
重视教师的主体性	重视学生的个性和特殊性
教师主体重视研究教材、课本	教师主体重视研究学生特点、特征

由此可见，传统的封闭性的学校教育存在明显的弊端。向传统教育、封闭性学校提出挑战和革命是现代教育的必然。现代社会是一个信息社会，人们接受、选择、分析和处理的信息与日俱增、与时俱增，这种新的变化，封闭性的教育是难以有效应对的，必须建立开放式教育。

二、现代社会需要教育从封闭走向开放

现代教育走向开放，这是我们教育弘扬的主旋律。现代社会对人才的素质提出了新的挑战，在基础教育阶段，过去以传承人类文明和间接知识的传统教育显然已无法适应今天的时代，局限在教材和校园内的学习方式也已无法满足个人持续发展的需要，因此，现代社会的知识经济需要教育从封闭走向开放。

首先，从教育本质来看，传统教育产生的社会背景是工业和农业发展处于相对稳定期，教育的本质是强调人的权威性，强调继承传统文化，强调知识就是力量，教育目标以传授知识为中心，强调知识的积累和记忆。在学校教学中，我们经常可以看到教与学的活动是围绕着“考试”来组织，考什么就教什么，不考的内容就不教，学习的目的就是为了考试，突出的是“学历教育”。

开放式教育的社会背景是科学技术的发展以及知识经济的产生，技能技术生命周期的缩短对一次性教育提出严峻挑战。在这一背景下，教育目标由以传授知识为中心转向了以发展人的各种能力为中心。为此，课堂教学强调的不仅是知识的掌握，更重要的是人的综合素质和终身学力的培养，工夫应下在能促进学生生存与发展的原动力上。

其次，从课堂教学来看，传统教育突出教材的权威，课堂教学基本定位在由“不会到会”的模式，采用单一的灌输和授受，教师兢兢业业地教学生，而学生则像容器似的被动地接受知识，最终以学生学习兴趣的消失为代价，换来他们有限知识成功记忆的效果。

开放式教育是从传统的学校教育中超越而出的一种现代化教育模式，它把教材作为学生进入学习化社会的出发点，以学生为主体，以兴趣为主导，教材不再是唯一的权威，教学内容日益多元化、宽泛化。提倡学生带着问题走进课堂，教学要服务于学生的学习需求，让课堂交汇师生智慧的火花。培养学生自主性、研究性的学习方式，教师不再是万能的，他在课堂上扮演着知识的传递者、学习过程的指导者、学习活动的参与者、学习成果的欣赏者。让学生充满兴趣地面对新知识，让学生在开放式学习环境中求知。

最后，从学生的角色来看，传统教育选择的是适应“封闭”式教育的学生，是“独唱”或“小组唱”式的学习，教育强求共性而忽视个性，教学过程只关注部分学优生，而置多数学生于不顾，它的课堂效率是以学生的记忆、复述的量来统计。而开放式教育是面向全体的“大合唱”，是让教育尽可能适应全体学生，在承认差异的同时，着眼点在于使不同层次的学生进入适应个体学习的状态，关注的是每一个学生成功的机会，课堂教学突出的是学生参与学习的质。

三、开放式教育的概念界定及形态描述

开放式教育强调开放是与封闭相对而言的，学校教育是一个开放的系统，它不应该也不可能在完全封闭的状态中寻求自我发展。因此，我们对开放式教育的内涵界定为：教育管理的科学化，教育功能的纵深化，教育信息空间的立体化，教育沟通渠道的多元化，教育方式方法的多样化，教育技术手段的弹性化，教育评价的个性化，师生关系的民主化，学校、社会和家庭的和谐化。

西小实施的“开放式教育”主要体现在如下五个方面。

第一，“开放式教育”是“真人”发展的教育。人不是一个“物”，人是一个生活者，生活是有精神有目的和有价值的创造过程。开放式教育实际上是把学生当做真正的人的教育，承认他们是一个鲜活的生命体，不是把他们当做“物”来处理。受传统观念和应试教育的影响，我国基础教育长期存在着见“物”不见“人”的问题。重智育轻德育、重课堂教学忽视社会实践、重考试成绩忽视对学生创新精神和实践能力的培养、重教师的主导作用而忽视学生的主体地位、重共性而忽视个性，使学生课业负担重，学习压力大，严重影响了学生身心的健康发展，压抑了兴趣和个性特长的张扬，学生难以适应社会发展的需要和自身发展的需求。我们可以想象，如果一种教育把人作为“物”来处理，这种教育就表现出典型的霸权意志，它可以把人当做一个必须要煅打的铁器，一个必须要制造的部件。它可以把人的本体性的不完美作为严重的个人缺陷，对人进行残酷的惩罚。它也可以用编造的谎言和虚假的知识欺骗、窒息人的理性。它可以任意地像处置一件“物”一样地处置人。总之，这样的教育违背了精神的自由特性。为了消除这种不和谐的教育现象，我们关注学生的全面发展，确立了新课改的三维课程目标，除了传授知识和能力外，“过程与方法”、“情感、态度与价值观”也成为重要的课程目标。我们坚持“以学生发展为本”的课程理念，把学校教育的价值观聚集到为每一个学生的“四个学会”和自主发展能力的培养上。我们鼓励学生合作与交往，重视师生之间、生生之间、教师与教师之间的多向互动、合作交流，从而呈现出良好的课堂生态和课程文化，而不是把学生当做工具、当做“物”来处理，否则，人就失去人之为人的自然。人就是非人了。

第二，“开放式教育”是公平的教育。在现代社会中，基础教育被看做是提高人的素质与生活质量的一种基本权利。学校是社会的重要组成部分，是学生继承悠久人类文明，接受人类间接经验的主要场所，也是学生从“自然人”变为“社会人”的起点。要培养适应社会并能促进社会发展的人，就要求学校改变“孤岛”式封闭性的办学方式，探索全社会共同关心教育的运作机制，即学校、社会、家庭全面参与教育的开放格局；在教育过程中冲破英才学生在发展中的优先地位，构建人本、开放、公正、丰富的教育学习环境，让每个学生都享有公平的受教育权利和发展的机会，让学生遨游在信息的海洋中，及时感受最新信息对人的知识结构、能力要求的冲击，把学生培养成为开放社会所需要的高素质的创新人才。

第三，“开放式教育”是张扬个性、尊重差异的教育。目前，促进教育的个性化已成为当代世界教育发展的主要趋势之一。一般说来，工业时代的特征是共性化、统一化，而信息时代的特征是多样化、个性化。个性既具有个体的独特性，又是人的共同性与差异性在每一个体身上的具体统一。发展个性，就是要在共同性的基础上，充分表现出差异性，从而使每个人都具有自主性和独特性，实现生命的个体价值和社会价值。《学会生存——教育世界的今天和明天》指出：应当培养人的自我生存能力，促进人的个性全面和谐发展，并把它作为当代教育的基本宗旨。因此，教育要注重充分发挥、促进人的个性发展；同时，也要尊重儿童个体发展的差异性，鼓励个人天赋与个性特长得到充分发展。

第四，“开放式教育”是促进教师发展的教育。俄国教育家乌申斯基这样描述教师的价值：教师是克服人类无知和恶习的大机构的一个活跃而积极的成员，是过去历史所有高尚而伟大的人物跟新一代人之间的中介人，是那些争取真理和幸福的人的神圣遗训的保存者……是过去和未来之间的一个活的环节。教师是学校办学的主体，教师在实现和谐教育中担当着重要角色，只有教师的发展才能促进学生的发展。教师是教育的根本，每一名教师都应该具备高尚的师德、健全的人格、过硬的业务和精湛的教育教学艺术，成为学生的榜样。我们要尊师重教，既要改善教师的物质待遇，以解除其后顾之忧，更要引导教师不断转变教育观念，改进教学方法，掌握现代教育技术手段，提高教育教学质量。西小给教师提供更多的培训、进修、交流、分享以及展示自我的机会，大力支持和倡导教师的校本教研和课题研究，使更多的教师由经验型转变为反思型、研究型，促进教师的专业发展，以丰富教师的精神世界，提升教师的生活质量。

第五，“开放式教育”是学生自主选择的教育。可以说没有学生主体的自主选择，就没有开放式教育，也就没有学生的发展。学生不是接受人类间接经验的容器，教育是服务于学生未来发展的事业。这必然要求学校为学生提供多元的、开放的知识世界，让学习主体能进行自主选择式的开放学习。传统教育将人才培养当做流水作业，采用以教师传授、学生接受、教师考核学生、反馈矫正的封闭质量管理流程，以统一规格要求，使人成为标准件。这种教育现状必须要冲破。我们着力于优化学生的学习环境，通过外部客观文化的影响，让学生的学习内容适度超前，通过在自主选择习得能力中获得生动发展，并体验到学习的快乐。开放教育为学生创造多元的信息渠道，允许自主选择多元化、个性化，使自己进入积极主动的学习状态中，在增加知识积累的同时提升综合能力。

第六，“开放式教育”是激扬生命的鲜活的教育。教育是让人更有尊严地生存和发展，而不是对儿童的严加管束和严厉评价。如果我们的教育中，伴随着强制和压迫，伴随着痛苦和恐惧，伴随着体罚和叱责，伴随着灌输和愚弄，就是与精神与情感与创造无关的教育，就失去了鲜活的生命。关闭了教育的大门其实就是关闭了学生心灵的大门，僵死的封闭的东西往往缺乏生动的特征。开放式教育始终处在开放状态，教育是活跃的，教学是活跃的。通过环境的构建，开放式教育让人更有信心、更有能力面向未来。我们所探索的一切有效的组织学习方式和激励方式，是为让学生充满信心、兴趣和希望，面向明天，走向未来。在开放式教育改革实践中，我们所探索的综合性学习、开放式评价等教育举措，都是以激扬人的生命发展为目的的。开放式教育教学意味着教学一个词会想到象形，会意会到祖国文化。每一节课有故事，每一次的“下课铃响了”，不是结束而恰恰也许正是开始，是求知长智的开始。这是“月月清、日日清、堂堂清”无法想象的教学境界。因为它是鲜活的教育，不是士兵训练营。

四、开放式教育的学校定位

开放式教育办学理念与传统教育有着本质的不同，它强调学校的教育形式是全面开放的，通过开放式的学校教育促进全体教师和学生的个性化、生命化发展。学校一切教育系统的开放要素包括：观念、管理、德育、课程、教学、评价和视野。我将其概括为“七大开放”，或“七个打开”，即“打开陈旧的观念、打开狭窄的管理、打开虚无的德育、打开单一的课程、打开传统的教学、打开统一的评价、打开封闭的视野”，其具体表现为如下几方面。

第一，打开陈旧的观念，树立开放的教育观。封闭式的教育观主要强调教师如何去做，教学过程也完全是在事先设计好的状态下进行，学校以教师和教学为中心，而不是以学生和学习为中心；这种教育思想不利于学生的个性化、个体化、多样化的培养，势必形成千篇一律、千人一面的培养格局，而开放的教育观正是针对传统的封闭式的教育而产生的，它强调全面发展，尊重人格的个性化，根据人的需要确立学习方法和学习目标，其本质就是为学生终身学习打下一个良好的基础。

第二，打开狭窄的管理，拓展广阔的管理渠道。有效开发和利用校内外的教育管理资源，建立学生、家长、社区共同管理的开放体制，促进学校、家庭和社会的一体化，形成教育管理的有效合力。学校既要向社会开放，走进社区、服务社区，社会也要进入学校，向学校开放，使学校与家庭、社会建立一体化、开放式的关系。

第三，打开虚无的德育，增强育人的实效性。学校德育质量的高低取决于学校的德育管理、德育形式，克服重智育、轻德育；重升学、轻素养；重结果、轻过程的思想，一句话，克服“重教学轻教育”，合理利用教育资源，做到全程育人、全员育人，全方位育人，增强育人的实效性。

第四，打开单一的课程，促进课程的校本化。突破教材的束缚，将教材当做主要的教学用书而不是唯一的版本。在课程的设置上，打破学科之间的壁垒，实现学科间的融合和统整，以适应小学阶段学生发展未分化的特点。

第五，打开传统的教学，创设开放式的教学。开放教学是培养创新精神和实践能力最有效的途径，通过开放式的教学，冲破课堂学习的时空界限，培养学生的学习兴趣、探索精神和善于思考、乐于钻研的学习方法，使其形成能根据自身的特点合理设计学习方法和获取知识的能力。传统的教学方法已经延续了几十年，符合中国人的辩证思维，容易被人接受。因而，这是开放式教育的难点，也是重点。

第六，打开一元的评价，构建多元的激励机制。学校注重评价的具体化、多元化、个性化；教师注重评价的各个环节，打破笼统的、没有分寸的、千篇一律的评价方式，促使学生的全面发展。

第七，打开封闭的视野，实现人文情怀的开放性。加强教师之间、学生之间、师生之间、班级之间、年级之间的合作与交流，要求从形式到心灵走向开放，敞开心扉，形成和谐的人际关系，建立学习共同体。要求“读书”、“读人”、“读物”、“读图”，通过“第三条通道”，从个人生活、家庭生活、学校生活和社会生活出发，积极进行人文情怀的体验。

根据上述开放式教育的学校定位，西小确立的办学理念为：以愉快成就学业，以知识博大胸怀，以创新激活生命，以智慧奠基未来——为学生创造一个愉快、开放、自由发展的环境，使他们乐于学习，学有所成；把传统文化与现代文明有机结合，使学生获得有用知识，提升人文素养；激发学生的主体意识和科学思维，培养学生的创新精神和创造能力；引领学生用智慧规划人生，用智慧实现理想。

在此办学理念基础上，我提出西小的校训应为：自主、扬善、慎独、躬行——教育，贵在教人立志、立德、立身、立业。“自主”，是立志之源，让学生从小学会自己做主，敢为人先；“扬善”，是立德之魂，要与人为善，扬善扶幼，做真诚善良的人；“慎独”，是立身之本，做到自律坦荡，守住行为准则，守住精神家园；“躬行”，是立业之基，将知识转化为能力，将理想付诸行动，敢于实践，善于实践。激励全体师生笃学创新，修身养性，自强不息，共创辉煌。

在学校定位、办学理念和校训逐渐深入人心的背景下，西小逐渐形成的校风为：为人求真，为学求实——真，是自然的灵魂；实，是人性的光芒。教师以真教人，学生学做真人；教师脚踏实地做学问，学生实事求是寻真理。

五、开放式教育的教师定位

教师是践行开放式教育的关键因素，也是学校开展一切开放式教育活动的前提基础。

开放式教育需要教师进行身份转变。我们倡导“教者儒雅，以研为乐”的教风，涵盖了三个层面的含义，教师要做一个“儒雅的人，研究的人，快乐的人”。教者，是儒者，方正清雅，谦虚平和，具有绅士风度和高雅气质，知识渊博，循循善诱，引领孩子去追寻心中的梦想；教者，是研者，勤学善思，笔耕不辍，似蜂采花酿蜜，如蚕食桑吐丝，纵是满腹经纶，依旧谦恭研读；教者，是乐者，钟爱教育，甘于寂寞，甘于清贫，把生命融入事业，幸福、快乐、美丽。

同时，开放式教育也有助于教师不断挑战自我、超越自我，增强探索信心，提高研究意识，学会行动方法，打开心胸情怀，形成学校的学习共同体、研究共同体、合作共同体，分享开放式教育智慧。

在开放式的教育实践中，教师的状态表现为无形的力量。

第一，有思想。思想是一切教育活动的方向标。思想要是不对，一切教育活动都是徒劳。有思想的教师能对教育教学独立思考、独立判断、独立研究，有自己独特的教育追求和教育理想，不会人云亦云，不会随波逐流，不会淹没在物欲横流的社会浪潮中。他们会努力把学生培养成具有国际视野的现代城市人。

第二，有智慧。智慧是每个人安身立命、直面生活的一种品质、一种状态、一种境界，是教师的一种生活之道。有智慧的教师就能展现教育的最佳品质、最好状态、最高境界。有智慧的教师能主动拥有充分发挥能动性的自由度，应对瞬息万变的世界，真正做到游刃有余、指点有方、循序渐进、触类旁通，使教育教学散发出磁性和魅力，达到以灵性启迪悟性的极致境界。

第三，有激情。选择当教师就选择了一种平凡而有激情的生命状态。激情在某种意义上表现的是一种热情、真情和豪情，体现的是一种积极进取的精神、一种乐观向上的态度、一种高度负责的行为。在开放的情境中，教师没有激情思维就会枯竭，情绪就会压抑，课堂就会变为一潭死水。

第四，有创新。敢于打破传统的陋习，把创新当做一种习惯，总是受到别人的关注。创新就是勇于突破传统的束缚，在因循守旧中改变自我，跨越生命中的障碍。教师也只有坚持创新才不会被不断变化的环境所抛弃，只有坚持创新才能形成自己独有的特色风格、脱颖而出。

第五，有自信。自信是一种可以影响他人的自我感受。拥有自信才能走向成功，自信能使教师的人生不再平凡。自信可以催人奋进，可以让教师获得激发潜能所需要的精神优势。有自信心的教师，一切困难在他面前都能迎刃而解。

第六，有胸怀。胸怀是一种海纳百川、兼容并包的气度。教师拥有一个开阔的胸怀，可以对异己包容、对不如自己者包容、对学生家长包容、对客观环境包容。只有这样，才能达至教育的大境界，做出教育的大事业。

同时，开放式教育还要求教师具有开放式人格。教育开放的关键是教师的人格开放。我理解的开放式人格说到底就是“爱”的人格。当前人们的目光过分执著于世俗事物，人的精神已显现出极度的贫乏。现代教育是否从根本上就缺乏一种对神圣、高贵、伟大事物的热爱？这种缺失是否也导致了教育者对于孩子这种鲜活的、具有无限发展可能性的人的爱的缺失呢？没有博大的爱作底色，教师就不可能有包容之心，同情之心，理解之心，也就不可能具有开放的胸怀、开放的思维和开放的精神世界。

饱含“爱”的开放式人格主要来自三个方面：其一，爱课堂。爱课堂不是狭隘的爱，是对课堂生活的爱。它应体现在追求美好的有情趣的生活方式，对精神的守望、爱恋和提升。在现实的大地上为精神的成长筑起希望之路，使之在广袤的大地诗意地栖居，让自己的生命价值在课堂上闪光。其二，爱儿童。对儿童的爱不仅仅是一种给予，它彰显的是一种有智慧的爱，有能力的爱，它不是占有，不是另有所图，而是对真理、美善的共同追求；它不是追求更多的福利，而是精神的守望，精神的超越；它不是一种外在的行为，而是内心自发涌现的追求。当爱的雨露从行动中流出，滋润着每一颗心灵的时候，教师自己也获得了爱意的眷顾，实现了生命的卓越，构建起与儿童一起学习的生命共同体。其三，爱读书。读书是人生最合算的投资，是教师不可或缺的生活方式。在这个物欲横流的时代，其他人可以不读书，但教师不能不读书。每年精读几本一流的书，汇总、消化、整合一些一流的思想，在经典里寻找精神特区，构建精神高地，应当成为一个教师终身的“习惯”。

六、开放式教育的学生定位

《国家中长期教育改革和发展规划纲要（2010—2020 年）》明确规定了我国基础教育培养的目标。这一目标体现了国家的教育方针和新世纪社会发展的客观要求。新一轮基础教育课程培养目标既关注到了儿童健全人格的和谐发展，又突出强调了创新精神、实践能力的培养，并且注重科学和人文素养以及环境意识，还特别强调身心素质和终身学习的基础能力培养，既适应新型国家发展的需要，又体现了时代精神和儿童发展的需要。

开放式教育立足回归基础教育培养目标的价值追求，围绕学校提出的“三培”目标，使培养目标更加具体化，体现“行动目标”的特点，让开放式教育找到出发点和落脚点，有助于开放式教育的有力实施。

在开放式教育的实施过程中，我们倡导“学者如渴，以思为悦”的学风，学生的学习以兴趣为动力，以思考为核心。学者，视知识为甘泉，如饥似渴地学习，虽知学海无涯，却能泛舟前行；学者，以思辨为乐趣，养成良好的思维习惯，在思中获得成功，在思中享受愉悦。好学可以丰富，乐思可以通达，与好学乐思做伴，才能成就美好未来。

在开放式教育实践中，我们期待的学生状态表现为如下几点。

第一，有人格。美国心理学家吴伟士认为，人格是个体行为的全部品质。意指在精神、身体、才智和行为等各方面获得了完整意义的个人。我们倡导培养学生“自主、发展、创新”的人格，促使学生在知、情、意、行等各方面得到全面和谐的发展，使自主、扬善、慎独、躬行等品质在个体身上得到完美的体现。

第二，有主张。让学生学会自我主张，凭自己的头脑作出自己的决策，学会自我成长。培养学生学会说：我认为……我不认为……我赞成……我不赞成……我希望……我不希望……从小学会自己做自己的主人。

第三，有个性。个性表现为一个人的整体精神风貌。让学生成为独立的个体，并在不同环境中显现出区别于他人的外显和内隐行为。在实践过程中，培养学生独特的、稳定的、积极的、发展的、完整的、可塑的个性，逐步养成良好的学习动机和兴趣，树立崇高的理想和信念，形成正确的人生观和价值观。

第四，有活力。活力是力量的象征，表现为一种积极向上的竞争力。小学生缺乏活力，学校就没了生机，也就缺失创造性、创新性。

第五，有情趣。情趣是学习的内因和催化剂。学生在学校是学习的过程也是生命的过程。激发学生的情趣、融通师生的情趣、强化情趣的教育效能，让孩子过一种有情趣的生活，是我们教育的不懈追求。

第六，有气质。每个孩子都具有超凡气质的潜质，它既显形于外又驻于内心。学校教育就是要顺应孩子的先天气质，进行后天的精雕细琢、潜心打造，使其优雅大方、自然得体，从小培养孩子沉稳、细心、大度、有胆识、讲诚信、勇担当的高贵典雅的气质。

当然，在开放式教育中，我们还特别重视学生学习能力的培养。学习能力作为学生素质的内涵至少包括三个层面：其一，从小养成自主学习能力、协作学习能力和自我反思、评价能力；其二，能对学习时间、内容、进度、环境、资源进行初步的科学计划和有效管理，尤其是能对自己的学习负责；其三，具有使用信息技术进行学习的基本经验，包括初步获取信息的能力、善于运用接受的信息解决学习、生活方面的问题，提升生命过程的质量。

七、开放式教育的价值定位

开放式教育是一种教育过程中形成的教育理念，更是一项积极的教育实践。

今天的“四个学会”是全球教育的热点问题。学会认知，学会认知是指学会掌握认识世界的工具，作为一种手段允许其方式的多样、程度的简易，但学习者对周围世界的兴趣是极其重要的；学会做事，在一定环境中工作，可以宽容多种做法的同时存在；学会生存，以良好的个性，多样化的处事方式，实现适应并改造社会的任务；学会共同生活，以开放的思想面对开放的世界，善于发现他人，学会多种处事方式，以开放的心态，愉悦的方式与他人合作，与不同人群交往。我认为，“四个学会”与我们提出的“开放式教育”所要解决的若干影响基础教育改革的现实问题是一致的，“开放式教育”实践与研究的重点就是要解决“四个学会”问题。

我主张和践行的“开放式教育”绝不是突发奇想，更不是偶然为之，它具有一定的价值定位。

第一，它是对教育本源的追寻与回归。教育是什么？教育是面向社会、面向未来的事业，它与人们的生活世界相联系。真正的教育是艺术不是技术，是一门启迪学生灵性的艺术，教育应在开放的情境中成长。工业化来临之后，教育主张科学化、工业化、线性化和标准化，所有的话题都是唯科学马首是瞻，人的本质被这样的过程泯灭了。这样的教育束缚了人的本质天性，每个人与生俱来的美好生存的技能，大部分被人为地压抑了。在我看来，开放式教育是件很奇妙的事，学校给学生提供自然良好成长的环境，提供一个开放式、身心舒畅的场所，使人的天赋得到自由发展，使人获得内心真正的解放。人活着的意义，教育教学的本质，是为了使人活得快乐、自由、幸福，成为全然解放的人。

第二，它是对课程理念的确认与落实。教育表现的形式是课程的实施。新课标提出的四个基本理念和三维目标就像一条跑道，它既是学生认知的跑道，也是学生开放的人生旅程。课程又犹如一座桥梁，它的一头搭建校园，另一头通向社会。课程的实施使教育的情境与生活的情境联系在一起。过去，大多是教师带着学生把课程当做世界，随着课程改革的发展，如今，我们要把偌大的世界变成课程，要把丰富多彩的生活引进薄薄的教科书，让世界走进教科书，走进课程，如果没有开放的教学，没有把开放的教学落在课程中，学校就是一座孤岛，课堂就是一个狭小的纸盒。

第三，它是对儿童心性的尊重与满足。从儿童的世界来看，他们天生好奇，渴望寻找更大的空间。儿童是外部世界的探索者，是与生俱来的哲学家。但是，儿童往往被成人压抑着愉悦、自由。只有开放式教育，才能让儿童的心灵得到保护，心智更为丰富。开放式教学与学生的认知方式、认知本质是相联系相顺应的。

第四，它是对教育现状的反思与矫正。教育即耕作、耕耘，目前的教育更多则烙上了规训的印迹，条文框架、机械培训。这种规训的教育虽然教给人们获取各种实在利益的手段，但却把生命捆绑在铁笼里，把灵魂囚禁在洞穴中，它折断了生命和精神自由飞升的翅膀，无法为生活指引各种可能性的超越之路。学校几乎变成了文化的孤岛，与生活与自然相割裂。教育即生活，学校即社会。如今，多媒体教育技术泛滥，自然的东西少了，走的路很遥远，但已忘了为什么要出发。丢了本质的东西。学生的视野相对狭窄，心胸不开阔，生活呈封闭状态，种种弊端，违背了教育的真正需求，开放式教育理念就是打破封闭，打破割裂，使之成为一片绿洲。可见，它具有很强的现实价值。

第五，它是对开放特区的回应与体现。深圳本身具有开放的特质与本性，在这里，中国的设计师画了一个圈，它是从春天的故事走向新时代的起点，它必将走向世界，走向未来。开放的深圳必然带来开放的教育，必然让我们坚定不移地走开放之路。不能国家开放了、经济开放了、教育却落后了、封闭了。

总之，我们所探索的开放式教育本质是对生命发展的一种支撑，是为了实现小学教育真正成为支撑儿童个性的一种需求，实现人的主动、活泼发展，服务于每个人的发展，服务于社会的进步。开放式教育是以人为本的教育，是科学发展的教育，是与时俱进的教育。

第四章

孕育面向未来的开放式教育观念

构建一所“向世界开放、为人类服务的终身学校”，是当今世界教育的共同追求。2004 年春，西小开始实施开放式教育。西小开放学校教育的出发点在于从根本上改变学校教育滞后于社会经济发展的弊端，推动教育服务先导于社会发展，真正让教育承担起为未来社会培养人才的使命，以适应世界日益激烈的人才竞争与知识经济对古老中华民族的挑战。西小是一所农村向城市转型的小学，学校致力于培养学生适应和谐社会急需的人文素质，如诚信品质、创新精神、规范意识、共生理念、宽容心态、感恩情结、审美情趣等。所以西小的开放式教育，不是简单地向学生传授社会知识，而是要在培养学生人文素养的过程中，建立一种开放的教育模式。这种教育模式不仅包括开放的教育方式、课程、方法和手段，还包括生活态度、思维方式和价值取向。

在开放式教育实践中，我们从教育的观念、管理、德育、课程、课堂、手段、评价和文化等方面入手进行开放式探索，逐步形成了“开放式教育”的西小教育模式。

作为一所小学，鉴于自身团队的研究能力和时间相对有限，我们将“培养现代城市人——开放式教育实践与研究”课题实验与学校整体改革在五个方面有机结合：（1）学校整体改革研究与推进素质教育实验相结合，努力解决素质教育推进过程中的具体问题；（2）探索课堂教学开放的有效途径与课程改革相结合，架通学科知识与社会生存需要的桥梁；（3）开放学校管理，实现教育资源的大“融资”，即与社区社会教育资源、家庭教育资源融合，形成学校与社会、家庭多向人才流、物质流和信息交互流；（4）开放学生的学习方式，改变学习策略，拓宽学习时空，优化学生信息环境，让学生切实感受到信息时代特征；（5）教育改革与师资队伍建设相结合，以切实改变教师传统教育观念、习以为常的教育行为和评价方式，倡导和谐、民主、开放的教风。

一、观念的开放是开放式教育的前提

开放式教育的前提就是要树立开放的教育质量观。开放的教育质量是指：在开放的教育环境下，通过学生学习，使他们各方面的能力得到培养，个性得到非整齐划一的、充分的发展。

在教学观上，既重视基础知识的落实，又重视培养学生的能力，特别是自主学习能力、质疑解疑能力和创造性思维能力的培养。

在师生观上，实现师生角色的彻底转变，学生是学习活动的主人，是课堂活动的操作者、观察者、讨论者、交流者，教师是教学活动的“导演”，是开放式教学“节目”的“主持人”，是课堂活动的组织者、参与者和研究者。它既主张在主动学习中确立学生的主体地位，同时也强调教师的主导地位，要求在教学中形成民主、平等、合作的新型师生关系，使课堂进一步开放，生机盎然地推进教学进程。

开放式教育的核心就是要从封闭的教学走向全方位的开放、整合和重构的过程，就是要打破封闭的教学模式，从根本上解除一本教材、一个大纲、一间教室、一位教师、一个教条、一种教案、一块黑板、一支粉笔的单一教学模式，以培养学生的能力为重点，教会学生学习方法和科学的方法论，培养学生独立的思维能力。把培养学生的特性和个性作为教育的首选，使课堂和书本不再是获取知识的唯一渠道。

建立高效的开放式教学，其重点在于创设民主和谐的学习氛围，在教学方式上采用多种多样的手段，即教材、多媒体、信息技术、网络知识等和谐建构。

二、应试教育和开放式教育在教育质量观上的差异

素质教育优于应试教育。从本质上说，素质教育就是开放式的，它是以提高全民族素质为宗旨的教育。素质教育是为实现教育方针规定的目标，着眼于受教育者群体和社会长远发展的要求，以面向全体学生、全面提高学生的基本素质为根本目的，以重视开发受教育者的潜能、促进受教育者德智体诸方面生动活泼的发展为基本特征的教育。应试教育不是对以前和现行基础教育的概括，而是对其中存在的单纯以升学为目的而产生的诸多弊端的概括。否定应试教育不是要否定现行的教育。所谓应试教育，

是指在我国教育实践中客观存在的偏离受教育者群体和社会发展的实际需要，单纯为应付考试、争取高分和片面追求升学率的违反教育科学规律的一种封闭式教育模式。它的封闭性主要表现在：在教育对象上只重视高分学生，忽视大多数学生和学习困难学生；在教学内容上只教应试内容，忽视非应试能力的培养；在教育方法上采取急功近利的做法，大搞题海战术，猜题押宝、加班加点、死记硬背、“填鸭式”等；在教育评价上将分数作为教学的唯一追求，作为衡量学生和教师水平的唯一尺度。

所谓教育质量，是指受教育者把外在的一切教育、教学要求按照自己的认知组合和情意理解纳入到“自我”素质中来，从而形成素质的增值。它涵盖着三个维度：第一维度是教育目标的组成部分，即通常所讲的德、智、体、美、劳等诸方面；第二维度是通过教育、教学所要形成的学生个性心理要素，包括知识、智能、潜力、创造力和行为（动作技能、行为规范、行为习惯）；第三维度是各部分和各要素的发展水平。教育质量即把教育目标和教学目标有机地统一于其中。教育质量观直接影响到教育的过程，开放的教育质量观与封闭的教育质量观有诸多方面的差异，主要表现在以下三个方面。

（一）全体性和个别化的差异

让每一位学生都得到发展，不仅是民主的体现，更是我们每个学生的基本权利，我们应该尊重这种权利，保护这种权利，创造条件实现这种权利。开放式教育就是倡导构建开放、公正、平等的教育环境，让每位学生都能实现充分发展自我的目的。而应试教育却只关注一部分人甚至是很少一部分人的发展，它奉行的是“英才”教育，在很多情况下，多数人成了陪衬者。这不仅违背了教育平等的理念，而且从教育的效益来说，多数人的潜力未能得到较好的开发，这也是对众多生命的浪费。

（二）全面性和单一性的差异

德、智、体、美、劳诸方面的全面发展，是我们新时代的教育方针，这是因为人的生命体本身蕴涵了多方面发展的潜能，全面发展是人发展自身的要求；同时，社会生活的丰富多样性也对人的全面发展提出了要求，社会发展的程度越高，对人的全面发展的要求也就越高。开放式教育倡导的就是在教育中使每个学生在各方面都得到比较充分的全面的发展。应试教育虽然不排斥全面发展，但它把能否升学看成是第一目标，如果与升学分数关系不大，甚至一些已经规定的有限的课程和活动也经常被取消。

“考、考、考，老师的法宝；分、分、分，学生的命根”这是对应试教育最好的写照。这样，不用说全面发展，就连基本的心理健康水平都难以达到。

（三）个性化与统一化的差异

能充分地全面发展是共性，是对所有学生的共同要求。但每个学生都有其个别性，不同的认知特征、不同的兴趣爱好、不同的欲望要求、不同的价值取向、不同的创造潜能，铸成了千差万别的每一个独特的学生。开放式教育就是倡导全面发展与个人特性发展的有机结合。而应试教育强调统一性，使人才的培养也变成了“批量生产”，学生成了流水线上的“标准件”。不强调个别差异性，一批怪才、奇才、偏才将被埋没，全体学生的个性发展自然也就难以实现。

三、开放式教育质量的内涵

开放式教育的质量观可定位在：开发学生的潜能，改变学生的现状，激发学生的兴趣，焕发学生的活力，体现学生的价值。具体落实在以下几个方面。

（一）学会做人

陶行知先生曾说，千教万教，教人求真；千学万学，学做真人。教育的根本目的就是教学生做人。做一个怎样的人呢？我们确立了培养“具有国际视野的现代城市人”的目标，其内涵是指有活力、有公德、有智慧、有情趣、有气质的现代都市文化人。他们应该具备城市责任意识、规则意识、公共意识、文明意识、卫生意识和参与意识等六种意识，落实在行为上表现为良好的教养和文明的习惯。

（二）学会学习

这里的学习不仅指要掌握学科知识，更要掌握学习的方法，具有将各种知识进行综合和多元文化的融合能力以及运用现代化的工具和手段（如计算机、多媒体、网络等）求知的能力，实现基础性学力、发展性学力和创造性学力的同步增长。培养热爱科学、追求真理、寻根究底的精神；珍惜时间，注重学习的效率和质量；养成勤学善思的学习品质和良好的学习习惯；能自觉学习各种知识和经验，适应自身发展和社会发展的需求。

（三）学会生活

为了生存和发展，为了生活，每一个学生必须具备适应个人生活、家庭生活和社会生活的基本能力。如：提高个人生活质量的自理能力和基本的劳动能力，做独立的人；讲求文明礼仪和社会公德，做文明的人；掌握一两项体育运动项目，做健康的人；有高尚的兴趣爱好，掌握琴棋书画、唱跳弹奏中的一两项技能，具有初步的艺术鉴赏能力，做有修养品味的人；能落落大方地与人交往，有善于与人合作的群体意识和能力，做有气度的人。

（四）学会创造

创造是推动社会发展的核心动力，培养创造力是教育的最高追求，而这种创造的能力源自于孩提时代教育对其的影响和启迪。只有从小敢想、敢问、敢说，长大才能具有勇于探索的精神；只有从小善于发现问题、解决问题，长大才能具有原创性劳动的基本能力；只有从小敢于异想天开，不断否定、超越自我，长大才敢于否定前人、积极创新。对学生敢于创造、乐于创造的心态必须从小呵护，对其创造能力必须从小培养。

四、开放式教育质量的监控

（一）目标监控

为了有效地实施目标监控，西小专设“质量监控室”，通过召开各种类型的例会、座谈会、家长会、听课、测试、学科竞赛和问卷调查等形式，以了解和把握教育质量发展的趋向、性质、程度和范围等方面的偏差性信息，从而促进教育质量沿着预定的目标方向向前发展。为此，我们建立了三类质量的控制规范。

1. 调控教职工职务行为的开放式教育规范、条例与标准。如教师工作规范、学校教学章程、教育教学案例分析、开放的课堂教学评价，等等。

2. 调控学校各方面工作关系的开放式教育规范、条例与标准。如教学人员岗位职责、奖教奖学制度、绩效工资制度，等等。

3. 调控学校各方面工作或学习秩序的开放式教育规范、条例和标准。如学习和会议制度、请假制度、小学生一日常规，等等。

我们还从学校实际条件、师资水平和学生的基础出发，科学合理地制定开放式教育质量发展的具体指标，并明确其上限与下限或比率，有针对性地提出控制措施，使质量差异控制在允许的范围与幅度之内。

（二）程序监控

所谓程序监控，就是在开放式教育时间流程中依据教育教学工作的运行规律，对教学流程及其相应的管理行为建立一定的程序规范，以确保教育教学质量沿着一定的质量目标轨道运行发展。在对开放式教育质量进行程序控制中，西小重点抓住以下五点。

1. 根据学制阶段的工作规律，建立新生入学、编班，直至毕业的全过程质量管理的程序。

2. 根据学年、学期工作的周期性规律，建立期初抓计划、期中抓检查、期末抓总结和日常抓落实，及时做好反馈调控工作的一般管理程序。

3. 根据教学过程的发展规律，建立教师认真备课、上课、批改作业、课内外辅导、测验考试和总结等教学工作程序；建立学生先预习后听课、先复习后作业、先审题后解题、先准备后实验操作等学习程序；建立教学管理人员计划、检查、指导、总结、交流、考核评估与奖惩等教、学、管协同活动的一般程序。

4. 根据学校日常工作的活动规律，建立以教学工作为中心的课程表、作息时间表和学习、工作、会议活动安排表等日常工作管理的一般程序。

5. 根据知识经济的时代需要，建立家长委员会、家庭、社会、社区活动等学校、家庭和社会协同教育的一般程序。

（三）随机监控

所谓随机监控，就是在开放式的教育空间环境中通过反馈控制手段及时沟通质量信息，排除各种干扰因素的影响，使教育、教学工作正常运转，从而使教育质量得以不断提高。例如，每周五上午是西小行政进课堂监控时间。在课堂教学中，我们通过以下途径来获得反馈信息并实施随机控制。

1. 通过学生微笑、皱眉等面部表情，了解学生接收教学信息的状况，从而调整教学过程。

2. 通过课堂问答，检查、了解学生对知识信息的接收情况，从而及时调整教学策略。

3. 通过小组讨论，全面捕捉信息、分析信息，从而实施差异教学。

4. 通过个别表演、全班评议和诊断等形式，扩大信息源从而提高教学效益。

（四）条件监控

所谓条件监控，就是在开放式教育环境中为提高教育质量提供或创造必要的条件，或有针对性地排除一切可能干扰的因素，促使教育质量得到不断提高。对教育质量的条件监控，我们从以下五个方面进行。

1. 合理组合学校各方面教育力量，为教师创造各种学习、进修的机会，不断提高他们的全面的综合素质。

2. 努力创设高度民主的教学氛围，以激发广大师生员工的积极性、主动性和创造性。

3. 努力继承和发展有特色的教育传统，使学校有特色、教学有特点、学生有特长。

4. 不断强化校内外教育环境的建设，促使学校、家庭、社会教育的有机结合。

5. 不断改善工作、学习和生活的环境，使其转化为推动力，促进工作效率、学习效率和生活质量的提高。

五、案例

案例一 声音越小，离心越近

因为班级人数太多，学校给每个教室配备了话筒。有了话筒的扩音效果，坐在教室后面的学生终于能听清那些习惯轻言细语的老师的讲课了。可如此一来，原来讲课声如洪钟的老师，他的抑扬顿挫却响彻校园，进而成了其他课堂的干扰音。我对老师们说：也许我们不曾有意调控自己的声音，教师讲课的音量直接影响着信息和情感的传递效果。仔细琢磨起来便是：声音越小，离心越近。想想当你和心上人四目以对，牵手相拥，说出“我爱你”时，你的声音有多大？当你们心有灵犀，一个眼神，一个微笑，虽然默默无语，彼此已心知肚明，此时不需要声音，此时无声胜有声，所谓“大音希声，大爱无痕”。利用说话语音变化调控课堂是一门艺术。魏书生的经验之谈是：“一句话有一百种说法，同一句话，会说的人让人听了笑起来；不会说的，让人听了跳起来。”富于变化的语音显然容易激发学生的学习兴趣，语音变化可以从以下几方面入手。

1. 调整音量

大音量容易引起学生注意，有时在大音量讲几句之后，再用小音量，学生反倒更感兴趣。有时我讲课，讲到精要之处时，便问学生："老师是小声讲好，还是大声讲好呢？"学生纷纷要求小声讲。于是我便用极小的音量讲，学生纷纷伸颈，侧目，全神贯注，我便用较小的气力，获得了较好的教学效果。

2. 调整音调

同一句话可以用 A、B、C、D、E、F、G 等不同音调说出来。有的教师讲课调值较高，但音量不大，很好听，叫做高音教学。有的教师说话调值尽管低，但音量大，听起来浑厚有力，叫做低音教学。如果调值高，音量也大，听久了容易使人疲劳。反过来，调值低、音量也小，同样使人感觉有气无力。我讲课时，经常根据教材内容和学生实际，甚至自己的身体状况变换语调。

3. 调整语速

说话速度的变化也影响到学生的兴趣。有时我讲话速度极慢，以引起学生对所讲内容的重视，也有时一连串排比句子说得极快，同样也能引起学生的注意。学生也好，老师也好，其实都喜欢听别人抑扬顿挫的讲话，喜欢听别人疏密相间的发音。

苏霍姆林斯基认为，教师的语言修养在极大程度上决定着学生在课堂上的脑力劳动的效率。理想的课堂就应该为学生营造一个积极健康、富有"营养"、充满童趣和交互作用的物质环境，促进学生智慧潜能的开发。在这样一种和谐的氛围里，教师不是居高临下地讲授，学生也不是被动地接受知识，而是师生平等地交流与探讨。眼睛是心灵的窗户，语言是心灵的清泉，教师的语言要想真正走入学生的心灵，不仅需要教学经验，也需要语言的艺术。

让教师的语言如涓涓细流，沁入学生的心田！

（唐翠娥）

案例二　意想不到的关爱

连续几天的感冒，喉咙已沙哑了，今天早上连续三节课，已上了两节，第三节是一（1）班的课，我拖着疲倦的身子来到一年级（1）班教室，按照惯例，英语科代表 Lisa 在讲台上带读，同学们边读边等老师的到来。这时 Lisa 走过来向我报告 Paul 在读书时又不认真，我一听，心想："天天都是他，没有他多好，天下太平，看到他就来火。"

我听着很生气，目光不自觉地投向了Paul。我看见他低着头闷不做声地坐着，每次都这个表情。我已不想看他，狠狠地瞪了他一眼就继续我的课。按照我上课习惯，第一个环节进行同学之间、师生之间用懂得的英语来自由交谈，当我和同学进行对话时，有一位同学问："How are you?"回答："Fine, thank you!"这时闷着不说话的Paul突然在嘀咕什么，我听到就生气了，该你说的时候你不说，不该你说的时候乱说，我走近他有点生气地说："Stand up, Paul. 你刚才说什么？再大声地对着全班同学说一次"，他有些不情愿地站起来说："你的喉咙痛，还能说'Fine, thank you.'你不是说过，不舒服时应该说'I'm not very well.'老师，你不舒服要休息，不能再讲课了。"由于是一年级所学的内容，在上课时我只强调了"Fine, thank you."这句"I'm not very well."，我只是略微提了一下，我想不到他记得那么牢，而且运用得这么准确。我忽然觉得很感动，就和他进行刚才的对话。Paul："How are you?" T："I'm not very well."然后由Paul来当小老师教同学读"I'm not very well."。Paul得到了我认可的眼光，接下来的时间很配合我，因此，这节课我也上得特别开心，但喉咙越来越痛……

下课了，我在收拾我的教学用具，这时Paul走过来递给我两包东西说："老师，我妈说这些玉蝴蝶很润喉，煲水喝了喉咙就不痛，你放点糖在里面煲就不苦了，我昨天跟我妈说了，她今天就叫我带来给你。我妈还问：'是不是你在课堂上不听话，让老师生气，把老师气病了'。"我笑了，连忙说："谢谢你妈妈的关心，老师也特别感谢你，你真是一位懂得关心他人的好孩子，老师相信你的学习很快就会赶上来!"

我意想不到地得到了来自Paul的关爱，他也需要我真诚的关爱。从那以后，Paul上课积极举手发言，学习成绩也不断提高。

课后反思：

通过这次教学，我深切地体会到，教师对学生的尊重应该是面向全体的。在学习活动中，教师和每一位学生都是主体。活跃的学生很容易成为学习的主体，而教师却往往容易忽视那些性格内向的沉默的学生。其实，他们需要我们给予更多的关注，让他们实现自我，成为学习的主人。

通过这次意想不到的关爱，令我真切地体会到在老师眼中的"后进生"往往是最懂关心他人的孩子，同时，他也需要呵护和关爱。如果我们能发现他们的闪光点，因势利导，循循善诱，让他们自我意识，自我教育，势必会收到事半功倍的效果。同时，老师在课堂上要善于捕捉教学情景的细微变化，机智地采取恰当的调控，定会收到意想不到的效益。

多年来我总是把帮助学生掌握英语知识放在教学首位，而忽视了学生的内心世界。实际上，作为一名教师，在教学中应该充分尊重学生，注重情感教育，从而激发学生的学习潜能。Paul 的变化就是一个最鲜活的例子。

（郑金洁）

案例三 最是那一捧微笑

刚参加教育工作一个学期，我就已经深深地喜欢上了这份工作，不是因为光环下的“工程师”、“园丁”、“伟大”这些字眼，仅仅只为了孩子们那一抹纯真的笑容。

我教三个班的英语，而且都是一年级。刚开学的几天真的非常辛苦，才从幼儿园出来的小朋友们才不管你什么条条框框呢！坐累了就站起来在教室里走动走动，无聊了就和其他同学说说话，课堂上“活跃”的气氛让我这个习惯了从小到大都和同龄人在一起的大孩子不知所措。我耐心地把课堂上应遵守的纪律宣布后，惊奇地发现竟没有几个小朋友在听，依旧我行我素。我板着脸，希望以老师的“威严”震住他们，可依旧没有太大的改变，第一堂课就这样失败了。

第二天，我抱着书本走在走廊上，“程老师好！”一声清脆又可爱的声音飘入我耳中，接着便看见一张可爱的笑脸。如此纯真的笑容绽放在花一般的孩子娇嫩的脸蛋上！我不由自主地回应：“早上好！”脚步轻快地踏进了教室。那节课我一直都笑眯眯的，那些顽皮的孩子们一整节课都乖乖的，笑容的力量太神奇了！从小到大一直都觉得“严师出高徒”的我，此刻真正感受到了“微笑是交流的最好语言”。

于是，微笑成了我管理和教育孩子们最有利的“武器”。当他们有进步的时候，给予赞许的笑；当他们表现出色的时候，给予肯定的笑；当他们有时不乖的时候，给予期望的笑；当他们受到挫折的时候，给予鼓励的笑……从此，我喜欢上了这些孩子，他们也喜欢上了我。

我还配合使用了一套激励机制，表现好和认真听讲的小朋友可以得到我自制的星星卡片，上面画了一个笑脸。表现不大好的孩子我也不大声批评他们，一个眼神，他们就能明白我的意思，乖乖地坐端正，认真地听讲。

玩是孩子的天性，在我的学生当中也不乏一些调皮捣蛋的孩子。(1)班就有个十分调皮的孩子，刚开学的前两个月他还比较乖，慢慢地熟悉了学校的环境后，上课就和刚交上的好朋友开始玩了。一开始我比较着急，多次找他谈话，可是效果并不大。小孩子对学习的概念还很模糊，也不管老师家长生气什么的。谈话没有效果，我便想其他办法。我发现他上课回答问题很积极，就尽量给他机会，答对了立即表扬，答得不够好也从不批评，总是给予鼓励的微笑让他不气馁，当他开始忍不住想捣蛋的时候，我一个眼神他就能明白自己的不对，并乖乖地坐好认真听讲。

一个学期过去了，孩子们的笑容已深深刻在我心里。我爱他们，爱他们的笑脸，爱他们奶声奶气的“程老师好”，爱他们为我制作的节日卡片……我把这种爱铭刻在心，化作灿烂的微笑，奉献给我可爱的孩子们。

（程锦屏）

案例四　“小草”也可以“开花”

人们对教师的赞美从来都毫不吝啬：红烛、人梯、人类灵魂的工程师……我是个爱花之人，所以最喜欢的称呼还是——园丁！试想，看着亲手栽种的“花儿”，绽放美丽，散发馨香，那是多么幸福和感动啊！直到遇到小雅，我才发现，这么多年来因为想让花儿开放，却忘记了其实园中还有一种“植物”，她永远也不能开出美丽的花朵，却依然是鲜活的生命，这种“植物”就是小草！

第一次来到班上时，所有的孩子都很兴奋地望着我这个新来的班主任，只有低着头的她，显得与这热闹的场面有些格格不入。仔细一看，原来是她整个鼻梁上全是紫药水，和其他神采飞扬的孩子比起来，她那柔弱的样子就这样印在了我的心里，也让我记住了这个名叫“小雅”的女孩儿。但不久，她的伤就好了，那张白净而又害羞的小脸就开始淡出我的视线——因为她的作业从来都是按时上交，上课也从来不讲话，课后也从没有给我惹过事。而她也一如开始的羞涩，从没有在我面前主动说过一句话，一有什么活动，她也只是安静地在那里当看客，那文雅的样子也让我一直认为，这样的女孩有什么值得让我操心的呢？

直到那次批改每周一次的心理日记时（心理日记是我一直和孩子们进行心与心之间交流的方式），那一行被泪水浸透的字迹深深地刺痛了我的心，至今还记得那句话——“我好像一棵被人遗忘的小草，随时都可能枯萎”。这个看似文静柔弱的小女孩背后，潜藏着很危险的因素，我为自己的忽略而自责不已！随即，我开始为曾经的忽略努力——首先想到的就是了解她的家庭情况。原来，小雅家竟然有四个小孩，她排行第三，有两个姐姐，还有一个弟弟。不用想，在这样的家庭里，小雅一定不会受到重视；而在学校，她的胆小和内向又让老师无意中冷落了她。

心怀歉疚的我先争取到小雅家长配合，希望家长能多引导她大胆说话、与人交流。并且，我开始有计划地接近她，先以“一帮一”为由，给她换了一位同桌，把她安排到能说会道又性格开朗的班长小敏身边，叮嘱小敏多关心她，拉着她融入我们的班级活动中。当对小雅留意得越多时，我就越发现她内心的敏感与细腻，同时发现了她一个很大的优点——爱看书，作文写得很棒！于是，只要一逮住机会我就在班上大力表扬她。渐渐的，我看到了她白净小脸上的笑容；渐渐的，我听到了她温柔甜美的笑声；渐渐的，我看到了她瘦小的身影活动在操场上了。

转眼就到期末了，小雅因为爱看书，也因为她的作文总是被同学们当做典范，所以被同学们一致评为学校的“书香小作家”。当看到站在领奖台上笑颜如花的小雅时，我的心甜蜜地战栗着——那一刻，我才深深地明白：原来，美丽的花朵需要赞美，矮小的树木需要养料，而小小的绿草，更需要阳光和雨露的滋养。在每一个班级里，那些出类拔萃的或独落其后的孩子总能最先占据我们的眼球和心灵，于是，像小雅这样的“小草”，渴望别人的重视却又常常被遗忘在“花朵”的海洋里。如果这些“小草”一直被遗忘，那么遇到风雨时就会承受不住打击；相反，如果能获得一缕阳光，一滴雨露，他们也能茁壮成长！

（周锦）

案例五 “写好字，我能行”

写字是人的一项重要而又基本的素质。写字教学是学校教育工作中的一项重要内容，它具有育德、启智、养心、健身、审美的功能。在未来的时间里，培养学生“规范写字，写漂亮字”的良好书写习惯，写一手好字，会随着孩子们的成长愈发显示出它的价值与意义。

为了提高学生写字的积极性，培养学生良好的写字习惯，开学初，我们一（4）班申请了“写好字，我能行”的特色班级。

在特色班级成立之后，我具体做了以下的几项工作。

一、动员家长，争取家长的积极配合

写好字，与家长的积极配合是分不开的。于是，我给家长发了一条短信，信的内容是："各位家长好！为了使我们的孩子写好字，写漂亮字，我们班申请了写字特色班级，希望家长在家能纠正孩子的写字及握笔姿势，时时提醒孩子下笔即练字的好习惯。"家长收到信后，都纷纷表示支持老师的工作。

二、召开"写好字，我能行"的主题班会

班会课上，我先让学生欣赏一些硬笔书法的优秀作品。看后，让学生说说感想。有的学生说看了这些字，给人一种很舒服的感觉；有的学生说很佩服他们；还有的学生说很想像他们一样，能写一手好字。此时，我充满自信地说："其实，只要同学们从现在开始，好好练习、坚持练习，你们也能做到的，同学们有信心和恒心吗?"大家都异口同声地说有。此次的主题班会，激发了学生喜欢写字的兴趣。

三、营造浓浓的写字特色班级氛围

为了再次激发学生的写字兴趣，我班举行了一次"我敢比，我最棒"的写字比赛，并选用比赛后产生的优秀作品出了第一期的"我敢比，我最棒"的宣传板报。

四、具体实施的过程

1. 首先教会学生正确的握笔和写字姿势。（如每次写字前都会背一背写字歌：头正身直两脚平，眼离书本一尺高，胸离桌子是一拳，手离笔尖一寸长）因为有些学生握笔习惯和写字姿势很难改正，每次写字时我都会不断地提醒和督促。我还经常抓拍一些写字姿势较好或不够正确的学生去激励和督促他们。慢慢地，学生就养成了比较好的握笔和写字姿势。

2. 从基本笔画（点、横、竖、撇、捺、提）练起，先让学生练习基本笔画的运笔方法，然后让学生仔细观察田字格中的范字，提醒学生要把字写在田字格的中间。关键笔画我还会不断地提醒，再让学生认真地练习。

3. 每周二、四中午的练字时间坚持练字。我把每一篇课文中的一类字都当成是写字课一样认真辅导，每一个字的每一个笔画该放在填字格的什么位置，我都会认真示范、提醒。学生写完后我会随机抽查一个小组，把他们写的字放在实物投影仪上让学生评价哪些同学的字写得好，好在哪些地方。哪些同学字的结构或笔画位置还需改进等。这样的方式既可以激励学生认真写好每一个字，又可以让他们从中知道自己的某些长处或不足。

4. 为了激励学生们认真写好字，我让每个学生都自己选定一个同学作为写字竞争对手，让他们每次写完字后和对手比一比谁的“加”号多。这样一来，就更能激发学生的写字兴趣。还有的学生把我也列入他们的竞争对手。此时，我会装着害怕的样子说，哎呀，老师现在的字可能比你漂亮一些，但经过你刻苦练习，老师担心很快就会被你甩到后面去了。学生们听了美滋滋的，这样更加激发了他们认真写好字的斗志和决心。

5. 本学期我们班的拼音写字本我都采取面批。这样每个学生都会从我这儿得到不同程度的鼓励或指点。如潘柏豪的作业，我会对他说：嗯，你的字写得很美，但是我们仔细观察这个田字格，你是不是把这个字写得偏在中下格了？如果能往上写一点就更棒了。又如出示曾奕璇的字：字写得很认真，如果书写时能做到横平竖直就更棒了。还有的孩子改完分后我会悄悄地问他，你的对手是谁？他得了几个“加”了？如果输了，我会悄悄对他说：不怕，继续加油，尽快超过你的对手。如果赢了，我会对他说，千万别骄傲，你的对手正在默默地加油呢！总之，我不放过任何可表扬或指点的机会，这样一来，孩子就会更加重视他的书写了。

6. 平时单元考试或其他方面的作业，我都实行卷面分的制度，书写工整的加 2 分，书写马虎潦草的扣掉 2 分，这样也能督促孩子养成认真写字的好习惯。

7. 我们每周都会举行“写字小能手”比赛，并评选出“写字之星”，让学生有成就感。四月中旬我们班又以“认认真真写字，踏踏实实做人”为主题出了第二期宣传板报。为了迎接 5 月 24 号的家长会，我们又出了第三期的星级评比写字专栏，向家长展示了全班学生的写字作品，并得到了家长们的好评。

8. 4 月中旬，我让孩子们写了一篇“写好字，我有信心”的日记。下面我节选两篇。

老师告诉我们，写好字很重要。我们是写字特色班，每天下午班主任黄老师耐心地指导我们练字。俗话说：只要功夫深，铁棒磨成绣花针。所以写好字，我有信心！黄老师给我们每一个同学安排一个竞争对手，我的对手是皮锦昊同学，所以我一定要认真练字，超过我的对手。（刘海城）

转眼一年级下学期已过了一个多月了，我的字写得还是很难看。我写的字高低不齐，大小不一，肥瘦不等。有的东倒西歪，有的还像斗败的螃蟹，缺胳膊少腿。最怕黄老师放学时喊我："潘杨子骥同学，你的字写得不好，留堂重写。"我一定要找出字写不好的原因，一定要想出把字写好的方法。

（潘杨子骥）

总之，把字写好，是一个系统的、比较漫长的过程，不可能一蹴而就，更不会一步登天，所谓"冰冻三尺非一日之寒"即是这个道理。但我相信，只要持之以恒，学生写字水平就会不断提高。

（黄巧梅）

第五章

拓展空间延伸的开放式教育管理

在经济全球化趋势的背景下，尤其在《国家中长期教育改革和发展规划纲要（2010—2020年）》出台之际，社会发展的多元化，创设了一系列崭新的开放的教育环境，深刻地影响着人类社会方式、思维方式乃至社会结构。学校既要体现社会大环境的特征，更要以发展的眼光思考当今的教育改革，寻求开放式学校管理之路。我们探索的开放式学校管理的雏形是：多元介入，效益优先。我们所认为的开放式管理，就是以深圳市颁布的校长负责制有关精神为基础，以“开放式教育顾问委员会”为咨询机构，建立学生、家长、社区共同参与学校教育管理的开放体制，让社会教育资源、智力资源、人力资源、物质资源进入学校，并让社会共享学校教育资源。

一、传统学校管理的封闭性

在传统的管理体制下，学校作为一个相对稳定的组织系统，甚至是唯一的教育场所，从国家、地方行政管理部门到学校内部管理，表面上完整而又系统，实际上“封闭”的特征十分明显。

一是依靠行政手段，推行管理决策。通常是教育行政部门发文件，学校照办，各决策层凭长官意志拍板决策，管理需求远离管理对象，下级比较盲目地完成上级下达的任务。

二是权力距离拉开，实行等级管理。每一权力层在各自的权力范围行使职权，所谓“不在其位，不谋其政”，“铁路警察各管一段”，形成相对封闭的管理流程模式。

三是过分强调管理规范，忽视适度弹性。片面强调以规范、规章、制度等来维护正常秩序。每一层组织成为较为完整的体系，而缺少了与周边环境的沟通联系，权力高度集中，管理追求形式化，缺乏生机，没有活力，被管理者的工作处于盲目随从，积极性无法发挥，导致管理效率低下，学校发展缓慢。

二、现代学校管理的开放性

学校教育是全社会事业中的重要部分，必然要同社会多种因素发生相互作用。开放式学校管理就是要与社会的物质、能量和信息多种关系交互，并通过这种关系来维持学校发展的平衡性和有序性。我们摸索的开放式管理具有以下特点。

一是信息源的扩大。以知识经济为标志的信息时代的来临，为开放式组织管理提供了更为广阔的空间，我们充分利用有利时机，开辟各种渠道与外界环境建立起经常的、广泛的信息交流，采取走出去、请进来的方法，不断扩大信息源，树立现代大教育管理观，改变“就教育论教育”的观念，形成以校为中心，与社会相联系，与家庭衔接的一体化管理体系，使学校管理目标适应社会的发展需求。

二是动态平衡的构建。开放式组织结构是一种动态平衡的有序结构。学校管理的对象既有它固定的一面，但更有其动态的一面。管理者不能以固定的模式一成不变。从学校内部来说，干群之间、师生之间要营造良好的民主氛围，形成畅通的信息沟通渠道，同时，还要广泛征求校外的建议，汇集不同的信息，不断调节学校的管理行为，缩小目标差距，使学校处于不断的动态平衡的有序状态中。

三是适应能力的增强。改革开放 30 年，学校教育尤其是深圳的学校教育还在一定程度上落后于经济发展、文化复兴。因为学校系统内部是一个相对稳定的组织系统，培养人的周期较长，又是以社会发展的已有水平为基础的，所以，我们想方设法挖掘有利资源，主动争取社会力量的配合，特别是在人力、物力、财力等方面的支持。加强学校与家庭、社区的宣传交流，使学校适应城市化发展和社会转型的需要。

三、“以人为本”的开放式教育管理机制

现代管理人本原理认为，人是具有能动性的人，人是管理因素中最核心、最根本、最有决定意义的因素。管理的目的是充分发挥人的主体能动性。尊重人的主体能动性，调动人的积极性，是学校管理的出发点。让被管理者参与管理过程，确立当家做主的思想，从少数教育行政人员管理向全员管理方向发展，是提高管理效率的有效途径。因此，西小建立了

“以人为本”的开放式教育管理机制。

一是把管理的主动权交给教师。学校的中心工作是教育教学工作，教师是完成教育教学任务的主要劳动者。学校中的领导与被领导者，管理者与被管理者只是分工不同，人人都享有平等的权利。办好学校，使其产生最大的社会效益不再只是决策层面的专利了。在完善决策程序，强化咨询反馈，运用监督手段过程中，我们始终依靠教师的力量，从教师中收集第一手资料，了解教师的思想脉搏，运用教代会这一监督机制，及时反馈信息、调整目标，使管理运转协调、反应灵敏、控制有效。在学校管理整体层面上，教师是被管理客体，但在学校管理微观层面，即班级管理中，教师相对学生而言，不仅是一个教育者，而且又是一个管理者，是班级管理的主体，他们的作用直接影响着学生。因此，我常说，班主任是班级的“魂”，每个班级管理好了，这个学校就好了。

二是相信学生，帮助学生实现自我管理。学校管理的各个环节都必须服从培养人、塑造人这一目标，把教师的管理过程与教育过程密切结合，教师的管理重心要放在培养学生的自我管理能力上，让学生不再成为被动的执行者。如西小每周的值日小卫士，学生以示范表率作用影响群体，同时又通过检查、小结、反馈实行自我教育；“西海电视台”是学生根据校内重大事件和主要问题自编自播的电视栏目，每周一播，引起大家关注；每年的少代会提案，学生以小主人的身份向学校提出改变自己学习和生活环境的合理化建议；小干部轮换制、岗位执行制等制度，使学生在教师指导下学会管理，成为自我管理的主人，践行学校的校训“自主、扬善、慎独、躬行”，其中，“自主”简言之就是自己做主，也即实现自我管理。

四、建立多渠道的学校管理共同体

学校实行管理的开放式，就是让社会丰富的物质资源、人力资源、信息资源进入学校。加强学校教育与家庭教育、社会教育的衔接、沟通，激发学校教育的活力，使学校不断适应时代的需求向前发展。

（一）创设条件让家长参与学校管理

家庭是社会的细胞，父母是学生最接近的人，也是学生的第一任和终身教师。家长的思想品德、行为习惯、爱好特长及对子女的教育方法等对孩子的发展具有潜移默化的作用。家长把孩子送进学校，他们渴望了解学校的教育情况，同时对学校教育又寄予全部的希望。为此，西小建立了班级、年级、学校三级家委会，学校与家长共同探讨教育问题；利用校长信箱、个别访谈，有意识地听取家长对学校工作的建议；教工大会上请家长畅谈“我们理想的好学校、好教师”，参与师德标准的讨论；课堂教学向家长随机开放，让家长把握学校教育教学的进程；专题教育活动中的主题词征集、校园文化建设咨询等一系列活动也让家长融入其中，形成家校沟通的教育合力，为孩子在和谐的环境中成长提供了保证。

（二）成立“开放式教育督导委员会”

学校在纵观历史传统的基础上分析了发展前景，作出了成立“开放式教育督导委员会”的决定。请中学名师进入小学课堂听课评课，探索基础教育的阶段性与连贯性之间的问题，进行小学阶段教育有效性的研究；请学生家长加入学校决策层，将家长的需求与学校的追求形成一致的目标；请社会名流、企业、事业单位负责人、离退休教师进入学校，把社会资源从校外引入校内，将社会资源转化为教育资源，与学校教育融合，为我所用；让学生参与学校管理，增强学校主人意识，培养管理能力，促进学生发展。

（三）建立社区基地的教育共同体

学生生活在社会大环境中，社区对学生无时无刻不在产生着积极或消极的影响，学校要挖掘社区中积极的有教育意义的资源，在与社区、社会教育的沟通下，建立教育合作伙伴关系，形成教育合力网络，实现教育优化。学校建立了以“林则徐纪念馆”为代表的一批学生教育基地，对学生进行革命传统教育；组织学生下社区当小小宣传员，参与社区精神文明建设；植树节与公园联系，师生组队种花植树，参加社会实践活动；与街道联系，建立“西海护绿队”进行环保教育等。同时，经常与社区、街道保持联络，共同商讨教育工作，使育人环境有利于学生的健康成长。

（四）形成多元化的信息资源渠道

西小充分发挥教育资源的作用，经常与来自国内外的兄弟校进行教育交流活动，每学年几十次相互间的信息传递，促进了教育管理水平的提高。丰富的社会资源为学校教育提供了更广阔的舞台。开放式学校管理由于主动吸纳家庭、社会成员的介入，将社会多元信息与教育信息融合，使学校的办学方向、培养目标、智能结构、师资结构等在沟通中、在交互作用下取得协调一致，扩大了学校教育的内涵，促进了学校的可持续发展。

五、开放的行政例会

行政例会是学校行政领导经常性常规工作会议，一般来说，一周或半个月召开一次，中层副职以上干部均需参加。其目的是及时发现和解决学校教育教学管理过程中出现的各种问题，促进学校管理工作的规范化、科学化，提高教育教学的管理水平，确保学校各项工作的顺利开展。以往的学校行政例会存在不少弊端：形式单一——总是面对几个熟悉的面孔，围在一个冰冷的大圆桌旁；内容教条——总是离不开学习和传达上级文件精神、各部门轮流汇报工作、布置下一阶段的工作等。如何使之成为激发管理团队的工作热情和创造潜能，成为一种校务公开、校本研修、历练队伍、文化建设的重要途径呢？我从拓展内容和丰富形式等方面着手，使行政例会走向开放。

（一）培训式例会

对校长来说，每次行政例会都是培训干部的机会。学校的中层干部基本都身兼教学任务，相对缺乏管理经验，更难从宏观整体的角度思考学校管理问题。因此，我每次通过例会对干部进行管理观念、管理方法的培训，如："值周校长"的要求三部曲："在观察中发现，在发现中思考，在思考中决策"；常规工作的三步走：制订计划—检查监督—反馈矫正，等等，力争把身边的干部都培养成独当一面的能手。这样既增加了学校管理团队的实力，又替自己减轻了工作压力，同时也为当地的教育事业培养了后备干部，近三年来，我培养出去了四位正副校长、多位中层干部，可谓一举多得。培训式例会不仅主要由我组织并进行培训，同时，我也经常邀请一些国内知名校长、专家学者对我的管理团队进行专题培训。

（二）论坛式例会

为加强学校管理团队成员之间智慧的碰撞和交流，我利用学校"西海讲堂"每月组织一次论坛式例会，即提前选定一个主题，如："我的开放式教学观"、"读书、教书、写书的教育人生"等，让管理团队的成员提前准备，例会时各自演讲，接受质疑，把例会变成一次教研论坛，一次学术答辩，提高了管理团队的学术研究能力和表达能力。

（三）诊断式例会

每周五上午各行政听完第一、第二节课后，都要集中到"交流中心"，利用第三、第四节课，对各学科教师进行一次教学诊断例会。从校长到各职能部门负责人都要进行教学评价。对成功的课例给予肯定并帮助教师形成教学思想，对疑难问题共同思考寻找破解良方，通过集体智慧、集体研究提升教学质量，实现管理效能的最优化。

（四）分享式例会

深圳的学校管理团队中的每个成员基本上都来自全国各地四面八方，都有自己独特的思想和不同经历，应该有一个良好的平台来进行沟通、分享和交流，以“借力生智”，促进个体知识的有效传播，增加管理团队的群体智商。我要求自己每次行政例会或讲一点读书心得，或介绍一个管理原理，或阐述一个管理寓言，总能起到意想不到的效果。管理团队成员中谁最近看了一本好书，最近出去参观考察或进修培训，也都要在例会上分享自己的所见所闻和所思所得。我还不定期邀请一些兄弟学校的管理层一同召开分享式例会。即两校所有中层以上干部全部出席，交流工作经验，研讨教育教学，促进了两所学校管理团队的共同成长。

（五）多元式例会

学校需要作出关系师生利益的重大决策时，我通常还会邀请学科组织、年级组长代表和学生、家长代表列席，有时还会邀请主管教育的领导、教研员、督学、社会知名人士、社区负责人等，让他们表达心声。这样的形式既是一种校务公开，同时也赢得了广大师生及社会各界人士对学校决策的认同，激发了他们的主人翁意识。

六、开放的校本规划

校本规划是20世纪70年代以来逐步兴起并流行的一个教育理念和发展规划策略。日益重视学校层面的自主性规划，正成为当今世界各国教育改革的一个重要特点与发展趋势。

（一）校长要成为校本规划的专家

一位校长，首先应该是校本规划的专家。一般来说，校长也是通过校本规划来实现思想领导的。校本规划的主体，不是传统的上级，而是学校校长及其领导集体；其范围既可涉及学校局部发展，也可涉及学校整体发展；其程度既有学校完全创新性规划，也有学校持续发展性规划和学校特色发展规划等。校本规划是真正为了学校自身发展的规划，是基于学校实际的规划，是在学校发展中进行的规划。传统的上级外控规划，只能面向地区各学校的共同倾向问题，而不可能顾及各所学校自身存在的个别性问题。校本规划则是在针对解决学校自身存在的特定问题所作出的基础性、思想性设计。它特别强调并坚持学校生存与发展不再完全企求外在的给予与设计，而是取决于学校自身能力、资源的重组、挖掘与开拓；不再突出统一性、一致性、外因性，而是突出自主性、主动性、特定性、内因性，有利于克服传统的上级外控规划与学校发展需求之间相脱节而制约学校发展的问题。当然，校本规划并不否认政府的宏观决策与指导作用，离开政府和社会的支持、合作与关心，校本规划将寸步难行。

校本规划旨在追求实现学校的发展目标，特点是重视内驱力作用、人的心理行为活动规律的作用。一般说来，如果校长只知道遵照上级外控规划，机械要求学校必须整齐划一地按照下达的“标准教育任务”进行运作，则缺少个性化特色，这就很难使学校干部、教师与学生真正成为学校的主体。校本规划是将他们作为参与者、合作者考虑的。研制校本规划，基本特点是以校长独立思考、学校教师全员参与为基础的。校本规划应该是校长集中全体员工智慧并且按照自己的办学思想、办学期望、办学信念来推进学校发展的规划，应该是校长主动承担相应责任的规划。

校本规划分为经验型和科学型两种。我们需要并肯定经验对校本规划的作用，但我们追求的是科学型校本规划，即遵循学校发展规律，依靠规划理论、程序、方法制订出促进学校发展的创造性与科学性相统一的计划。在科学预测基础上作出具有前瞻性、领先性与现实性相统一的判断，提出定性与定量相结合的指标，制定落实办学特色、发展学生特长、发挥教师专长的方案，理清校内外教育资源共享的思路。

当然，校长成为校本规划的专家是一个实践过程，需要经过新手阶段、优秀新手阶段、胜任阶段、熟悉阶段与专家阶段。努力缩短这个过程以适应学校发展，应该是每一位校长加强自身修炼的责任。

（二）如何研制与实践校本规划

校本规划结构应由发展目标及其细化、发展方针选择、发展重点确立、发展步骤安排、近期行动计划和应变计划的制订等组成，具有目标、步骤、方法、手段、时限、途径等要素，其内容包括教育资源开发决策、学校发展决策、学校激励决策、学校安全决策、界限决策（信息和人员调动）、特色决策等。校本规划的研制，要有充分的信息支持。校本规划研制的过程：（1）明确发展目标任务；（2）确定发展方针；（3）实行目标分解；（4）确立发展重点；（5）划分发展阶段；（6）拟定行动计划和应变计划；(7) 可行性论证；(8) 校教职工代表大会审议；(9) 报上级备案；(10) 付诸实施并反馈修正完善。

校本规划若是针对解决确定性的偏差问题，宜采用“直线式”设想的规划方法，即对未来发展作出“直线式”的安排。在把握解决问题的环境条件下，可按确定方向“直线”前进。针对解决不确定性的偏差问题，宜采用“树式”设想的规划方法。这种方法在未来有许多决策点和可供选择的行动方案，因而不可能描绘一张精确的行动路线图，只能确定一种适应机制。

如前所述，开学第一天看到的那一幕让我至今难忘。作为一所向城市学校转型的农村学校，为培养这些“准市民”的城市人素养，我开始重新审视理想与现实之间的距离，提出了“培养现代城市人”的教育目标。为此，我们采用“直线式”设想的规划方法，研制了《西乡中心小学二次创业五年发展规划（2003—2008 年）》。规划中，我们科学分析了学校二次创业面临的新机遇和主要困难，确立了推进管理体制建设工程、科研兴校工程、名师工程、教育实验工程、开放教育工程、“五爱”教育工程、课程改革工程、教育信息化工程、环境美化工程等“九大工程”的具体策略。这一校本规划为学校的发展和师生的成长指明了方向。学校在二次创业五年发展中，先后历经了“管理合作年”、“学习创新年”、“课程质量年”、“名师团队年”、“科学人文年”，办学效益逐年提升，逐步形成了“教育一个学生，带动一个家庭，辐射一个社区”的生动局面。

在学校二次创业五年发展规划顺利完成之后，我们根据学校发展面临的新挑战和一些不确定性的新问题，秉持继承、发展与创新的原则，采用“树式”设想的规划方法，研制了《西乡中心小学“开放式教育”三年新发展战略规划（2009—2011 年）》。在规划中，我们把学校的教育目标确定为“为和谐社会培养具有国际视野的现代城市人”，并通过开展“开放式教育”实验实现这一目标。我们践行的“开放式教育”，倡导三种教育的结合：一是知识教育与创新教育结合；二是学校教育与社会教育结合；三是智力教育与人格教育结合。它指向成为高素质的人的全面发展，彰显培养全人的教育宗旨。

综观西小的发展规划，其办学目标始终坚持“以人为本”，办学方略却在不断发展。2003 年秋，我们把“以愉快成就学业、以知识博大胸怀、以创新激活生命、以智慧奠基未来”作为学校二次创业初期的办学方略。

以“新课改”为背景，侧重于办学的“观念和策略”的微观层面。之后，随着宝安城市化的进程，我们把学校的“四以”办学方略逐步发展成为“科学领航，人文奠基，培养现代城市人”，它侧重于办学的“信念和追求”的中观层面。目前，学校已顺利完成“二次创业五年发展规划”，走向新的发展。学校自觉担负起为社会主义和谐社会建设培养合格人才的历史重任，把办学方略进一步发展成为“思想解放，行为规范，为和谐社会培养具有国际视野的现代城市人”，它侧重于办学的理想和精神的宏观层面。

（三）科学的校本规划对校长的要求

从西小“二次创业五年发展规划”到“开放式教育”三年新发展战略规划的研制，我以为：校长应该把校本规划作为第一要务，校长应该是校本规划的组织者、参加者、协调者、决定者。校长的自身素质影响着校本规划的研制。科学的校本规划对校长的应有要求主要有以下几个方面。

第一是观念方面：（1）坚持价值准则，把规划目标放在首位，这是规划行为的最高准绳，方案和措施是可以变的，而目标方向是不可变的；（2）有广阔的思维品质，深入思考的品质、思维敏捷性品质和独立性思维品质；（3）有以人为本的办学理念，以人的充分自由发展为最高目标；（4）有办学特色追求。

第二是知识方面：（1）要有一般的学校经营知识、教育哲学知识、心理学知识、管理学知识、行为科学知识、法学知识以及规划论知识；（2）要有课程理论与开发知识；（3）要有有效的学校管理知识。

第三是能力方面：（1）要有领导力，能够将规划目标和任务清楚地传达给教师、学生和家长；监督教育教学和行政，指导学生发展；具有形成优良风气的能力；（2）要有规划力，明确问题性质和特点、探明其发展趋势并对各种可能产生结果进行推想，从而确定对策；（3）要有问题意识，应是学校潜在的、显性的问题的首先发现者、提出者和解决者；（4）要有创新能力，特别要善于抓住机遇更新学校发展目标，努力为学校规划寻求各种资源和支持；（5）要有科研能力，能亲自主持学校科研课题，指导教师进行教育科研活动；（6）要有交际（合作）能力。

第四是心理方面：（1）要有事业心与责任感；（2）要有战略意识、竞争意识、法规意识、危机意识等；（3）要有独立人格，有稳定的情绪、开朗的性格、宽容的心理、积极的心态。

总之，校长正确的价值观是高水平的校本规划的基础，校长科学的思维方法是高水平的校本规划的手段；校长自我认识能力或自我规划能力是高水平的校本规划的保证。

七、行进在教育家旅程的路上

21 世纪以来，“教育家”和“教育家办学”成为教育界乃至全社会最热门的“关键词”。日前，在国务院召开的《国家中长期教育改革和发展规划纲要（2010—2020 年）》听取意见和建议的座谈会上，温家宝总理再次强调，要大力倡导教育家办学。“教育家办学”又一次引起社会各界的共鸣，更成为时下教育界热议的话题。

在今天这个呼唤教育家、需要教育家、造就教育家的时代，我们虽不可能在短时间内培养造就出千千万万的教育家，但是我们可以在教育家成长过程中前行。

（一）滋养“教育家精神”

一流的教育需要一流的教育家，需要教育家们用一种深厚的教育家精神去成就学生、成就教师、也成就自己。但在当下，我们无法也无需设定一个明确的标准或固定的框架来确定哪些人是教育家、哪些人算不上教育家，也无需政府发一个文件来评比一批教育家，而应首先弘扬一种教育家精神，让我们的办学者和教育者们用这种教育家精神去办学、去育人。

“企业家精神”已成为近年来管理学界和经济学界研究的热点问题之一。企业家精神，大概是指人们竞相成为企业家的一种态度，一种追求，一种行为。应该说它是一种勇于开拓创新的精神，敢于冒险的竞争精神，永不满足的向上精神。很多人通过创新和开办企业实现个人目标，并满足社会需求。他们虽然没有成为真正的“企业家”，但是，他们却凭着这种精神，成为了他们各自所在的领域中的“佼佼者”。在深圳改革开放 30 年的进程中就涌现了诸如任正非、王石等一批企业家，这类人尽管为数不多，但对一个国家一个民族来说，这种精神则是一笔不可多得的财富。具有“企业家精神”的人的涌现，会带动民族企业和国家经济的振兴。由此，我不禁想到，深圳改革开放 30 年来，却没有诞生国家级的教育家，甚至可以说没有多少人追求和具备“教育家精神”。因此，在今后的 30 年，深圳文化的繁荣和教育的振兴一定需要大批具备“教育家精神”的人。

我国自古以来是个盛产教育家的国度。先秦时期以孔子、孟子为代表的诸子百家便是开中国教育家办学之先河；汉唐时期的董仲舒、韩愈；宋元时代的张载、程颢、朱熹；以及明清的王阳明、王夫之，等等。一代又一代的教育家用他们的教育思想和教育实践延续并丰富着中华民族的精神和文化。20世纪以来，以蔡元培、陶行知、晏阳初、陈鹤琴、梅贻琦、张伯苓等为杰出代表的教育家，更是群星璀璨，大师云集。中国近代教育家们，一方面用他们的智慧和激情传承着中国文化的精髓；同时，他们还用开拓的视野和创新的精神，吸纳着西方文明的优秀成果，不断改造和开创着一个现代的文化中国。

新中国教育改革发展以来，一大批名师、名校长脱颖而出，虽然他们当中的很多人没有被正式封为“教育家”的头衔，但是在他们的身上集中体现着前辈教育家们所具备的那种精神和特质，这种精神和特质不仅造就了他们的办学业绩和教育贡献，也成就了他们自己。这种精神和特质，我以为就是一种“教育家精神”。

什么是教育家？“教育家精神”到底具备什么样的内涵？学界和政界对此都没有一个准确的定论。现实生活中，人们往往把这样几个因素作为衡量教育家的标准，如先进的办学理念、卓越的教育业绩、鲜明的教学教育风格、独特的管理模式、高尚的人格魅力、丰硕的科研成果、较高的影响力和较大的知名度等。我以为，教育家精神可以从以下几个维度来解读。

1. 挚爱——教育家精神的核心

当年，有人询问斯霞老师成功的秘诀时，她的回答是：“我没有什么成功的秘诀，如果有的话，那就是我全身心地爱着我的学生。”同样，于漪老师也告诉后人们：“教师要有满腔热情满腔爱，和学生心心相印！”正所谓“没有爱就没有教育”，霍懋征老师正是用她的满腔激情、满腔爱造就了她成为新中国的“国宝”、一代教育家。通观中外教育的历史，举凡成为教育家者，都视教育为生命，对教育事业始终充满着饱满的激情，把自己的生命寄予教育，把教育作为终生的追求。我就曾在工作总结报告中，着重阐述“把学校扛在肩上”、“把教师看在眼里”、“把学生放在心田”、“把自己交给学校”等四个方面内容。

2. 智慧——教育家精神的灵魂

“没有爱就没有教育”，已成为大家的共识，但我以为，智慧跟爱同等重要，甚至高于爱。现在的教育缺少的不是爱，而是智慧。没有智慧的爱是盲目的爱，没有能力的爱是无知的爱。什么是智慧？简言之，智慧表现为每个人安身立命、直面生活的一种品质、一种状态、一种境界。什么是教育智慧？顾名思义，它表现为教育的一种品质、一种状态、一种境界。就校长而言，他的智慧的总和表现为——创新。我个人追求的智慧型校长，一是有思想：具有先进的办学理念和教育哲学；二是有个性：在管理过程中具备一定的特色和风格；三是有能力：具有谋划决断和组织研究的品质；四是有胸怀：教育者必须立足现在，放眼未来，以博大的胸襟包容一切，以开阔的视野审视一切，所谓海纳百川，兼容并包。校长的智慧关键体现在创新，我曾在《教育智慧与学校创新》一书中予以清晰阐述：

教育智慧之源泉——现代城市化的呼唤
学校创新之根本——现代城市人的素养
学校创新之基础——教师专业化的发展
学校创新之条件——系统化的开放教育
学校创新之重点——课程改革体系构建
学校创新之保障——教学科研并重互补
学校创新之杠杠——建设个性特色文化
学校创新之支点——深化人文科学教育
学校创新之灵魂——德育三结合社会化
学校创新之纲领——校长管理策略智慧

今天，中国教育又处在一场大变革的前夜，此时，我们比以往任何时候都需要更多具备开拓创新精神的“第一流的教育家”去探明、开辟、追求理想的教育。创新的意识、开拓的勇气是成就教育家的一种内在精神动力，更是教育家应该具备的大智慧。

3. 追求——教育家精神的动力

温家宝总理语重心长地告诫我们教育工作者，我们需要由大批有真知灼见的教育家来办学，这些人应该树立终生办学的志向，不是干一阵子而是干一辈子，任何名利都引诱不了他，把自己完全献身于教育事业。由此可见，教育家不仅需要开拓创新的精神，同时更需要一种定力和耐力即执著的追求、坚定的信念，而且这种定力和耐力在当今浮躁、功利的时期显得尤其重要。这种信念与追求如航标引领、激励着教育者逐渐成为教育家。

当今时代，人们对物质的欲望远远大于对精神的追求，而教育家必须具备这种坚定的信念。教育家的信念源于对社会、文化、教育和人自身的一种理性判断和认识，并且将这种认识和判断上升为个人的一种信仰和追求，做到身体力行。有了这种信仰和追求，就自然会耐得住寂寞、抗得住诱惑；才会“甘为人梯，乐于奉献，静下心来教书，潜下心来育人”；才会在物欲横流的社会保持一份高尚，一种执著。

拿破仑说，不想成为元帅的士兵不是好士兵。套用此言，我想呼吁，不想成为教育家的校长不是一个好校长，不想当名师的教师不是一个好教师。也许，我们永远也达不到教育家的彼岸，但要朝着这个方向努力，把它作为引领我们前进的动力，即使我们一辈子不能成为教育家，但是我们对“教育家精神”的追求和向往一刻也不能停止。

4. 责任——教育家精神的使命

霍懋征老师曾说过这样的一段话：“现在的教师最重要的素质是敬业精神、责任心和爱心。今天的孩子就是祖国的未来，这点很多教师都没意识到。他们只是把教师当做职业，觉得把课教好就行了。教师必须要想得多一点儿，要想到不管多调皮的孩子，他都会长大成才，会为祖国的明天贡献自己的力量。”这段话折射出霍懋征强烈的使命感和责任感，并成为她教育的动力和源泉，是她追求的目标和境界，也是她一生的座右铭。也正是因为有着一种使命感和责任感，陶行知才会“捧着一颗心来，不带半根草去”；张伯苓才会在将近半个世纪的岁月里，历尽艰辛，呕心沥血，从开办“家馆”开始，一步一步办起了南开中学、南开大学、南开女中、南开小学……

教育是未来的事业，说小了是为自己负责，说大了是为整个的国家和民族负责，来不得半点懈怠。我们应该将这种高度的责任心和使命感融入血液、融入生命。

（二）培育“教育家气质”

人是要有一点精神的。但这种精神更多地表现为一种气质风范。我作为一个有着近30年教育工作经验的教育者，也许这一辈子都不可能成为一名教育家，但不能没有对教育家精神的追求，不能没有成为教育家的意识，更重要的是要不断培育自身的“教育家气质”。

我以为，“教育家气质”可从内在气质和外在气质两方面剖析。首先表现为教育家思想与教育哲学的内在气质。教育家及其教育思想、教育艺术和教育哲学等方面都是一个国家和民族难得的宝贵精神和文化财富，加强对这些宝贵财富的研究、发掘和传承，有着极为重要的历史意义和现实价值。以前，我们往往注重对已经去世的教育家的研究、发掘和学习；其实，加强对健在的、至今仍然活跃在教育界的教育家、名师名校长以及优秀教育工作者们的思想、行为、成绩与精神等方面的研究、发掘、整理，无论是对他们自己还是后人们的成长与发展都有着更为重要的现实意义；同时，教育家对自己在教育实践过程中萌发的思想也要不断地梳理和提升。教育家一定要以哲学思想为精神营养，集“以人为本的儒家思想、制度为先的法家思想、无为而治的道家思想”于一体，形成自身独有的教育家内在气质。

“教育家气质”的外在显现，我以为应表现为有活力、有情趣、有风度。当代教育家不应是苦行僧，不应是枯燥乏味的代名词，他应是阳光的、鲜活的、生命力极强的个体，更应是热爱生活、热爱自由、热爱创造的人。

“教育家精神”和“教育家气质”需要我们自身的滋养和培育，但同时也需要教育行政部门和教师校长培训机构的发现和发掘。假如这种精神和气质是天生就有的，那么我们的教育行政部门和教师校长培训机构就要选拔具备这种精神、气质的人来担任教师和校长。正如西方一句古老的格言说得好：你可以教会一只鹦鹉去爬树，但最好还是选择松鼠。因此，我们需要用发现的眼光，发掘富有这种精神气质的人来从事我们这项伟大的教育事业。

总之，“教育家办学”不仅仅只是一项措施，更不仅仅是一句口号，这一诉求实际上既是对陈腐落后的传统教育的理念性反思，也是对全面推进素质教育的现代性探索。

八、开放的校本教材：与教育家同行

“我来到这个世界，为了看见太阳。”每每想起巴尔蒙特这一句诗，我的心灵，就会期盼着被阳光点燃，期盼着激情燃烧，期盼着光芒四射。我们都需要阳光。罗曼·罗兰说：“要播撒阳光到别人心中，总得自己心中有阳光。”苏霍姆林斯基生前总爱重复一句话：“人生下来，并不是为了像无人问津的尘埃那样无影无踪地消失。人生下来是为了在自己身后留下痕迹——永久的痕迹。”几十年过去了，历史发生了翻天覆地的变化，而这位杰出的教育家“身后留下的痕迹”却日益深刻、隽永，迸射出越来越耀眼的光芒。不仅仅是苏霍姆林斯基，还有孔子、陶行知、赞可夫……无数的教育家用自己的智慧，为我们留下了一笔又一笔宝贵的精神财富——名言。

2008年，西小编印了一本《中外教育名言集锦》，汇集了古今中外著名教育家名言200多条，这些名言表达了他们对教育的追求和执著，对事业的挚爱和感悟。透过历史的风尘，超越国界的阻隔，这些教育名言以其经典性给人以震撼，以其现实性给人以借鉴，以其尖锐性促人以反思，以其实用性教人以方法，以其深刻性给人以启迪。对我们教师陶冶品性、提高修养、弘扬教育家精神、掌握好的教育方法，具有很强的指导和借鉴作用。心中有阳光，耳旁有教诲，体味着教育情怀，激发着教育灵感。与教育家同行，我们将提升理论素养，引发崭新思维，生发教育智慧，实现人生价值……

对于《中外教育名言集锦》中的部分内容，我们要求西小的每位教师一方面能够做到熟读成诵，理解其真意，指导自己的教育教学；另一方面要求老师们能够在撰写文章时将这些名言恰当地引用，并能举一反三不断创造出自己的教育格言。下面罗列了我近年来创作的一些教育格言，不揣其浅陋，重在抛砖引玉。

◎共闻书香，同享书韵。

◎是花朵，就要让她绽放。

◎孩子，我们陪你一起成长。

◎诵读古诗文，学做儒雅人。

◎阅读是最聪明最高尚的消费。

◎扫好地，写好字，做好操，唱好歌。

◎我学习，我快乐，我思考，我收获。

◎召唤每一个孩子心灵的春天。

◎让自己天空常蓝，让别人内心温暖。

◎抬起头来走路，打开眼界读书。

◎弘扬国学精神，铺垫人生底色。

◎在书中寻找自己，在读中张开翅膀。

◎校长愉悦，教师幸福，学生开心。

◎笑着上学，笑着教书，笑着育人。

◎把最美丽的花环戴在学生的头上。

◎感恩教育，走近你我，共感共鸣。

◎把激励融进心灵，把和谐带进课堂。

◎静静地读书，轻轻地说话，悄悄地做事。

◎多一点微笑，多一次自信，多一份责任。

◎满意在课堂，满意在班级，满意在西小。

◎让每个孩子拥有幸福，让每个孩子得到发展。

◎春来了，开学了，让我们一起感受春光明媚！

◎阅读文字，让我们聪敏；阅读孩子，让我们年轻。

◎让父母开心，对美丽负责，为发展买单，与成功有约。

◎把窗子打开，让风景进来；把微笑留下，带快乐回家。

◎为自己的履历工作，为学生的未来播种。

◎道德自律，工作自励。

◎开放的思维是习作创新的核心。

◎堂堂有新观点，课课有新体会。

◎课始情生，课中情浓，课后情未了。

◎学习，学习，再学习，是支撑我事业永远的基石。

◎在校长眼里，教师第一；在教师眼里，学生第一。

◎事事有人管，人人都管事；管事看效率，管人看考核。

◎没有智慧的爱是盲目的爱，没有能力的爱是无知的爱。

◎教师成长有三部曲：第一步，读书；第二步，教书；第三步，写书。

◎把单纯的知识性德育转变为人的社会化过程，正是当前学校德育变革的核心。

◎让词语积累成为基础之道，让写作技巧成为探索之道，让认识升华成为科学之道。

◎工程师可以设计高楼大厦，可以设计道路桥梁，但不能设计人的心灵。

◎领导的信任，家长的厚爱，反映的是社会对教改的期待，对优质教育的渴望。

◎我们平凡地存在着，劳作着，为了教育的乌托邦，诗意而幸福地栖居。

◎无论角色怎么改变，我始终是一名教师，讲台是我永远的位置。

◎我以为人的一辈子要赶上一次社会变革，一次领域变化，就是一次很幸运的人生机遇。

◎过去做校长的经验，也许恰恰是今天教育改革发展的阻碍。

◎身为今日的校长，终身教师，不但要写好“无字”的书，还要写好“有字”的书。

◎校长，不仅仅是一个管理者，她更应是学校先进教育文化的标识。

◎校长必须首先学会领导课堂教学改革和务实性教学科研。

◎校长是学校文化的符号，有什么样的校长，就有什么样的学校文化。要铸造学校文化精神，我力求首先成为一个文化校长。

◎一个不快乐的教师，肯定不会教出快乐的学生；一个没有文化内涵的教师，也不会教出具有文化内涵的学生。

◎我们每个人都代表着集体的形象。身为教师，就应该是至真、至善、至美的代言人。

◎教师在习作教学中必须重视“情感”的开放，打开学生的心扉——让阳光进来；深入学生的内心——让情感激荡。

◎习作本身既是学生对知识的一种重构、创新，又是学生对生活的一种再现、理解、升华，同时更是一个开放的、流动的、递进的、复杂的思维过程。

◎人的一生有很多事要做，要涉及很多是非曲直，作为儿童阶段，就是要打好人生的底色，搞好正直、正气、正义等品质养成的“热身赛”。

◎学校是传承、培育、创新文化的基地。为和谐社会培养现代城市人，就是为社会铸造创新文化，为民族培养新精神。

◎一座城市不管是原有的还是新增的人口，都需要接受现代城市人教育，以从根本造就现代城市的品质。

◎学校是专门教育人、培养人的场所，是建设和谐社会人的基础和主要力量。为和谐社会培养现代城市人，既是经济发达地区教育与和谐社会建设必须认真探索的教育改革的新问题，也是转型社会的小学实施素质教育的应有之义。

◎高素质教师是学校教育优质资源中的第一宝贵资源。作为一校之长，首要的工作是建设一支高素质、高水平、高效能的教师队伍。

◎培养现代城市人，必须面对开放式的转型社会，并根据社会发展需要真正理解什么是现代城市人，怎样设计培养现代城市人的教育目标，怎样改进我们的教育方法与内容。

◎在新课程改革实践中，我感到只有校长懂业务，懂教学，懂科研，并且知道如何通过自己的示范作用带动教师积极参与教学科研，才能管好一所学校的课程与教学改革，才能办出高质量的教育。

◎今天的科学教育应该是一种新的社会形态下的教育思想和实践形态，应该体现时代精神，反映现代社会生产、技术创新对创新人才培养的需要。其目的不是简单地向学生传授科学知识，而是要让学生认识科学本质，正确理解科学的应用，提高科学素养。

◎培养现代城市人旨在有效促进人的社会化。人是社会关系的总和，而每个现实生命个体的社会化目标，都是学校根据社会对人的社会性、合格性、规范性内涵来规定的。

◎我认为基础教育应该为现实社会培养高素质的劳动者，而非都要为北大、清华培养"苗子"。所以将单纯的知识性德育转变为人的社会化过程，正是今日学校德育变革的核心。

◎学校的执行力，关键要表现在每一个具体的班级组织中。班主任是班级管理的核心，一所学校能否拥有一支优秀的班主任团队，不仅是学校组织执行力的重要体现，也是班级建设的保证。

九、案例

案例一 学习香港油麻地天主教小学教育资源整合

香港——东方之珠，以她繁荣、独特、融贯中西和多元文化引人瞩目。2007 年 12 月中旬，在香港回归祖国十周年之后，我以"2007 年宝安区教育管理后备干部培训班"学员的身份，在宝安区教育局和香港教育研究交流中心的精心组织下，带着探究和思辨的目光，去感受香港教育园地里吐露的馥郁芬芳，试图近距离了解香港学校的教育教学管理和运作机制，学习和借鉴香港基础教育发展的先进经验。培训安排极具细致、完美，一如香港人的做事风格：务实、高效、周到和热情。为期一周的考察学习，我对香港教育的法制化、多元化、社会化、均衡化和生本化有了更多的感性认识，而香港学校教育的"两文三语"（"两文"指：中文和英文；"三语"指：英语，粤语和普通话），学生的实践活动能力也让我们充分“分享”到香港学校教育的显著特点。

香港油麻地天主教小学（海泓道）创办于1968年秋，坐落于油麻地避风塘畔，为天主教香港教区属下的政府津贴小学。开办初期，上午校设18班，下午校设17班，至第4年上下午各设30班。2000年迁入设施更趋完备和现代化的千禧校园，发展成为一所全日制小学，易名为油麻地天主教小学（海泓道）。我在该校为期一周的挂职学习期间，重点了解了“学校如何充分利用和整合教育资源”。其具体做法如下。

一、极富特色的阅读课程

学校设立专职的“阅读主任”，主要负责统筹推广阅读计划，管理学校图书馆等工作。非常有意思的是，阅读主任还负责与学科教师合作，为学科教学提供充足的校内外资源支援。在学校网页“图书馆”的资源目录中，除了链接了“香港阅读城”、“家长阅读大使网上读书会”、“菜姨姨亲子共读沙发”等优秀网站外，还有“教师分享”、“每月借阅榜”、“阅读推介网”等栏目。图书馆的资源管理一目了然，非常方便、实用。

1. 图书馆管理制度（以下资料引用该校网页内容）

（1）图书馆开放时间表

时间/星期	一	二	三	四	五
课前7：30—7：50	各级	各级	各级	各级	各级
第一小息9：40—10：00	各级	各级	各级	各级	各级
午膳后小息1：05—1：25	J. 1－3	J. 1－3	J. 1－3	J. 1－3	J. 1－3
1：25—1：55	J. 4－6	J. 4－6	J. 4－6	J. 4－6	J. 4－6
课后3：25—4：00	各级	各级	各级	各级	各级

（2）开放时间

上课日——早上9：30—下午5：00

星期六——早上8：00—中午12：30

（3）图书馆简介

本校于2000年迁往设备较完善的千禧校舍，图书馆位于二楼，馆内设有空调，为配合其曲尺形的设计，本馆分消闲阅览区（大厅）及藏书殿（小厅）两部分。图书馆于2000年11月开始投入服务，先让同学于馆内阅读；2001年4月提供全面借还服务。图书馆采用计算机自动化系统，提高图书馆服务的效率。

（4）图书馆设立的目的

①培养学生阅读课外书籍的兴趣及习惯。

②培养学生通过阅读，开阔视野，增进知识，提高语文能力。

③培养学生掌握信息技巧及图书馆技能，以建立解决问题及自学的能力，使之成为终身学习的基础。

④使图书馆成为设备完善的资源中心，支持学校课程，协作教学。

⑤提供一个理想的阅读环境，作为学生终身受益的学习中心。

（5）中央图书馆借用规则

①每次借阅书籍，必须出示本校学生证。

②不可使用他人学生证借书。

③小一至小三，每次最多可借中文书一本、英文书一本；小四至小六，每次最多可借中文书两本、英文书一本。

④各借出的书籍期限为只可续借一次；过期书籍，不可续借。

⑤同学须妥善保存所出之书籍或影音资料，如有遗失或损坏，须负责赔偿。

⑥如书籍或物品有任何损毁破坏，须立即通知图书馆助理员或图书馆主任。

⑦有关聆听座之使用，请参见“聆听座使用规则”

⑧罚款项目：

A. 过期还书，每本每天罚款五角（只计上课日，最高罚款上限25元整）。

B. 损毁或遗失书籍，须依书籍之原价赔偿。

2. 资源整合和利用

菜姨姨亲子共读沙发

各位热心推动阅读的爸妈们：

大家好！欢迎加入推动阅读行列，成为阅读大使，大家在这一年里将要肩负协助学校成立第一个读书会的重责，会不会开始有点担忧？

不用担忧，除了学校的老师会为大家提供一切可能的协助外，香港阅读城会有一系列的配合资源提供予你们。

阅读城（www.hkreadingcity.net）继“读书会建设及经营手册”后，

为大家献上十集的亲子共读策略课堂："菜姨姨亲子共读沙发"（www.hkreadingcity.net/sofa）。

一壶茶、一本书、一张沙发，你家有没有一张舒适亲子阅读沙发？让我们开始亲子阅读之旅。

3. 资源分享

老师分享——好书推介

梁紫凝老师：好雨无声（以书信形式谈教学问题、教师修养问题和语文教学……）

郭慧玲老师：查理与巧克力工厂（有创意，亦有德育教育，故事性强。）

林雅芳老师：脑的结构与科学化学习法（第二版）（这本书深入浅出说明大脑的功用……）

刘美莲老师：中国名言典故365（大家何不试看这小书，每天一则，易尝易消化，是消闲书，也可发人深省！）

黄秀华老师：原野探索者——动物生态搜奇（瞧！强壮有力的老虎、动作迅速的狩猫……）

伍翠莹老师：中华文明之窗——《中华文化的故事》（书中附有精美的插图，介绍了汉字的起源、演变、字谜……）

温玉玲老师：做个快乐少年人（作者能以深入浅出的手法阐释复杂而抽象的心理现象……）

董学富老师：读者文摘（其文句精炼，是学习写作的好榜样。）

邓紫薇老师：戟绒小礼品（我依照书中的作法，做了数件小礼物送给朋友。）

张乐华主任：It's not how good you are, it's how good you want to be (Easy to read. Easy to understand. But not easy to think about.)

张志鸿校长：小故事大智慧（这套书每个故事的篇幅不长，但很多是以真人真事改编……）

蔡亿玲老师：爱心树（故事内容简单，主角只有小男孩和树……）

杨皓慈老师——开怀医生（区医生的文笔风趣幽默，看的时候每每令我产生会心微笑……）

4. 方便实用的身边资源

教师办公台上摆满随手可用的教学资源和工具；学生阅览室里从复印机、打印机到小剪刀、订书机等等，非常方便、实用、精致而且颜色搭配协调、鲜艳，布置温馨雅致，美而不乱。

二、无处不在的家长义工

香港的政治、经济、文化制度和高度的商业化、国际化以及中西方文化的融合荟萃，为香港学校教育烙上深深的印记，使香港教育包容性非常强，一些优秀的传统继承得非常好。家长教师会为密切家校联系起到良好的桥梁作用。

1. 组织架构（以下为香港油麻地天主教小学“家校会”资料）

引言：

本校之家长教师会于一九九五年七月十一日成立，它是家庭和学校的桥梁，使家庭、学校和学生间形成三角形的紧密合作、互相扶持的关系。

宗旨：

通过活动，使家长、学生和老师彼此加深认识，互相关怀，共创教育好环境。

向学校提供意见，贡献专业才能，协助学生提高教育素质。

对全体学生，不论成绩优劣或家境贫富，均视为被尊重的个体，鼓励家长教师交流经验共策教子之方。

架构：

常务委员，包括家长，教师。

2. 主要活动剪影（主要有家长义工，家校互动等活动）

油天喜同行：

本校与家长教师会及校友会合办之“油天喜同行”步行筹款活动，已于2008年2月24日（星期日），在太平山山顶顺利完成，这次活动主要是筹募庆祝创校四十周年活动经费。参加者众，约七百多人。大部分参加者于当天早上齐集学校礼堂，先由校监领祷，然后逐组拍照留念，再乘车往山顶，汇合在山顶等候的参加者，再由张校长主持简单而隆重的开步仪式后，大家便浩浩荡荡地结伴同行。

家长日：

为了使各位家长了解子女在学情况，本校于12月19日（星期三）举行家长日。当天校方除派发成绩表外，还安排家长陪同子女面见班主任，以收家校沟通及互相合作之效。

我和班主任有个约会：

中秋节寓意团圆，当天能与家人或亲人一起共聚，一起过节，是很快乐的事。本校亦于中秋节翌日（10月7日星期六）特别安排一个家长与班主任可以直接沟通的聚会，让彼此更了解学生的学习情况及所遇到的困难；同时，家长亦可进一步明白校方的政策和期望。务求在双方紧密合作下，使学生愉快学习，勇于面对挑战，在学业及品德上更进一步！

香港扶幼会“家庭成长教育计划”成长课家长工作坊：

教育统筹局在2002/2003年开始在全港小学推行个人成长教育课，目的是推动学生在学业以外，有更全面及均衡的发展。为了让家长一同参与子女的成长教育，香港扶幼会成功向优质教育基金申请拨款，推行“家庭成长教育计划”，将个人成长课与家长教育结合；并与本校协办工作坊，使家长了解课程的目的及具体内容，协助子女成长及将成长课学以致用。

工作坊以成长课形式进行，家长玩得投入。

游戏“以讹传讹”，家长一起体会沟通的不容易。

学校教师除了可以从香港教育局（包括网络资源，课程指引等）得到专业支持外，学校亦为教师的专业发展提供了丰富的资源分享：

教师发展日：

10月10日为本校教师发展日，当天培训活动分三部分，第一部分为课室管理技巧分享会，第二部分为高思维发问技巧讲座，第三部分为到香港迪斯尼乐园进行全方位学习——从真实的情境中探讨香港迪斯尼乐园的教学价值，而校监、校长及全体教师均出席。

教师培训：

要提升教育质量和教师专业发展的意识和能力，须从教师培训做起。教师是影响课程改革成败的关键，教师培训是课程改革系统工程中一项极其重要的工作。本校积极鼓励教师进修，参加在职培训，培训内容包括参加教统局及教育机构主办的研讨会、讲座或工作坊等。而校内的教师发展日的培训内容是一项针对学校及学生需要而订定的。教师发展日的培训内容包括教育的前瞻与回顾、专题研习、资优教育、学生成长课、从阅读中学习、课改理念和推行全方位学习时的教学技巧等。

生命教育——学生成长课讲座及工作坊	资优教育新体验
校长颁发感谢状予陈德恒校长	陈校长为老师们灌溉——教育改革理念及领导学生进行全方位学习时的技巧
从阅读中学习	数学科教学新里程讲座
谢谢雷老师为我们分享她的种子计划——促进学习的评估之英文科写作评改	张伟清校长与我们分享专题研习的实践经验

（罗　聪）

案例二　结对帮扶，共同发展

近几年，我有机会应邀到广东珠三角地区广州、珠海、中山、东莞、增城和相对边远地区台山、开平、始兴、茂名、罗定等地讲学，深感因地区不同其教育差异之大，令人震惊！我校对口支援揭阳梅田小学。普宁市船埔镇梅田小学是揭阳地区的一所边远山区小学，距离深圳1000多里，校园占地30多亩，现有教师30余人，13个教学班，学生555人，是这个镇26所小学第二大校。但是该校办学基础薄弱，教师学习教育教学理论的渠道单一，教室不通电，教师用方言教学，对课改信息了解有限，很多状态还停留在原始的水平。我们用了一年多的时间，积极沟通，科学规划，迅速行动，阶段性帮扶。采取了如下措施。

一、建立校际间挂钩联系机制

为加强两校工作联系，西小指定黄秋生副校长和梅田小学的吴校长进行日常工作安排，建立了互助工作档案，从组织领导、方案制订、计划总结、人员安排、活动记录、信息资料、互助成果等方面进行工作协商。罗聪副校长负责教学交流工作安排，并在教学、科研等方面制订工作计划，确定帮扶目标、内容、方式和步骤，落实帮扶工作措施和责任制，并共同做好双方挂职人员的教育管理工作，同时加强宣传动员、组织领导和方案实施，积极开展挂钩帮扶助教活动。

二、多层面帮扶，多角度推进

（一）学校管理工作帮扶

1. 帮助梅田小学树立正确的办学思想和先进的办学理念，健全和完善各项管理制度，制定中长期发展目标和发展规划。规范学校日常工作管理，提高各项管理水平。

2. 帮助梅田小学规划校园布局，制订校园“文化、绿化、美化”的“三化”建设方案和实施措施，帮助和指导梅田小学开展校园文化活动，做好校园文化、绿化、美化等工作。

（二）教育教学工作帮扶

1. 帮助梅田小学规范教学工作常规管理，建立健全教研制度和教学档案，帮助该校教师提高业务能力和教学水平。开展同类学科教研组或年级组教学研讨活动，包括制订教学计划、集体备课、随班听课、上示范课、教学观摩、说课、评课、优秀教师教育教学报告等交流活动。指导该校开齐开足国家规定的课程，引导教师积极投身课程改革，更新教育观念，改进教学方法，不断提高教育教学质量。

2. 帮助梅田小学制订教师队伍建设发展规划、培训计划和工作措施，组织教师进行信息技术整合学科教学的能力培训和新课改新理念的学习。我曾亲自对该校全体教师进行了《教师职业生涯规划与专业发展》专题讲座，并在梅田小学简陋的教室里进行教学示范，营造了安徒生笔下凄美的童话世界，让在场的镇、村领导和梅田小学教师等50多人领略到仅凭一支粉笔一张嘴就能激情演绎精彩课堂。2009年4月24日我所带领的行政班子一行12人来到梅田小学。为了了解该校教师的教学情况，一行人顾不上连续六个多小时的路途辛苦，一下车就走进了各学科课堂听课，听课结束后马上进行评课交流，共指导听课评课24人次。

2009年11月3日，学校又组织了以主管教学的副校长带队的西乡名师、学校名师到梅田小学现场听课12节，上示范课6节，课后又进行了深度的教学交流。

2009年6月，我们邀请了梅田小学校长、大队辅导员等师生6人到西小挂职学习。来自梅田小学的吴玉娜等同学观看了西小的阳光少年活动周汇演、校园电视台、“师生现场‘百米书画卷’展示”和“科技发明作品展览”，他们兴奋地说：这所学校真好！这个“六一”真开心！梅田小学的吴校长对学校“培养现代城市人”的“新父母学校”、“特色班队建设成果汇报”、“开放课堂”等各种开放式的教育教学活动十分赞赏。他对我说：像你这样办学很辛苦，但是很值得。

（三）优质教育教学资源帮扶

1. 目前，梅田小学的新教学楼已经竣工，西小将帮助梅田小学加强对实验室、功能室、图书室的建设、配备，以及对实验教学和实验操作的指导，已捐赠图书2000册、新电脑1台，经费15000元和学校全套校本教材和学校校报校刊300多份。

2. 共同开展课外活动。邀请梅田小学的师生参与西小举办的“阳光少年活动周”等各类读书节、科技节、艺术节和体育节等大型活动，通过组织少先队员手拉手等活动，促进学生相互交流、相互学习、共同进步。

三、几点思考与建议

“扶着走”的目的是希望实现被扶者“自己走”。对于我们对口帮扶的学校，“帮什么”并不是最终目的。而是通过“如何帮”而实现学校自身的“如何做”。不管条件如何艰苦，人的因素才是最重要的决定因素。在此，我们提出如下建议。

1. 政府加大教育投入，改善办学条件；

2. 提高教师待遇，留住优质教师；

3. 学校教师自身淡化客观因素，多做主观努力：

（1）建立良好的教师激励机制（鼓励读书、实施奖惩、规范的作息时间等）；

（2）更新教育教学观念，营造良好的教研活动氛围；

（3）鼓励每个人为学校出谋划策。

我们西小将一如既往地从各方面给予梅田小学力所能及的支持和帮助，实现两校相互学习，共同发展的新局面。

（羽西子）

案例三　武装映笑脸，校园更安全

一夜之间，校门口变样了，荷枪实弹的警察严阵以待，威风凛凛的警犬虎视眈眈，学校保安也是身着警服，腰配警棍，手握钢叉。

“学校不仅要关注学生身体的健康与安全，更要关注学生心灵的丰富与成长。”张云鹰校长琢磨着：校门口这样的阵势，会不会给家长尤其是小学生制造恐怖与紧张？怎样做才是对小学生心理和成长有利的安全保障？

她苦思冥想，一条热爱生命又诗情画意的校长安全教育寄语赫然醒目地悬挂出来了："把每一个黎明看做生命的苏醒珍爱自我，把每一个黄昏看做生命的驿站整装待发""生若繁花，灿烂绽放"。除了警察保安铸就的武装保障，我们的校门口还要有笑脸的祥和，要让每一个孩子笑着上学，快乐回家。学校安全教育的理解深刻了，学校安全管理的思路也就清晰了。

首先，每一个人都要学会应对紧急事件，掌握生存生活必备的安全常识。为此，学校印发了《学会自护安全手册》，组织紧急疏散演习，进行教师、家长安全培训，制作校园安全特别节目，编辑安全班刊墙报，张贴安全事项提示语，把安全的种子种在每个人的心里。

其次，为了保障校门口的平安畅通，值周行政、值日教师在校门内维持秩序。"同学，不要跑，请慢些走"，老师们组织学生从容有序地进出校园；"请您配合一下，给孩子让宽一点道"，家长义工在校门外组织接送孩子的家长安静耐心地等候。

每到放学时间，自备扩音器的老干部张德泉先生就出现在西乡中心小学的校门口。在他的协助下，家长们遵规守纪，校门口畅通无阻。张老伯是个热心人，今年61岁，从部队转业后曾在内地安全部门工作，刚从医药局领导岗位退休。在接送孙女上学的路途中，他发现学校对面施工的塔吊存在安全隐患，就主动和施工方沟通，在110的协助下，施工方终于接受了他的意见进行了整改。

"为了校园安全，政府和学校都投入了大量的人力、物力和财力，作为家长，最好的回报就是积极配合学校，自觉维护校门外的安全秩序。"张老伯说，"校门内的环境和秩序非常好，校门外放学时段人多、车多、路堵，就要靠大家一起来合作。"西乡中心小学与海湾中学仅一墙之隔，对面又有一所幼儿园和一个建筑工地，大家都守秩序才能保证道路畅通安全。张老伯前不久在新安公园和都之都广场组织了一个60多人的义工乐团，有现成的音响设备，于是就带到学校门口来了，也算是老有所为、老有所乐吧。深圳市民的整体素质还是很高的，只要有人领头，大家就会自觉配合。在他的感召下，家长们都逐步养成了自觉排队的好习惯了。

5月7日清早的那场暴雨，校门口积水一尺多深，学校的大堂前一片汪洋，从校门进入到教学楼要趟约50米的积水，为了少让一个孩子弄湿衣裤鞋袜，一（2）班的家长义工周其玲女士，把马路边望水却步的学生，一个一个地背进教学楼，一个早上下来，瘦弱的她一口气背了40多个孩子，有些孩子比她本人都重，累得她腰酸背疼。当值日老师感动地向她道谢时，她说："有需要，找义工，这是我应该做的事。"

像周其玲女士这样的家长义工不止一个，六（2）班的家长张美欣女士是两个孩子的妈妈，她说："我就把这些学生当成自己的孩子。"她特别准备了一把大伞，下雨天可以一次接送两三个孩子，不让学生淋着。学生的鞋带散了，红领巾没系好，她都会提醒。家长义工队成立一年多来，四（5）班家长李宏达、一（3）班家长尚青、三（5）班家长林少强、二（5）班家长口有成、二（2）班家长林晓君等30多位家长义工就是这样风雨无阻地在校门口协助着学生上学、放学时段的安全管理。

2400多名学生的学校，放学时段的疏散压力是挺大的，车流人流，很容易造成校门口的拥堵。有时候家长等得很着急，学校为了校内的安全又不能让家长自由进去找孩子，怎么办呢？

这时候，学校的红领巾义工当起了"小灵通"，"爷爷，请问您要接的孩子是哪个班的？叫什么名字？需要我帮您吗？"一个标准的队礼，一句热心的问话，家长们笑了，孩子的可爱化解了他们等待的焦躁。四（1）班的叶祥安是个腼腆的小男孩，"第一次主动问家长，心里好紧张哦，不过现在我很大胆了。"58个红领巾小义工就这样，在服务中体验了助人的快乐和自豪。

今天，通过教师、家长、学生的共同努力，校门口的张张笑脸，在晨光里，烈日下，夕照中，都是那么的祥和、宁静、从容。

（唐翠娥）

案例四　"偷书的人就在你们中间"

在周一的团体心理辅导活动中，我参加了"超级模仿秀——喜怒哀乐"游戏。游戏规则要求一对一传递，不能出声，只准用肢体动作或表情表现文字内容并传递给下一位游戏者。主持人给我一个字条，上面写着"眉来眼去"，我思考之后，尽可能准确地用手势和眼神表达了字面意思，把信息传递给我的伙伴。当信息传递到第六位后，各自报出收到的信息。有的说"斗鸡眼"，有的说"先左后右"，有的说"要把眼睛睁大点"，各自的理解五花八门，严重偏离原义，令人啼笑皆非。光凭眼看不做对话，信息的获得和传递竟然闹出了大笑话。由此，我想起了学校最近开展的诚信阅读活动。

为了方便学生课间阅读，学校在每个楼层都新做了开放式书架，学生可以随时自由取阅。每每看到课间打闹现象少了，围在书架前的学生多了，老师们心里都有说不出的高兴。一周下来，没想到竟然丢了50多本书。值日老师非常气愤，升旗礼上进行周工作总结时一激动竟然高声说了一句“偷书的人就在你们中间”，振聋发聩，全场愕然。

“偷书的人就在你们中间”，这句话强烈地冲击着我的思考，我决定利用品德课进行调研讨论。我设计了“你认为哪些行为是文明读者不应该有的?”等一些问题，围绕“文明读者爱书有招”、“文明读者护书有责”和“文明读者管理有法”让学生充分讨论发表意见。

几个班级的讨论之后，真相大白。原来课间10分钟时间很短，为了记住自己看到哪里了，学生有的折角、有的写名字、有的画记号，久而久之书就损坏了；有的同学上完厕所洗完手就看书，湿手翻书一不注意就把书撕坏了；有的同学想一口气看完自己喜欢的书就把书带回家了，又怕别人说自己偷书不敢当众送回书架；有的人感冒流鼻涕弄脏了书本……

怎么用好、管好、爱护好这些图书呢?“竞选图书小卫士”、“贴上读者规则”、“给图书包书皮”、“每个中队管理一个书架”……孩子们七嘴八舌碰撞出了很多好点子，有创意，好操作。图书管理的难题终于通过孩子们的智慧解决了。

可笑的心理游戏告诫我，在不出声的交流里获得的信息是不准确的。那位值日老师没有深入地调查研究，仅凭着眼睛的观察就判断“偷书的人就在你们中间”，冤枉了多少爱书的孩子啊!

由此可见，在给孩子们的问题下结论时，老师、家长和孩子们进行平等的语言交流是多么重要。只有用心用语言沟通，开启孩子的心理之门，才能看到孩子的真实世界，才能倾听到花开的声音，才能呵护花朵的灿烂。

（唐翠娥）

案例五 爱，在心底流淌

我要外出学习了

（2003 年 11 月 10 日　晴）

今天学校领导通知我说，要派我去北师大学习培训 15 天。参加工作以来，在校的读书时光一直是我的美好回忆和向往，有这样的好机会我自然求之不得。但是另外一个问题让我犯愁，我刚接手的班主任工作才两个月，刚刚和孩子们度过蜜月期，说实在的，天天和他们摸爬滚打在一起，一下子离开他们，我不但担心学生会不习惯，连我自己也有点难舍难分。我琢磨着，在我离开的日子开展怎样的活动通过什么方式将我和学生的情感维系好，让班里的工作正常运转呢？

老师不在，我更可爱

（2003 年 11 月 16 日　晴）

想了好几天，终于想出了我的活动口号——老师不在，我更可爱。当我把这八个大字写在黑板上时，孩子们纷纷念了起来。我把外出学习的事和学生商量，他们都支持我学习，“老师，我们会可爱的”、“我们会管好自己”、“你回来时，我们来迎接你”……

经过民主推选，他们挑出了最可信任的“临时自治委员会”。看着那一张张充满自信的脸，我想我可以放心学习去了。

成　长　本

（2003 年 11 月 17 日　晴）

班级管理的事情落实了，学习任务怎么保证不掉队呢，我决定为“老师不在，我更可爱”活动专门准备一个记录本，我和学生商量，这个具有特别意义的本子写什么呢，怎么写呢？取什么名呢？“快乐本”、“星星本”、“自学本”……学生取了十几个名字。后来大家认为还是取名“成长本”比较好。“因为老师不在家时我们能自己管理自己就是长大了。”我提出建议，“成长本”的扉页上——每日 20 题，自己考自己。在作业本的正面做练习，背面给老师写悄悄话。

牵　　挂

（2003 年 11 月 20 日　阴）

坐在北师大的学术会堂里，聆听中国教育界最权威的声音，我的心中不断涌起阵阵激情，一种走进新课程，投身教育改革，实现中华民族伟大复兴的使命感在心中冉冉升腾。此时此刻，我的思绪又从遥远的北京飞到深圳我的校园我的孩子们身上。他们现在怎样？会不会淘气？我掏出手机，想给孩子们捎去一个信息，但我放弃了，我不想打扰他们，不想流露我的担心，还是让他们彻底“自主”吧。我心里不断猜想种种回到家的情形。

下一步怎么做

（2003 年 11 月 25 日　阴）

在学习的空隙，我把自己外出学习前在班里组织的活动和专家交流了意见，请他们出招下一步做什么。我的请教得到了专家的热情肯定，他建议我先把成长本收上来，了解一些情况，然后在教室里展出交流，不必评出等第，展出后把有代表性的收进科研档案，于是就有了下面许多可爱的珍藏。

孩子们的悄悄话（节选）

亲爱的唐老师，你身体好吗？在那里冷不冷？要多穿一点衣服，不要感冒了，两个星期后我们就见到你了。（11 月 19 日　吴妙婷）

老师，我在“宝安新闻”里看见你在认真学习，我很想你，我也会像你一样认真学习的。（11 月 23 日　刘沁）

老师，谢谢您把本子发给我们，真对不起，我把成长本弄脏了，我知道老师看到我的本子会吓坏的，我就买了一个新本子，您不会介意吧。您那么疼我们，这几天我觉得好孤独，您回来了我们就有了快乐。（11 月 23 日　麦敏钊）

老师，您每天睡觉时有没有想我们???（11 月 25 日　袁榜坤）

老师，告诉您一个好消息，我们班踢足球踢赢了三班，五比零呢。（11 月 26 日　梁颖欣）

老师，今天没有上数学课，我自己做了一些题，都是我自学的。可是

有些同学很不听话，你回来要管管他们，不过你也不要担心，校长还表扬过我们，我们会更可爱的。(11 月 29 日　张胜辉)

老师，明天我们就可以看见你了，我们终于可以上您的课了，我们也可以看到您灿烂的笑容了。同学们都说要给你一个惊喜。(12 月 2 日　文俊钱)

老师，今天有人说你会回来，我们把教室打扫得干干净净，把黑板布置得漂漂亮亮，写上了“欢迎老师归来”。可是您没有到，我们很失望。(12 月 3 日　袁少康)

……

亲其师信其道，良好的师生关系能使学生拥有良好的情绪去面对学习。学生会因为喜欢一位教师而喜欢一门功课，同样，也可能因讨厌一位教师而讨厌学习。一个被学生喜欢的教师，其教育效果总是会超出一般教师。

有人给师生关系打了一个形象的比喻，即电路适配器，相同的教育条件、教育对象，通过一定的师生关系配置，或许能爆发出强烈的教育能量，产生积极的教育效益，或许完全相反，会产生短路，使学生厌学。

在这个电路适配器的关系中，教师处在更主动的位置上，建立什么样的师生关系，主动权在教师手上。在以往的师生关系中，教师是高高在上的说教者，在学生面前，他们是知识的权威。但是今天，学生接受知识和信息的渠道大大拓宽了，学生独立性的增强和信息来源的扩大，使他们思维敏捷、充满活力，有些教师在电脑操作、畅销书阅读等方面会落在一些学生的后面。教师要乐于向学生学习。教师应该把“做学生的良师益友”当成自己的座右铭，师生之间有时是以“能”会友的关系。现在的学生涉猎广泛，学习速度往往超过教师，作为教师就应该谦虚地向学生学习。这并不是什么不好意思的事情。相反，如果教师不肯放下架子，不加强学习，不主动与学生交流、交心，甚至还把体罚、侮辱学生人格的做法当做最为有效的教育手段，那就不仅不会是受学生喜欢的教师，还会彻底破坏师生关系。

无论中学生还是小学生，他们对自己喜欢的教师都会有一些普遍认同的标准，诸如尊重和理解学生，宽容、不伤害学生自尊心，平等待人、说话办事公道、有耐心、不轻易发脾气等。

教师要放下架子，把学生放在心上。“蹲下身子和学生说话，走下讲台给学生讲课”；关心学生情感体验，让学生感受到被关怀的温暖；自觉接受学生的评价，努力做学生喜欢的教师。

教师要学会宽容，宽容学生的错误和过失，宽容学生一时没有取得很大的进步。苏霍姆林斯基说过：有时宽容引起的道德震动，比惩罚更强烈。每当想起叶圣陶先生的话：你这糊涂的先生，在你教鞭下有瓦特，在你的冷眼里有牛顿，在你的讥笑里有爱迪生……身为教师的我就更加感受到自己职责的神圣和一言一行的重要。

善待每一个学生，做学生喜欢的教师，师生双方才会有愉快的情感体验。一位教师，只有当他受到学生喜爱时，才能真正实现自己的最大价值。

（唐果）

附：我做校长近三年来的述职报告

（一）服务是校长的最大幸福

（2007—2008 年度述职报告）

一年来，我在匆匆忙忙的日子里承担着校长的责任和两千多双眼睛的期待。面对两千多可爱的孩子，我每天从睁开眼睛直到深夜掩卷入眠之前，都如履薄冰。在每一天，我的所思所为总是一个主题，那就是怎样才能让学校更好地发展，怎样才能让教师享受职业的幸福，怎样才能让可爱的孩子在明天的社会中成为真正有用的人，使这些人回首在西小的日子时回味一些人生的甜蜜，滋生几分童年的自豪。365 天，经历太多太多的人和事，萦绕太多太多感人的故事，20 分钟难以概述此时的心情。回顾五年的办学经历，本学年我立足于“服务”二字，总结如下。

一、服务学生——促进每个孩子全面发展

学校的一切决策都要以学生的利益为中心。为学生服务应成为校长管理学校的出发点和归宿。我倡导的“八个一”活动，即让每个学生“具备一项业余爱好”、“熟练一门体育运动”、“结交一个知心朋友”、“精读一本名家名作”、“能写一种工整好字”、“参与一次公开亮相”、“掌握一套学习方法”、“形成一些做人原则”，让每一个孩子的个性得到发展；我主张的“领袖训练营”、“西海之星评选”、“雏鹰展翅行动”、“庆六一迎奥运·阳光少年活动周”等活动，让孩子们积淀文明，升华情感，拓宽视野，快乐成长；通过开展以“诵读古经诗，学做儒雅人”为主题的“与经典同行”活动，帮助孩子擦亮民族精神底色；我亲自设计的“感恩教育”活动，让孩子们学会“用爱感动每一天，用心感动每个人”。学校各种兴趣班精彩纷呈。我还亲自为毕业班学生设计《昨日缤纷》纪念册，赠送校长寄语，召开毕业班学生座谈会等，让每个孩子张扬个性、全面发展。

二、服务教师——促进每个教师专业成长

我一贯坚持“教师第一”的管理理念，创造性地构建并实施了教师专业发展三个“三”的开放式培训制度，把教师专业发展“八个一”作为教师专业成长的重要内容。一年来，对全校教师做了二年级语文《一分钟》的示范课，主讲《新课程与新的课堂教学》《职业生涯规划与专业发展》《现代城市人整体形象设计》《拿出你的激情》等专题讲座，指导引领语文教师完成并亲自修正了20多万字的《开放式习作教学》书稿，得到了吕达、吴立刚、陈先云等著名专家学者的赞赏并作序鼓励。我还保证教师的学习与研究的需要，积极支持教师参加各种培训，购买所需的学习资料，开展多种形式的教研活动，服务于教师成长。为了更好地聚焦课堂，建设“课前静，课中活，课后实”的课堂文化，打造“课始情生、课中情浓、课后情未了”的“三情课堂”，要求教师“拿出激情”，将新课程理念活化到课堂教学的各个细节，做到处理教材“活”、教学情感“活”、教学手段“活”、教学方法“活”，真正让课堂回归到原生态。在第二届新课程大赛中，我跟参赛教师一起研究探讨，鼓励教师勇争第一，终于获得全区总成绩第一名。我不仅服务教师的专业发展，而且善于营造宽松和谐的工作环境，召开了第五届教代会，大力开展“读书的女人最美”、“西海讲堂”、“文化沙龙”、“轻松驿站”等系列活动，构造一种积极向上、健康和谐的人际关系，创设一种与教职工平等沟通的良性机制，为工作增加乐趣。我还亲自带头参加教师诗朗诵比赛并获街道一等奖第一名，让教师从繁忙的工作中抽出身来，感受生命的华彩，享受职业的幸福。在服务学校教师的同时，我还承担了宝安区“名师工作室”的工作，制订了科学、合理、创新的实施方案，亲自听课评课，指导写作，深受学员欢迎。

三、服务家长——促进每个家长提高素养

我们以《培养现代城市人——开放教育实践与研究》校本课题为龙头，深入开展《学习困难学生家庭教育指导模式实践与研究》《独生子女家庭中的问题学生家庭教育指导的实践与研究》等课题研究活动，以“家长委员会”为载体，以“家长学校”为平台，以“亲子主题班会”、“亲子才艺表演”、“书香家庭评选”、“‘潜在天才’家长会”、“现场家教咨询”等活动为内容，让家长与子女增进沟通，分享亲情，让家长之间交互学习。我亲自为家长主讲《我的家庭教育观》《没有教不好的孩子》等专题讲座，提高家教能力，提升家长素养。在开放周活动中，充分利用家长资源，让家长走进课堂，使学生耳目一新，深受启发。

四、服务学校——促进学校走可持续发展之路

我用先进理念引领学校，用法纪规范学校，用智慧思考学校，用人格领导学校，用科研发展学校，最大限度地利用好学校的教育资源，走可持续发展之路。以“科学领航、人文奠基、思想解放、行为规范”为工作思路，倡导“事事有人管、人人都管事；管事看效率，管人靠考核”的管理文化；提出“道德自律，工作自励”的教师文化；营造“团队成就就是我的成就”的团队文化；建立“儒雅生态”的环境文化，主张“多元、开放、人文、科学”的课程文化……在校园环境建设中，大到综合楼的建设规划，小到一幅标语、一个标示牌，我都要反复斟酌，精心使校园环境具有浓郁的文化内蕴，让每一面墙壁有画意，让每一级台阶有诗情，让每一处环境能育人。我创意的校园“文化一条街”得到来自全国各地教育考察团的赞赏。上周来的湖南考察团给我们书写了“教改先锋、学习楷模”的赠言。围绕“解放思想、关注学生、聚焦课堂”十二字方针，定期或不定期召开学校发展座谈会；举办成果展示会、教学开放周、综合艺术节，并邀请家长及社区各界代表参加；创建学校一报三刊，加大宣传学校发展力度。

一年来，学校实现了学生、教师、学校的科学发展。师生参加教育部门组织的各级各类竞赛共获奖622余项；人民教育、南方都市报、深圳商报、深圳特区报等20多家新闻媒体进行了报道；科研成果系列丛书《扬帆西海》《放飞梦想》已由中国文联出版社正式出版。来自全国各地的“全国校长发展学校”代表团，大连、湖南等教育考察团来校参观学习；著名教育家顾名远、朱小蔓和冯增俊、檀传宝、黄威等专家学者亲临学校指导。学校被评为深圳市安全文明标兵小区；宝安区优质化学校；宝安区家庭教育先进单位；宝安区体卫艺工作先进单位等；我们的语数英三科学科网是全区唯一全部获奖的学校；全区第二届新课程大赛西小获得六金一银的好成绩，居目前全区榜首；教育局还推荐西小参加宝安区“区长质量奖”的申报。

五、服务自己——促进个人不断完善升华

用服务管理学校，不仅是体现在服务学生、服务教职工、服务学校发展，同时还要服务自己。服务自己就是要加强自身的专业知识的学习与专业品质的修炼，创设一种有利于校长及校领导班子正确行使权利的监督机制，使校长不失服务本质。一年来，我的近30万字的专著《教育智慧与学校创新发展》被列入全国特级教师丛书，由人民教育出版社出版。在《人民教育》《中国教育学刊》《语文教学通讯》《小学语文教学》等发表论文16篇，在全国各地主讲各种专题报告20多场，足迹遍布哈尔滨、北京、江苏、浙江、成都、湖南、广州等。《语文教学通讯》把我作为2008年首期封面人物宣传；国家教育部主办的《教育周刊》头版人物介绍；在全国校长发展学校中做《培养现代城市人的理论与实践》的主题报告，在全区中小学会上做《创新校本培训模式，引领教师幸福成长》的经验交流；主笔撰写的《开放式习作教学》一书将由教育科学出版社正式出版。我还被评为宝安区优秀共产党员、区优秀共产党员身边的模范、区民主评议行风“先进个人”。当然，人无完人，金无足赤。我还要进一步集思广益，挖掘每个教师的潜能，发挥每个行政部门的主观能动性，让每一个个体在集体中健康成长。

一年来，我们学校、教师和学生获得的各种荣誉纷至沓来，师生们由衷地感受到成长与发展的快乐，所有这些让我自己颇为惊讶，同时也让我深切地感受到宝安西乡这片热土对付出心血与汗水的人们是多么的肯定！我们的教师、学生与家长，又是多么的可亲可爱！

在这里，我首先要感谢我们这个集体，感谢所有的教师，是你们的智慧和汗水浇灌了这片美丽的校园；感谢各级领导，是你们的关怀、支持升华了我教育理想的境界。如今的西乡中心小学已从一所地地道道的农村学校改变成颇受称道的省一级示范校，区优质校，成为广大师生家长满意与自豪的学校，它不再是过去的“丑小鸭”，而是出落的“灰姑娘”。

二〇〇八年六月三十日

（二）“德、能、勤、绩”显实效

（2008—2009年度述职报告）

时光似水，岁月如歌。一学年以来，在各级政府和教育行政部门的关怀和领导下，在西乡街道教育办及教研中心领导的关心和指导下，我和我的行政团队带领全校教职员工团结协作，开拓创新，认真践行学校《“开发性教育”三年新发展战略规划》，圆满完成了本学年的工作任务，取得了显著的办学效益，得到了社会各界的普遍赞誉。作为一校之长，我始终牢记使命，履行职责，以无愧于上级领导的重托和人民群众的期望。下面，我从“德”、“能”、“勤”、“绩”四个方面作简要汇报。

德——做有思想的校长

我在第一次校长述职的时候，就曾经讲到“今天我凭什么当校长?”

任何一所学校要想获得卓越成就，校长首先必须有卓越的教育思想和办学理念。这里的教育思想、办学理念应该是与校长的精神品质和生命追求一脉相承的。因此，我认为教育思想和办学理念应该是校长最重要的“德”，我把它叫做“大德”。

我想，作为校长，从走上教育岗位那天起，就必须为自己设置一个为之奋斗的目标。只有设置了这个目标，才能把自己的所作所为锁定在这个目标上，才能不断增强自我意识和使命感，才能不断地进行自我挑战。有人说，教育是一首诗，可以是田园诗，可以是古体诗，也可以是抒情诗，有各种各样的情调与内涵。那么作为一名校长，读懂这首诗的前提是什么？是自己给自己设定一个目标：我要读懂它！如果没有解读这首诗的愿望与冲动，你就永远不会读懂，更写不出精彩的诗篇。一位胸怀理想、心系教育的校长，应该是一位天生不安分、会做梦的教师，因为教育的每一天都是新的，每一天的内涵与主题都不同，只有具有强烈的冲动、愿望、使命感和责任感，才会不断提出新问题，才会不断自找“麻烦”，才能够拥有诗意的教育生活。所以说真正有着高尚品德的校长，应该具备这样的人格——心中永远装着学校、教师和学生的发展，永远憧憬明天，永远不满足现在。

2008年秋，学校二次创业五年发展规划顺利完成，我根据学校发展面临的新挑战和一些不确定性的新问题，秉持继承、发展与创新的原则，科学研制了《“开发性教育”三年新发展战略规划（2008——2011年)》。

在规划中，我把学校的教育目标确定为“为和谐社会培养具有国际视野的现代城市人”，并通过开展“开发性教育”实验努力实现这一目标。我们践行的“开放式教育”倡导三种教育的结合：一是知识教育与创新教育结合；二是学校教育与社会教育结合；三是智力教育与人格教育结合。在教育实践中，“自主、发展、创新”三者既是一个动态过程，又相互依存、融为一体。它指向成为高素质的人的全面发展，彰显旨在培养全人的教育宗旨。我之所以把学校未来三年的前进方向确定为“新发展”，就是要自觉担负起为社会主义和谐社会建设培养合格人才的历史重任。可以说“新发展”包蕴着我和我的团队执著的教育思想和办学理念。

能——引领学生、教师、学校共同发展

我一直认为，校长不是一个职务，而是一个职业。既然校长是一个职业，就必须具备这个职业所需要的一切素质，及时掌握各方面的信息，始终保持对新事物的敏锐性，使自己的思想观念始终走在时代的前列。只有这样，才能领导学校不断创造新的辉煌。因此，我坚持向书本学习，向教育专家学习，从中吸取哲学、教育学、经济学、企业管理文化、文学艺术等方面的新思想、新观念、新知识。同时，我坚持不懈地用写作来梳理自己的教育思想，积淀教育智慧。于是，读书、思考、写作、实践就成了我的生命常态。学习使我的生活变得充盈，也使我的行政能力不断提升。

校长的能力，首先应该在学校工作中得到检验。在过去的一年里，我们在顺利完成《西乡中心小学二次创业五年发展规划（2003—2008 年）》的基础上，开始践行《“开发式教育”三年新发展战略规划（2008—2011 年）》。回顾本学年的工作，可谓步履坚实，足迹潇洒。

1. “读书工程”添异彩。学校把创建“书香校园”、全面实施“读书工程”，作为深化教育改革、全面实施素质教育的重要内容，列入学校工作计划之中。学校成立了创建“书香校园”活动领导小组，我担任组长。强有力的组织建设、完善的设施设备以及经费的落实，保证了学校“读书工程”的全面实施。我们在教学楼一楼大厅新建了四个书橱，一方面旨在方便师生阅读，另一方面旨在培养师生珍爱书籍、诚信阅读的品行。根据学校“读书工程”实施方案，学校每个学期还进行“书香班级”、“书香家庭”、“阅读明星（教师、学生）”的评选和表彰，为“书香校园”建设注入了新的生机和活力，为书香家庭、书香社会建设提供了教育支持。

2. “西海讲堂”奏新曲。“西海讲堂”是西小老师们交流教育思想、培养教育情愫、提升教育智慧的重要阵地。我们借助这一平台，邀请专家进场指导，增进教师互相交流，促进教师专业成长。一年来，我们共开展“西海讲堂”主题活动12次，邀请专家为西小教师、家长讲座10次。

3. “义务教育”重落实。为促进义务教育均衡、优质、协调发展，迎接深圳市义务教育均衡发展督导验收，西小坚持把“为和谐社会培养现代城市人”作为依法实施素质教育的重要举措，全面贯彻落实《深圳市关于加强和完善人口管理工作的若干意见》及五个配套文件（简称“1+5”文件），在新生招生工作中坚持“服务群众、公正公开”的基本原则，落实上级有关规定，认真审阅材料，热情、详细给家长解答招生问题，赢得了家长的赞赏。深圳市义务教育均衡发展督导验收专家组对西小专访时，评价西小“是一所办学理念先进、特色鲜明、效益显著的名副其实的优质化示范学校”。

4. 开放德育新举措。为进一步提高学校德育的实效性，我们充分发挥学校少先队大队部的职能作用，认真组织开展少先队活动，大力培养学生领袖人才；加强西海校园电视台、红领巾广播站的建设，优化人员，优化栏目，优化内容，优化资源，提高育人效果；以“家长学校”及“家长委员会”为载体，通过家长会、家庭教育宣传周等形式，进一步完善学校、家庭、社会“三位一体”的德育网络，实现德育效益的最大化。我们时刻牢记“学校安全，重于泰山”，通过开展“西海交通安全队”训练、师生防地质灾害疏散演习、消防安全大教育大培训等活动扎实推进“平安校园，和谐校园”建设。

5. 课题研究结硕果。上学期末，“培养现代城市人”课题结题暨教育创新与学校文化建设研讨会如期举行。出席本次活动的全国课程专业委员会主任吕达教授、中山大学教科所冯增俊教授、深圳市教育局唐海海副局长、宝安区教科培中心潘世祥主任等领导专家对西小开展“培养现代城市人”教育实践所取得的成果给予了高度赞赏。我们还成功承办了宝安区小学“开放式习作教学”研讨会。中国教育学会小语会理事长崔峦、教育部课程教材研究所教师教育中心主任刘立德、广东省教研室教研员杨建国等领导专家亲临指导。来自广州、东莞和深圳各区的小学语文教师八百余人参加了研讨会。我在研讨会上介绍了西小开展“开放式习作教学”课题实践与研究所取得的成果和经验。课题组的欧玲、宋瑞、陈玉文三位教师先后展示了习作教学课例。崔峦老师评价西小的开放式习作教学实验“探索出了一条习作教学的‘开放’之路，沿着这条道路进而探索开放的识字教学、阅读教学，一定能取得新成果，一定能开创语文教育的新天地。”

6.“阳光少年”活动周。西小坚持举办一年一度的“阳光少年”活动周，旨在通过各种开放式的活动，对学校“培养现代城市人”教育实验成果进行一次大检阅。今年6月1日，西小“阳光少年”活动周师生文艺展演如期举行，孩子们先后表演了诗乐舞《童声古韵》、时装秀《夏日缤纷》等精彩节目。老师们也倾情表演了情景剧《西小精神》、舞蹈《读书的女人最美》等，作为送给孩子们的节日礼物。本次文艺展演活动充分展示了西小师生多才多艺、文明自律的“现代城市人”风采，也为这次“阳光少年”活动周画上了一个圆满句号。本次活动周先后开展了“新父母学校”、“师生现场‘百米书画卷’展示”、“特色班队建设成果汇报”、“科技书画作品展览”、“开放课堂”等活动。近两千余名学生家长应邀走进学校，走进课堂，积极参与各种活动，对学校的教育教学工作给予了高度评价。

勤——身先士卒作表率

学校的考勤制度是加强内部管理、严肃工作纪律、保障正常教育教学秩序的一项重要规章。为维护学校考勤制度的权威性，发挥其约束力，作为校长，我坚持做到与老师们平等考勤。一年来，我没有请过病假、事假，没有迟到、早退过，更多的是老师们下班了，我还在学校工作，经常是工作到晚上十点后才下班回家。这么多年来，我利用双休日、节假日回校加班，可以说是家常便饭了。

我一直坚持在一线上课，上课内容以语文活动课为主。因为工作关系，教学处为我安排的上课时间比较灵活。我还会根据老师们的要求，为他们执教诸如阅读教学、古诗教学、习作教学等不同类型的示范课，深受老师和孩子们的喜欢。

我认为，校长不定期深入课堂听课、评课，对于促进校本教研的有效开展、引领教师专业成长有着积极作用。每个星期，我都要深入课堂听课两节以上，听完课我都会认真听取执教者的教学设计理念、目标、流程等，然后有针对性地进行点评，以帮助他们成长。每一学期，我都要深入到各个学科教研组、年级组进行调研，了解教育教学实情，为科学制定学校下阶段工作积累宝贵的信息资料。

一年来，我还承担着中国教育学会“区域骨干教师成长促进计划”讲师团特聘专家，中央教育科学研究所特聘校长（教师）培训专家，广东省教育厅中小学校长培训基地指导老师、深圳市人民政府教育督导室督学、宝安区“张云鹰名师工作室”主持人等兼职。可以说，我的工作量几乎一直处在超负荷状态。上学期，东莞市大朗镇巷头小学陈爱华校长在西小挂职校长助理培训学习，根据省教育厅师资管理处的有关要求，2009年2月7日，新学期伊始，我带领学校部分行政来到陈爱华校长工作的巷头小学进行指导，我对他们制订的巷头小学发展规划进行了仔细阅读，提出了许多具体的修改意见，还对他们提出的有关学科特色建设、教育科研等问题进行一一解答，并对该校今后的建设与发展提出了一些建议。这次东莞之行，还有一份感动让我一直珍藏至今：细心的陈爱华校长特意为我准备了生日蛋糕，让我在一路辛苦之中尽情享受着温馨和友情。这一天，是我45岁生日。

绩——谱写教育新篇章

“飞泉突心曲，深山有回音。”一年来，我与我们的学校、教师和学生一同成长，不断取得新的成绩。

1. 西小高质量通过区“双优学校”督导评估。今年4月21日、22日，宝安区教师、家长培训“双优学校”督导评估专家组一行莅临西小评估验收，区人民政府教育督导室主任王熙远在评估总结会上评价西小“校长水平高，理念先进；班子能力强，有战斗力；家长很支持，形成合力；教师有才艺，培训积极；文化作推动，品味高雅；管理很严格，成效显著；是一所方方面面都很优秀、让我们引以为豪的学校，是一所‘货真价实’的‘双优学校’”。

2. 西小师生参加电视系列剧《超级宝贝》拍摄。4月13日，120集大型少儿电视系列剧《超级宝贝》摄制组在市教育局推荐下，慕名前来西小开展拍摄工作。在三天的拍摄工作中，西小部分教师和学生代表作为群众演员参与了该剧的角色扮演，我也应邀饰演了剧中的“校长”。西小的校园文化环境和师生在电视剧中的出色表现，受到导演和摄制组工作人员的一致赞赏。

3. 西小教育教学质量不断提升。在学校教学处及各学科组组织的调研检测中，各年级语文、数学、英语三科学生考试成绩的合格率、优秀率，较上学期都有稳步提升。在宝安区教科培中心组织的全区小学信息技术调研测试中，上学期西小（四年级）总成绩位居全区第一名，本学期西小（五年级）总成绩也名列前茅。在上学期西乡街道小学毕业班调研检测中，西小语文、数学均获得总分第一名。

4. 学校、教师、学生获得多项荣誉和奖项。一个学期以来，学校获集体荣誉及奖项13项；全校师生参加教育部门组织的各类竞赛，共获得荣誉及奖项1400余人次。

本学年十大成果如下。

（1）西小被评为“全国科学教育优秀实验基地”。

（2）学校被省教育厅确定为“广东省中小学校长培训实践基地”并授牌。

（3）学校被市教育局授予“深圳市书香校园”称号。

（4）学校被区教育局评为“宝安区群众体育先进单位”。

（5）学校荣获“宝安电子城杯”第五届宝安区信息技术教育节优秀组织奖。

（6）学校被《中小学信息技术教育》杂志作为封面进行宣传介绍。

（7）在2008年宝安区第三届小学教师综合素质大赛中，西小荣获6金12银，总成绩位居全区第一名。

（8）西小在西乡街道师生校园集体舞比赛中荣获第一名。

（9）黄珊老师在深圳市小学信息技术基本功大赛中荣获特等奖。

（10）在“深圳市第六届学生网络夏令营”活动中，西小师生共获得6个一等奖、20个二等奖、24个三等奖，师生获奖总人数居宝安区小学组第一名，学校荣获组织奖，是宝安区唯一获此殊荣的小学。

5. 学校的发展受到新闻媒体关注。一年来，人民教育、师资建设、羊城晚报、南方日报、南方都市报、深圳商报、深圳教育、宝安日报、宝安教育、宝安电视台、宝安教育在线等新闻媒体先后对西小的教育教学和办学特色进行宣传报道120余次。

6. 我本人所取得的成绩如下。

（1）一年来，我被评为“全国科学教育先进个人”、“宝安区改革开放30周年‘先锋共产党员’”。

（2）出版两本专著：我的37万字的专著《教育智慧与学校创新》由人民教育出版社出版并列入“教育部特级教师计划·中国特级教师文

库”。我的另一本专著《开放式习作教学》在去年10月由教育科学出版社出版发行。

(3)《人民教育》《师资建设》两本杂志先后对我进行专访并对我的教育思想、办学经验及特色进行专题介绍。《人民教育》(2008年第17期)、《学校品牌管理》(2008年12月)将我作为封面人物进行事迹介绍。

(4)我在《中国教育学刊》《师资建设》《小学语文教学》等学术刊物发表论文10余篇。

(5)我应邀为全国各地的中小学校长、教师作专题讲座20余场，较好地宣传了深圳宝安以及西乡教育改革的成果和经验。

回顾一个学年的工作历程，我十分清醒地认识到仍然存在着一些不足。比如：学校的校园环境有待进一步优化，学生（特别是三四年级学生）良好行为习惯的培养和学风建设有待进一步加强，以开放式学科教学为重要内容的“开放式教育”实践与研究有待进一步向纵深推进。这些都是我们今后努力的方向。我们有理由相信，有各级领导的关心支持，有全校师生的不懈努力，我们一定能够沿着既定的发展战略勇往直前，去开创西小更加美好的明天。

二〇〇九年六月十七日

（三）把学校扛在肩上　把教师看在眼里
把学生放在心田　把自己交给学校

（2009—2010年度述职报告）

今年春天的步履是缓慢的，夏季也似乎比往年来得迟些，但我们的学校教育工作却是紧张忙碌而又有条不紊的。细细品来，这一年的工作绝不是一二十分钟就能数落清楚的，更不是我三言两语就能道出其中的艰辛和甜美的。在西小整整走了七年，尤其是这一年，我力争做到：把学校扛在肩上，把教师看在眼里，把学生放在心田，把自己交给学校，现从这四个方面简要总结如下。

一、把学校扛在肩上

六年前，我们对全校一、三、五年级学生家庭进行了问卷调查，从中了解到家长文化程度在高中以下的占40.14%，家长从事自由职业或无业的占47.00%，家长没有阅读书报习惯的占84.82%，家长对子女教育重视程度不够的达到62.07%。

基于这样的调查研究，我立刻就提出了适应社会转型需要的“培养现代城市人——城市化学校开放教育研究与实践”的教育思想、教育理论、教育课程和教育活动。学校也成功举办了“培养现代城市人”专题研讨会和结题报告会。来自中央教科所，省、市教科所和深圳大学的专家学者对“培养现代城市人”进行了论证。之后，我们正式把“培养现代城市人”作为学校全面实施素质教育的具体目标，并将其分解成“培养城市人—培养现代人—培养国际人”三个阶段性目标，其终极目标为“培养具有国际视野的现代城市人”。通过几年的努力，第一阶段的育人目标基本实现，第二、第三阶段性发展目标，将统领学校今后的发展。尤其是最近一年，在教育要全球化、未来化、国际化指引下，我们的教育理念更为清晰，“开放式教育行动”更为落实，开放式教育成果更为显现。管理开放、观念开放、课程开放、课堂开放、德育开放、手段开放、评价开放和文化开放已成为大家的共识并深入人心。仅这一年，我们全校就收获了国家、省、市、区1327个奖项，并成功申报了“宝安区区长质量奖”。

这一年，我站在文化的高度引领学校发展，努力铸造学校“精神特区”，在上学期九月份参加“全国师德报告论坛”发言之后，带领全校教师大力开展学校精神特区的营造，提升教育内涵，继续实施“事事有人管，人人都管事，管事看效果，管人凭考核”的管理文化、“学习工作化，工作学习化”的校园文化、“自主自信、真爱真情”的班级文化、“团队的成就就是我的成就”的团队文化、“道德自律，工作自励”的教师文化、“读书、健康、感恩、成长”的学生文化和“崇尚科学、坚定执行、乐于奉献、团结协作、勇争第一”的西小精神，初步形成了比较完整的学校文化体系。这一年，在建造学校“精神特区”的同时，重点弘扬教育之爱，文化石上赫然的一个“爱”字成了我们精神灵魂的归宿。

“西海讲堂”是西小校本培训实践中搭建的教师展示平台，也是全校教师积极向往、充满幸福感的圣地和专家引领的平台。一年来，我引进教育部专家吕达、乔玉权，著名学者刘良华、张俊洪等专家讲座共9场；精心策划教师开展有特色、有亮点的《原作欣赏会》《开放式教学面面观》《女性情感论坛》等讲堂报告6次；亲自主讲“也谈有效教学”、“开放式教学”、“教育智慧与学校创新”专题报告6场。

学校每学年举办“读书的女人最美”专场晚会已成为学校一张亮丽的名片。今年的晚会，我与老师们一起声情并茂地朗诵了“我遇见一本温暖的书”。“每周一歌”等个性的级组活动帮助教师放松心情，点燃激情，提高工作效率。

二、把教师看在眼里

我一直坚持“教师第一”的校本培训理念，根据教师的不同学历、资历和教育能力，科学地分成“入格培养”、“升格培养”和“风格培养”三个层次，实行分层培养，分类培训，铺设了“外环”（教学基本功）、“中环”（教学策略）、“内环”（教学思想）“三环路”，不少教师已走上第“三环”，初步产生了一批“情感派”、“理性派”、“本真派”的教学能手。

如何让我们更加坚定走“开放式教学”之路，着力实施校本研修“八个一”工程是我们永远的追求。为了进一步落实“开放式教学”，我们组织35岁以下的各学科教师进行“开放式教学”比赛，我还亲自上研讨展示课，目的是力争让所有老师教学的设计开放、实施的过程开放、教学的内容开放、作业的设计开放，展示课也得到《人民教育》杂志社余慧娟主任的高度评价。一年来，我们为香港、北京、鄂尔多斯、广州和各地的手拉手学校展示不同年级、不同学科的开放式教学课，深受同行的赞赏。

我还带领语文教师团队自主开发开放式教学校本课程，建设学科活动课程、开发研究性课程、打造国学教育特色、探索生态和谐课堂。分不同年龄阶段召开教师座谈会，鼓励资深教师焕发职业第二春，享受职业荣誉感；唤醒中年教师敢于担当，敢于负责，努力成为学校的中坚力量；激励青年教师树立心目中的教育偶像，努力塑造自己的精神气质，乐于读书，勤于思考，学习写作，尽早走上教育教学的阳光大道。

在引领学校教师专业发展的同时，坚持“张云鹰名师工作室”的正常工作，不定期地组织工作室的成员探究、研讨，自主学习。

三、把学生放在心田

学生是教育的出口也是终端，我们一切的教育行为都是为学生负责。我们让学生的“八个一”活动深入人心，即让每个学生“具备一项业余爱好”、“熟练一门体育运动”、“结交一个知心朋友”、“精读一本名家名作”、“能写一手工整好字”、“参与一次公开亮相”、“掌握一套学习方法”、“形成一些做人原则”。

坚持评选西海之星、光荣旗手、校园领袖，让每个孩子成为真正的“有德行、有文化、有活力、有情趣、有气质”的现代城市人。学校每年举办“庆六一”阳光少年活动周活动，通过“书画展览”、“年级文艺展演”、“环保教育”、“科技创新”、“亲子手拉手”等形式，对学校“培养现代城市人”教育实验成果进行大检阅，充分展示了西小学子的“现代城市人”风采。同时，通过开展“手拉手”教育活动，促进少年儿童之间的手拉手，培养少年儿童关心社会、关爱他人的良好道德品质。据不完全统计，一年来，学校共组织开展学生特色活动26次，真正做到让每个学生公开亮相。

我们倡导“教育一个学生，带动一个家庭，辐射一个社区”，构建起学校、家庭、社区三位一体的立体多维教育体系。家长委员会成员采取自荐和推荐相结合的办法产生，学校校长为家长委员会成员颁发聘书。家长委员会以学、做、研相结合的方式开展活动并向学校提供有关家庭教育的第一手材料。

家庭教育是学生成长不可或缺的重要组成部分。我不定期地给家长进行专题讲座，尤其是对一年级新生、学习困难生、独生子女及毕业班家庭进行有针对性有实效性的指导，大多数家庭中的教育失当或误区得到了纠正，从而提高了孩子的学习能力、自理能力、交往能力和创造能力，促进了他们全面健康发展。我们要求每学期每次的“家长开放日”活动都有一个鲜明的主题。活动分为亲子互动演讲会、亲子主题班队会、亲子游戏、现场家教咨询、学生优秀作业展评、家教专题展览、校园文化参观、文艺汇演等系列，让家长与子女增进了了解和沟通，让亲情得到了唤醒和激励。学校还聘请“知心姐姐”等教育专家走进社区为市民讲座，让广大家长清醒地认识到：不能盲目地扩大教育的功能，造成“教育万能论”的错误思想，家庭要担当起教育孩子的重任。

四、把自己交给学校

我们说年轻人谈恋爱往往喜新厌旧，女人对服装的热望也常常如此。但办学校一定是需要时间考证的，尤其是一所没有多少文化底蕴、没有多少精神支撑的学校，它的确需要倾情投入，来不得丝毫懈怠。我常常扪心自问：我爱这所学校吗？我爱我的老师吗？我爱我的学生吗？我可以毫不犹豫地说：我深深地爱着你们！2008年我放弃了去北京的机会；今年4

月我又经过再三思量，放弃去上海交大附小，选择留下来完成我们共同的未竟的事业。

一年来，我有幸参加全国师德报告，有幸在全国首届小学语文论坛发言，有幸在全国班主任专业发展论坛上分享经验，有幸被评为“全国优秀校长”，有幸被推选为宝安区教育界唯一的市党代表，有幸被推选为宝安区小学唯一的“深圳市名校长”，有幸成为《小学德育》封面人物并专题报道；出版《开放式活动课程》一本专著；《小学语文教学·人物》专辑一本；主持的“开放式小学语文教学研究”课题获批深圳市唯一的教育部重点课题；《开放式习作教学》获全国课题成果二等奖；在国家级省级刊物发表《校本规划：校长的第一要务》《以书为伴的教育人生》《文化引领，铸就学校精神特区》《培育现代城市人的重要环节》等论文11篇。这一切的一切，除了证明我把自己交给了学校，更多的是渗透着你们的汗水，包含着你们的耕作。为此，我深深地道一声：谢谢你们！

西乡将在宝安与市区一体化的进程中熠熠生辉，地铁的开通将打开新的一扇门，西乡中心小学也将成为沿途一道最亮丽的风景线，我期望带领大家永远追求、永不倦息，让你们每一个人都成为这里最闪亮的一颗星。

二〇一〇年六月二十日

第六章

塑造时代呼唤的开放式品德教育

现代社会是一个开放的社会，深圳是一座开放的城市，各种文化、思想、价值观念和生活方式等通过广播、电视、报纸、网络等媒体不断地传输到学生的学习和生活的各个方面，同时，现行的学校德育工作又显现出一些新现象、新问题，德育空间的狭隘，育人要求的统一，教育形式的单一，使学生抵御社会环境及多元文化产生的负面影响的抗力不足，道德认知和道德行为在一定程度上存在脱节现象，出现了所谓“五加二等于零”、“课堂一小时抵不过社会一分钟”的现象。面对德育的有效性、实效性低下，空洞性、形式化的局面，学校应重新认识塑造新一代建设者和接班人的重要性和紧迫性，从研究开放式德育出发，开拓育人新局面。

一、学校育人目标的开放式

学校育人目标是开放式教育目标在德育方面的具体要求，是从受教育者所要形成的品德角度来说明育人的作用和意义，它既是进行育人工作的出发点，也是育人工作的归宿。

西小在开放式育人实践过程中，首先开展了整体规划学校育人工作，构建了开放式德育工作的目标：坚持以学生为本，以活动为载体，通过自主开放的德育模式的探索，逐步做到主题活动有特色、思想品德学科领先、学科渗透清晰、家庭教育网络化、社区教育主体化，教会学生做人，培育乐观向上开放的心态；教会学生生活，培养学生基本自理技能和初步的社会实践能力，使学生成为真正的现代城市人。

（一）重视学生个性发展

传统德育模式在培养目标上强调标准化、统一性，在许多清规戒律面前，学生是不允许有任何“越轨行为”的，必须循规蹈矩。然而，道德不只是要求主体对自身以外的规则、规范负责，而是首先要求主体对自己负责，因为只有对自己负责的人，才可能是一个对自己置身于其中的种种关系持积极的、负责态度的人。因此，西小实施开放式德育，在培养目标上非常注重学生个性的发展，这种个性是与社会、国家、集体利益相辅相成的，其核心在于激发个体的创造积极性和无限的创造潜能，使每一个青少年学生在德、智、体、美、劳各个领域中保持永不枯竭的创造源泉。

（二）适应多元社会价值

现代学校德育的重心从道德知识系统传授和良好行为习惯的训练转向培养适应当代价值多元特点的道德认识判断力、道德情感敏感性、道德意志行动力；从重视超脱的道德教育转向强调间接的道德教育，在其他课程或学科教学中有机渗透道德影响，才是有效的德育；从封闭的学科性教材转向开放的情境性教材；从以教师的教导、说服、劝诫为主转向以学生的小组讨论、角色扮演、创作、社会调查、社会实践、社会服务为主，保证学生主动参与学校德育。

（三）体现时代特征

德育的“以人为本”是要求德育目标的确定从抽象走向具体，从单一走向多元，正视德育对象是具体的具有时代特征的人。“以人为本”开展教育活动，重铸新时代民族精神。它不仅要按照社会的要求培养人，将社会所需要的传统思想道德、价值观念的精髓传递给学生，适应社会转型期的要求；同时，还要注重学生的自我发展、自我完善，达到社会化与自我完善两者辩证的统一。因此，在德育工作层面，我们要从培养“政治人”逐步向“社会人”的目标转化，把培养“具有国际视野的现代城市人”作为学校德育的培养目标。

（四）贯彻党的教育方针

我们把中央关于改革和加强中小学德育工作的通知、中小学德育纲要、中小学日常行为规范、学生守则、思想品德课课程以及当地党政部门发出的有关德育工作的指令计划、规章制度的要求等，作为确定学校德育目标的基本依据，以培养出党、国家和人民所需要的21世纪的一代新人。

（五）尊重学生成长规律

小学生思想品德形成的规律主要有四点。一是和谐发展规律。人的思想品德的形成是由道德认识（知）、道德情感（情）、道德意志（意）、道德行为（行）四大要素构成，知、情、意、行是相互联系、相互促进的，只有当品德结构中知、情、意、行各方面和谐整合发展时，思想品德才能形成，和谐整合的水平状态便是学生思想品德的水平状态。二是活动与交往规律。小学生思想品德总是在人们之间的交往和活动中得到孕育和进行传递的，小学生只有在与其他人的交往与活动中才能形成与发展思想品德。三是主体内化规律。小学生要形成良好的思想品德，离不开他们作为受教育主体的积极的内化活动。小学生思想品德形成过程存在着一个“无律—他律—自律—自动”的发展过程，每一阶段都要求教育者采取有效措施，促使个体内部产生矛盾斗争，接受或适应外在要求，一步步向前发展。四是长期反复、循序渐进规律。思想品德的形成是一个长期反复的塑造过程。由于小学生的接受教育影响的能力是由低到高，由浅入深逐步增强的，因此，教育的切入口必须根据不同年龄的儿童的生理与心理特点，循序渐进。同时，小学生在思想品德尚未稳固形成时，容易受外界的干扰，内部心理矛盾时而这方面占上风，时而那方面占上风。所以，在小学生思想品德形成的过程中，反复是不可避免的，关键在于抓反复、反复抓。

二、开放式育人遵循的原则

育人原则是教育者对青少年学生实施德育时必须遵循的基本要求，是处理德育过程中一些基本矛盾和关系的基本准则，是德育实践经验的抽象与概括。随着开放式德育实践的不断发展，我们对德育的认识也在不断发展和加深，逐渐地形成了开放育人的三条基本原则。

（一）自主教育原则

西小的校训是“自主、扬善、慎独、躬行”，其最终目的是使受教育者无需教育者的教育而能自我鼓励、自我剖析、自我控制、自我监督、自我完善等。没有学生的自我教育，德育是不可能取得实效的。这种自我教育也就是充分发挥受教育者的主体作用，推动学生主动进行自我教育的过程。

贯彻这一原则首先要充分发挥学生主体性，其实质是减少被动性，增强主动性；摆脱依附性，提高自主性；克服效仿性，争取创造性；形成独立性，获得社会性。从学生主体发展的视角看，学生自己是发展的主人，教师的施教是外因，学生道德素质的形成和发展要通过其在知、情、意、行诸方面的教育和自我教育活动中实现。教师要确立学生是主体的意识，我们提出“把德育活动的全过程还给学生”的工作原则，要求教师重视学生的思维和情感演绎过程，把思维的空间留给学生，使教育过程涌动生命的激情；要求教师确立学生的主体地位，把活动的主动权让给学生，退出核心位置，成为学生活动的指导者、参谋者、合作者，让学生独立自信地追求真理，树立理想；相信好学上进是学生发展的主流，向程式化、理论化的说教告别，为学生营造广阔的实践空间；要求教师启发、调动学生进行自我教育的积极性、自觉性，指导他们对自己的品德进行自我认识、评价和反省，帮助其形成自我品德教育的能力。

（二）知行统一原则

它是指开放式小学德育工作既要重视理性教育，更要重视实际锻炼；既要提高学生的品德认识，更要使学生作出相应的品德行为，解决现今学校德育中的“知行不一”、“虚假道德”，从而使学生成为知行统一、言行一致的人。

贯彻这一原则的关键是活动与交往。首先，广义的活动包括课内课外各种活动，既指思维活动，又指学生参与的各种活动。如西小坚持一年一度的“庆六一阳光少年活动周”、“西海文化节”（包括艺术节、科技节、体育节、英语节、读书节）等，还有各种社会实践、趣味性活动等。活动本身就是一种参与。人总是在参与实践中呈现自己的才能，学生在活动中，发挥创造性，通过自己组织、设计、安排，最后获得成功，从而体验到自己作为主体的精神满足感。同时，在集体活动中培养共同遵守道德规范的能力，对自己提出更高的要求，使学生在参与实践中发挥能动性，实现知与行的统一。其次，对于学生来说，良好的交往是他们成长的重要途径，我们提出“结交一个知心朋友”就是通过交往，学会评价他人，并用他人身上的优点和长处反观自己，进而更全面更清晰地认识自己。

（三）整体性原则

学校、家庭、社会各方面教育力量互相配合、协调一致地对学生给予系统连贯的品德教育就是这一原则的具体表现。学生在学校有教师、团队、班集体的影响，在校外有家庭、社区、社会环境的影响。如果各方面影响不一致，甚至相互矛盾，教育的作用就会被削弱，甚至抵消。开放的学校育人工作就是使家庭教育、社会教育与学校教育协调一致、互相配合，形成三结合的主体德育网络。

贯彻这一原则，首先，我们充分拓展校内外各类途径，使其互相配合形成合力，具体要树立三种观念和意识。一是树立“人人育人”的观念，使学校各方面的力量按学校的培养目标、德育要求、内容和计划，分工合作共同对学生进行教育；二是树立“全程育人”的思想，寓德育于各科教学之中，充分发挥好课堂教学作为育人主渠道的作用；三是树立“全方位育人”意识，寓德育于各项活动之中，使学生在德育实践中陶冶情操，增长见识和才干。其次，做好三类德育基础性工作。一是建立学校、家庭、社会三结合的立体德育网络，开办“家长学校”进行系列讲座，帮助家长端正教育思想，改进家庭教育方法，提高家庭教育水平，让家长代表参与学校德育工作；二是建立一支校外义工队伍，让学生认识社会、了解社会；三是开辟校外德育基地，使育人的触角向社会延伸，使学校、家庭、社会各方面按学校德育目标与要求，系统连贯地发挥整体影响的教育作用。再次，教育学生正确处理好人类与自己、个体与群体、今天与未来等关系，使他们树立正确的世界观和价值观，关心社会、关心地球、关心未来。

三、开放式育人行动

几年来，西小德育工作以“培养现代城市人”教育为突破口，针对学生的年龄、心理特点，努力体现教育活动的自主性、趣味性和系列性特点，不断创新活动形式，提高德育工作实效，形成了一种综合的、全方位的、立体化的、灵活多样的、具有开放特征的品德教育。

（一）让学生在和谐的学校文化中汲取营养

我们一直在努力建设和谐的校园文化，让学生在和谐的校园文化中汲取精神营养，让每一个走进校园的社会人，受到心灵的洗礼。

美化校园环境。优美的校园环境对学生有着极强的导向、约束功能和激励作用。学校在环境建设方面，投入巨资改造了各功能室，新建了八个空中花园、假山、喷水池、宣传橱窗、生物园；我们建造了“奔向未来”主题雕塑和“人类文明史”巨幅浮雕，“一训三风”嵌在教学大楼的醒目处，伟人塑像画像、名言警句随处可见；文化一条街、美术长廊、科技长廊，廊廊精彩。我们力求校园里的一草一木都能“说话”，让学生在充满诗情画意的校园中陶冶情操，追求美好。

打造文化品牌。“读书的女人最美”是西小精心打造的文化品牌，每年我们都要以“读书的女人最美”为主题，举办大型舞会或联欢晚会。我们在每次活动时都要邀请部分学生及家长参加，让广大教师、学生及家长在丰富多彩的文化活动中，增加了解，增进友谊，共同展示现代城市人的风采。我们还先后创建了“女性沙龙”、“文学沙龙”、“一报三刊”（《西海学报》《西海论坛》《西海浪花》《西海艺萃》）等学校文化品牌。

坚持校长寄语。每一个走进西小校园大门的人，都会被一条挂在教学楼正面墙上的醒目标语所吸引，或陶醉，或震撼，以至于走出校门时总要再回眸。这些标语都是高度浓缩的格言，既蕴意深刻，又朗朗上口。它一般都与学校的阶段性工作重点紧密结合，昭示着学校师生认真学习和工作，实现了很好的育人效果。标语由我创作，每两个月换一条。

（二）让学生在丰富的兴趣活动中张扬个性

为发掘学生潜能，培养学生特长，促进学生的全面发展，我们开辟了第二课堂，让学生在丰富的兴趣活动中张扬个性。

西小开设的兴趣小组内容包括田径、乒乓球、篮球、足球、古筝、少儿流行乐、舞蹈、合唱、少儿京剧、色彩素描、儿童画、陶艺、版画、书法、电脑绘画、电子报刊、电脑技术、电视制作、新闻采写、欣赏阅读、快乐作文、奥数、开放英语等22项。每次兴趣活动的时间为半小时，学校以课程表的形式统一安排在每天下午的第二节课后。每个兴趣小组都有专门的辅导教师、主管行政和活动场地，保证了兴趣活动的有效开展。

兴趣活动的长期开展，促进了学生各方面素质的和谐发展，获得了显著的成果：陈意欣等34名同学在2007年“全国中小学生科幻画大赛”中获得特等奖、一等奖；杨莛薇等15名同学在“第五届全国中小学信息技术大赛”中获得特等奖、一等奖；林锴茵同学参加第三届“全国中小学信息技术创新与实践活动”电脑绘画决赛，荣获全国二等奖；张梓悦、张弛当选为中国少年科学院“小院士”；“西海合唱团”参加深圳市第七届学校合唱决赛，演唱的《白帆》和《五彩缤纷的大地》荣获一等奖；“航模训练队”参加深圳市中小学航海模型竞赛，荣获小学男子组训练舰自航项目团体一等奖；西小儿童音乐剧《绿之声》参加深圳市环保节演出比赛荣获金奖；五年级的45余名学生参加“第七届深圳读书月小学生趣味知识大赛”夺得冠军；陈洁宝等7名同学在深圳市小学生田径运动会上夺得第一名；贺潭萍等同学在“深圳市第五届学校美术节”荣获小学美术作品一等奖……

（三）让学生在快乐的班队活动中健康成长

西小围绕“培养现代城市人”这一目标，精心营造班级文化，开展了一系列文化教育活动，让学生在文化活动中养成文明习惯，积淀文明，升华情感，拓宽视野，快乐成长。

1. 少先队常规活动。六项常规活动内容为：（1）希望之星评选，评选文明礼仪之星、微笑之星、艺术之星等。（2）雏鹰展翅行动，开展3～4天的军事训练活动。（3）光荣旗手行动，推选优秀少先队员当旗手，最优秀者担任升旗仪式中的国旗下讲话人。（4）领袖训练营活动，培养队员的组织、领导、判断和分析各种问题的能力。（5）成才之路活动，成立了书画社、文艺队、礼仪队、球队、艺术队、航模队、英语沙龙等。（6）“博物馆”活动，各中队建立自己的“博物馆”，保存本中队的各类成果，增强队员的成就感和自豪感。这些活动使全体队员的行为习惯变得文明了，也得到了新闻媒体的广泛关注，中央电视台《新闻频道》栏目、宝安电视台、中国现代教育报、深圳法制报、深圳教育报、南方都市报、晶报、宝安日报等新闻媒体先后就西小少先队活动进行了报道。

2. “八个一”活动。自2004年春开始，我们倡导并开展了“八个一”活动，即让每个学生“具备一项业余爱好”、“熟练一门体育运动”、“结交一个知心朋友”、“精读一本名家名作”、“能写一手工整好字”、“参与一次公开亮相”、“掌握一套学习方法”、“形成一些做人原则”。比如在开展“精读一本名家名作”活动时，学校根据学生的年龄特点做出不同要求：一二年级学生阅读欣赏经典童话故事，以故事会、童话剧表演的形式进行汇报；三四年级学生开展古诗词诵读，以诵读会的形式进行汇报；五六年级学生阅读欣赏中外名著，通过写读书笔记、读后感和开展读书交流会等形式进行汇报。“八个一”活动内容丰富、形式多样，使学校里每一个孩子的个性得到了发展，使学校“没有了好孩子、差孩子，他们都是有潜质的孩子；没有了乖孩子、笨孩子，他们都是有希望的孩子”。

3. “与经典同行”活动。为了帮助孩子打好人生的文化底色，做好正直、正气、正义等品质养成的“热身赛”，我们组织开展了以“诵读古经书，学做儒雅人”为主题的“与经典同行”活动。我们把国学教育作为突破口，让学生在感受民族文化中积淀思想底蕴，养成人文精神，培育爱国情操，学会诚信做人，促进队员正确的世界观、人生观、价值观的形成。学校每天中午安排20分钟的经典诵读时间，诵读古诗词。我们还编写了《国学“风雅颂”西小365》和《正蒙宝典》等配套教材，所编内容短小精悍，朗朗上口，学生每日进行诵读，既厚实了文化底蕴，又促进了身心的健康发展。

4. “手拉手”活动。西小在开展“手拉手”的活动中，认真贯彻《中共中央国务院关于进一步加强和改进未成年人思想道德建设的若干意见》，探索通过学校手拉手、家庭手拉手，促进少年儿童之间的手拉手，培养少年儿童良好的道德品质。2004 年 8 月，西小与新疆昌吉市二小正式结为“手拉手”学校。学校少先队大队发出了“交一次特殊队费，支援‘手拉手’学校”的倡议，全校少先队员积极响应号召，把自己的零花钱捐出来，支援昌吉市二小的建设，这次活动共捐款五千余元。在 2008 年“5·12”汶川大地震发生后，西小师生踊跃参与“为灾区人民献爱心”活动，伸出援手，慷慨解囊，共捐款十三万余元，为灾区人民送去了一份温暖，表达了满腔爱心。2011 年 3 月 5 日上午，西小学生在老师的带领下走进西乡街道臣田社区，开展了“小手拉大手，激情迎大运”活动。“西小交通安全队”以“迎大运，文明交通我带头”为宣传主题，热情地向社区居民派发自己精心准备的交通安全宣传资料；“红领巾义工队”把同学们捐赠的玩具和书籍进行义卖，支持大运献爱心。学校少先队大队部还经常组织开展“亲子手拉手”活动。活动围绕“促发展、创和谐、谋幸福”的主题，分为亲子互动演讲会、亲子主题班队会、亲子游戏、少先队成果展、队员优秀作业展、文艺汇演等系列活动。活动让家长与子女增进了了解和沟通，让亲情得到了唤醒和激励。

5. “关爱”活动。学校举行以“用爱感动每一天，用心感动每个人”为主题的关爱行动。根据关爱行动的安排，学校在放寒假前向每个学生发放《关爱行动倡议书》，并组织高年级学生走上街头为社区打扫卫生、清理城市“牛皮癣”（街头各种小广告），学校还给每一个学生布置了“绿色与爱同行”特别寒假作业，要求学生在寒假期间坚持做一种力所能及的家务活、用自己的零花钱给父母买一件新年礼物、写一封感谢父母的信。为保证这项作业的完成质量，学校还以通知的形式将作业要求发到家长手中，让家长监督孩子的完成情况，并写上反馈意见，开学后上交学校。学校还选派学生代表，在老师的带领下，来到了西乡街道敬老院开展献爱心活动。活动内容有四项：一是把自己精心准备的春联、年画、“福”字、蛋糕、点心、挂面、水果等礼物给敬老院的爷爷奶奶送去，让他们欢欢喜喜过春节；二是把准备的文艺节目演给老人们看，让他们高高兴兴过春节；三是为老人们打扫庭院、清除垃圾、晾晒被褥、清洗衣物等，让老人们亮亮堂堂过春节；四是与老人们同吃迎春饭，使他们感受到浓浓的亲情，让他们快快乐乐过春节。孩子们为老人们带去了快乐，为和谐社会建设贡献了力量。

6. 让学生在日常的行为规范中完善自我。在全面发展的各种基础素质中，日常行为规范教育是重要一环，它是教学生学会做人的基础。我们感到行为规范工作只有常抓才能常新，行为规范教育重在学生的“内化”，只有以学生为本，使他们真正从内心相信并接受规范，变“要我做”为“我要做”，才能达到“内铸素质，外塑形象”的效果。基于这些思考，我们做了以下几方面工作。

一是完善管理机制，形成“一点三线”齐抓共管德育工作新格局，学校建立了德育领导小组，下设三个子机构实施线性管理，强化每个机构的工作职责。分管领导—班主任—学生，负责日常行为规范、校纪校规的贯彻落实和训练；教导处—任课老师—学生，抓课堂主渠道德育的实践与渗透，落实行为规范教育；少先队大队部—值日中队—学生，负责每日学生行为规范的监督、考评。二是优化育人环境，形成了以“三自主”为特色的行为规范教育模式。通过自主管理，以值日中队为主要形式，借助表率示范和服务检查等手段让学生深切了解教育目标，提高遵守行为规范的自觉性。通过自主评价，借助升旗仪式上值日中队学生的“一周点评”和坚持数年的“评比总动员”，激励全校学生争做讲文明守规范的小学生。三是探索开放式班级管理机制，创新“小干部轮换制”的有效运行机制。通过让每个学生每学年都当一次班队干部，来培养学生工作能力和责任心，养成关心集体的良好习惯，实现自我管理。长期以来，不少学生和老师都存在着将学生成绩作为评选小干部的标准，或是优中选优、好中选好，导致少数学生干部长期在任，无意中造成了干部“终身制”，这样的体制，只为小部分学生的锻炼成长提供了条件，忽视了大多数学生渴望锻炼的内在需求，不利于调动学生参加活动的积极性，也不利于班级的管理，更不利于学生素质的提高。西小实行的“小干部轮换制”，就是着眼于激发学生的成长潜力，尊重学生的个性，注重学生的自主创造，从而让学生真正成为班级管理的主人。它能让学生学会关心班级，服务他人，培养积极进取的竞争意识，以开放的心态学当干部，学会做人，实现自我教育，同时创造一个公平竞争的氛围，给予每个学生锻炼管理能力的机会，使他们的能力都能得到锻炼和提高。轮换制还促进了学生间相互交流和协作，从小培养团队合作精神和能力。这一举措受到了师生和家长的一致拥护和好评。不少家长给我写来书信或发手机短信，感谢学校给自己孩子一个平等发展的机会。

7. 让学生在学科渗透中成长自己。我们一直非常重视思想品德学科领先地位和通过思想品德课这一主渠道进行思想品德教育的作用。探索并让广大教师掌握了思想品德课教学“故事（事例）—道理—辨析—导行”的基本模式，引领教师从教材出发，注重对学生进行道德行为的培养训练。西小成立了德育教研小组，不定期开展思想品德课、社会课及健康教育课等课堂教学研究。德育教研组成员通过细致的研究，不仅提高了自身的教育教学业务能力，而且把研究的成果从班级层面推广到各年级组，确保了思想品德教育、道德教育、行为规范教育的落实。我们从单向的“教师讲学生听”到“教师引导学生参与”的双向交流，重视学生参与实践活动和亲身体验。在思想品德课教学方法上选择看录像、表演、自由讨论、辩论、调查等为主的学生喜闻乐见的活动形式，并结合实际开展一些进入家庭与社区的实践活动，面向全体，让每个学生都参与活动，最终使学生通过一系列有兴趣的活动去自己探索、自己发现、自己获得结论。通过我们的实践，西小的思想品德课教学已形成了让学生在动中学、学中思、学中乐的氛围，锻炼了学生多种能力，促进了学生自主发展。

我们还要求各学科教师充分运用教材潜在的育人因素，在传授科学文化知识的同时，有机地联系学生实际，进行课堂德育渗透。要求老师每学期一开学，各学科都要在授课计划中写明德育教育点，经过一学期的教学以后，教导处收集成功、典型的教案和小结，把成功的课展示给全校教师。各学科还把培养学生良好的学习习惯作为重点来抓，以推进课堂教学效益。目前，西小教师已经对课堂德育渗透达成了共识，掌握了要领，并开展了卓有成效的探索。在三年级音乐课《春天来了》的教学中，教师这样进行行为规范教育：“小朋友，春天来临时会出现哪些景象呢?”有的学生会回答大雁都飞回来了。于是教师便抓住这个教育契机，紧接着问，“他们是怎样飞回来的?”学生回答：“他们是排成一字形或人字行从南方飞回来的。”教师马上给予鼓励，“回答得真好！大雁是动物，他们都能懂得团结守纪的道理，我们就应该比大雁做得更好。”在教师的引导下，学生们认真地学会了这首歌，并在下课时排着整齐的队伍离开了教室。在五年级的体育课中，教师通过介绍奥运会上中国奥运健儿获得的奖牌数，激发学生作为一个中国人是多么光荣，从而引导学生学习运动健儿为国争荣誉、奋力拼搏的精神。

四、小学生行为规范四字歌

教育部新修订的《小学生守则》和《小学生日常行为规范》自2004年9月1日起执行。《小学生守则》和《小学生日常行为规范》集中体现了对小学生思想品德和日常行为的基本要求，对学生树立正确的理想信念，养成良好行为习惯，促进身心健康发展起着重要作用。为落实《小学生守则》和《小学生日常行为规范》，我们从本地本校实际出发，从学生思想品德形成的大处着眼，从学生日常行为习惯养成的小处入手，对学生的日常行为提出了具体的、操作性较强的起码要求，并将它编成《西乡中心小学小学生行为规范四字歌》。“四字歌”通俗易懂、朗朗上口，简单易记，被学生广为传“唱”，还深受家长欢迎。“四字歌”内容如下。

小学生行为规范四字歌

1. 上课　上课铃响，话不能讲，假睡安静，集中思想。
2. 课外　不追不赶，不打不喊，文明休息，做做游戏。
3. 出队　轻声慢步，整队入场，双行行进，保持安静。
4. 做操　集合迅速，队伍整齐，动作正确，回班队齐。
5. 路队　双行差一，离校静齐，分路离队，安全守规。
6. 集会　安静出队，秩序就位，严守纪律，认真开会。
7. 午睡　午睡在家，按时离家，自觉成队，轻步进校。
8. 校园　彩旗鲜花，环境美化，人人爱护，不摘不画。
9. 教室　窗明几净，六面无尘，桌沿一线，摆设整齐。
10. 室外　地无杂草，坪无渍尘，沟无污水，洒水除尘。
11. 卫生　讲究卫生，服装整洁，公共卫生，人人有责。
12. 生活　生活朴素，不乱花钱，爱惜粮食，不丢食物。

五、开放的国学教育擦亮生命底色

近年来，以国学为核心的学术讨论、知识普及、文化建设、教育推广等工作方兴未艾，涌动着一股强烈的思想文化潮流，掀起了一场“国学热”。国学真的“热”了吗？或者只是有点“热”的迹象？从普罗大众到国学界，从人民生活到精英文化，从个人日常行为到主流意识形态，这场“国学热”正浸染着社会生活的方方面面，也是中国社会发展到一定阶段所出现的必然现象。“和谐”、“小康”、“民生”、“幸福”等传统文化意蕴浓郁的语汇，已经被确立为国家政治生活中具有根本指导意义的思想原则，足见国学的精神影响力。于是，国学教育便以波澜壮阔之势在全国范围内广泛开展起来。

胡锦涛总书记在党的十七大报告中指出：“弘扬中华文化，建设中华民族共有精神家园……要全面认识祖国传统文化，取其精华，去其糟粕，使之与当代社会相适应、与现代文明相协调，保持民族性，体现时代性。”对于小学阶段的国学教育，如何做到“取其精华，去其糟粕”，“保持民族性，体现时代性”，真正把国学中的优质资源转化成教学中的有效内涵，把国学中的好东西注入孩子们的头脑中和生活中，这些都值得我们理性思考，有待我们付诸行动。

（一）开展国学教育的意义

民族精神是中华民族生存与发展的精神支撑，是凝聚中国作为一个多民族统一大国的强劲纽带，是深深熔铸在民族生命力、创造力和凝聚力之中的中华民族文化力量的重要表现形式。中华民族在五千年的历史发展中，历经磨难，百折不挠，不仅没有在历史的惊涛骇浪中沉沦，如今还以东方巨人的身姿自立于世界民族之林，依靠的就是这个伟大民族的精神力量。依靠这种精神，中华民族的祖先创造了灿烂辉煌的古代文明；依靠这种精神，中国共产党领导人民推翻了帝国主义、封建主义和官僚资本主义三座大山，建立了新中国；依靠这种民族精神，中国人民战胜了各种艰难险阻，经受了各种严峻考验，取得了改革开放和现代化建设的辉煌成就。继续弘扬和培育这种民族精神，对建设中国特色社会主义、实现中华民族的伟大复兴具有极其重要的现实意义和深远的历史意义。

在经济全球化、政治多样化、生存数字化、文化多元化浪潮汹涌发展的当今世界，在今天高新科技迅猛发展并有力推动知识经济发展的前提下，社会形态正在发生急剧变革，迫使文化、教育必须与时俱进。如果我们不按总书记的要求，不坚持弘扬和培育民族精神，那么我们就很难自立于世界民族之林，就有可能成为文化上的流浪民族。国内外不少学者预言，在2020年左右，中国文化将会出现世界性复兴，重新找回中华民族文化整体性的尊严。

（二）国学教育，坚守文化之根

中华优秀传统文化是我们民族的文化之根、民族之魂。它泛指整个传统社会的文化，即中国传统社会中华民族的整体生活方式和价值体系，包括知识、信仰、艺术、宗教、哲学、法律、道德，等等，内涵很宽泛。中华优秀文化包含着丰富的民族智慧和人生哲理，有“己欲立而立人，己欲达而达人”的仁道，有“己所不欲，勿施于人”的恕道，有“和为贵”、“和而不同”的共生共处之道，有“自强不息”、“厚德载物”的个人与社会健康互动之道，有“富有之谓大业、日新之谓盛德、生生之谓易”的创生之道。中华优秀传统文化提出了“民吾同胞，物吾与也”的人文关怀，提出了做人的道理，做人的要求，做人的方法，并让人从中得到做人的乐趣，让人不断提升自己的精神境界。

联合国教科文组织在《学会生存——教育世界的今天和明天》一书中也指出：人类要发展，一方面要面向未来，另一方面要回到人类的源头，向我们的先辈吸取智慧。可见，任何一个民族的全面复兴都必须有精神文明和道德素质的重大提高，都必须借助于本民族的优秀传统文化。南怀瑾先生曾说，从儿童时期诵读历史经典名著，是我们一贯的基本教育方法，例如大家所熟悉的孙中山、毛泽东、周恩来、邓小平等诸位先生，又如吴大猷、苏步青等诸位先生，都是在幼年时期受过这种启蒙教育，有了中国文化的底了，然后又接受新时代的科学思潮，才影响了这段历史。因此，真正的“国学热”，只有对自己的文化有深刻的了解，才能形成一个适用现代社会的新的中国思想文化的传统。今天我们要实施国学教育，开展国学启蒙，非唯求学生口诵心记，而旨在弘扬传统文化。

（三）国学教育，擦亮生命底色

小学正是儿童成长的初级阶段，也是系统接受文化的开始。自古以来，人们非常注重儿童的蒙学教育，强调“养蒙以正”，这种先入为主的文化，对于人的一生好比是绘画打底色，建房铺基石。人的正直、正气、正义之德行，心性、品藻、涵养之内质能否养成，在很大程度上主要依赖于儿童对原始文化的接触与吸纳。所谓原始文化，对小学生而言，就是人们的生活方式、生活态度、行为规范、道德准则与社会价值等，这些东西有的以情感和行为表达，有的则以文字与思想传播。随着社会变迁，有的不断创新，有的千古不变。一般说来，凡是千古不变的道理，失之不可，传之弥新，古往今来的经典必反复强调，日常行为活动必不断更新，这就是所谓文化传统，民族精神。

我理解的国学，就是中国传统文化，它具有千古不变的文化品质与特征，是祖祖辈辈生存与发展不可缺少的基本要素，是德性修养不可缺少的精神食粮。在东亚汉字文化圈，一些经济发达的国家和地区，弘扬儒学文化传统的风气日盛，而且不断影响到我国的社会教育和学校教育层面。从我国台湾发起的国学教育之风，近几年在大陆日益盛行起来；新加坡素有中国儒学教育传统，在中小学教育中占有较高地位；日本的中国文化热持久不衰，留学中国的留学生数量每年有增无减；韩国的历史剧《大长今》、家庭剧《看了又看》等，在我国几乎影响了千家万户。这些都说明儒学在现代教育中是有价值的，是与现代教育的人文精神相容的。所以，文化复兴不等同于复古，科学地消化、吸收、创新传统儒家文化才有生命力，它不仅有利于民族凝聚力的增强，而且也将是课程改革的时代性课题。因而，我们要正确看待如今中小学回归的“读经”教育现象，其表现为：一是语文教学中的读经教学；二是少儿课外读经活动；三是不少地方开展的家长读经活动。有人说，读经教育的兴起绝不是为了复古，而是对传统文化传承和回归的一种呼唤，是一种对人文价值失落的拯救。有人说，少年儿童记忆力强，尽管对儒家的经典不能理解，但可以先背会，长大之后再慢慢消化。人们似乎找到了拯救儒学的良策。然而，在语言信号系统中，文字只是思想、情感的载体，古代儒家经典也是如此。儒家的智慧、大学精神，是需要体悟才能得到的。如果只知道背诵经书的文字章句，茫然不知其微言大义，则是食古不化，对少年儿童的文化教养是非常有害的。

西小是广东省第一批科研课题“中国入世（WTO）与国学教育”研究的课题单位，从2004年2月至今，我们以“‘国学风雅颂’教育行动”课题为抓手，大力开展国学教育，并尝试创造性地转化以适应现代教育发展的要求。

1. 编写校本教材

为了让孩子们从小就接触传统文化的原典，保证经典诵读活动的有效开展，我们积极开展国学教育校本教材建设，本着“积极健康、育德养性、丰富知识、陶冶心智、涵养儒雅”的原则，精选历代名人名句，编写了《国学风雅颂·西小365》校本教材。教材按照汉语拼音声母顺序进行编辑，所选内容主要是经史子集和古代名家诗词中脍炙人口的佳句，易于诵读，便于意会，虽言语简练，但蕴涵丰富。如写景状物者，究之则自有哲理；格言俗语者，悟之可受益终身。经典孕育人格，人文化成精神。儿童习与性长，化与心成，诵读佳句，必有嘉行。我们还将它制作成横幅，镶嵌于学校的365级台阶之上。西小师生，每天目见之，口诵之，心记之，体行之，耳濡目染，融会贯通。除此，我们还陆续编写了国学教育校本教材《正蒙宝典》《古诗词八十首》。《正蒙宝典》主要搜集“三字经”、“百家姓”、“千字文”、“弟子规”、“名贤集”等内容。《古诗词八十首》还配有文质优美的散文解读。

2. 探索诵读策略

（1）三层目标。我们确立了学生诵读的不同目标：一是丰富知识，让心灵充实；二是规范行为，让心灵快乐；三是弘扬精神，让心灵强大。

（2）三级梯队。我们结合学生年龄特点，遵循学生身心发展规律，划分了三级梯队，分阶段推进国学教育：1～2年级为第一梯队，诵读表现中华传统美德的童谣、儿歌、启蒙读物，国学发蒙，立身养性；3～4年级为第二梯队，诵读古诗经典、练习书画，弘扬中华精神，立命养志；5～6年级为第三梯队，诵读经典古诗文，知行结合，塑造儒雅风度。

（3）三个结合。一是国学教育与各个学科教育有机结合；二是国学教育与校本培训有机结合；三是国学教育与家庭教育有机结合。

3. 落实三项措施

根据学校实际，我们采取了三项具体措施将国学教育不断推向深入。

一是普及。每天下午第一节课前的20分钟（14：10—14：30），是全校学生经典诵读的时间。诵读内容主要是《国学风雅颂·西小365》《三字经》《百家姓》《千字文》《弟子规》《名贤集》和古诗词。学校每一学期对不同年级的经典诵读有不同要求，学期末抽查考评。目前，六年级学生基本都能背诵《三字经》《弟子规》《小学生必背古诗80首》等传统经典诗文，有的班级学生还诵读了《论语》。学生通过经典诵读，逐步达到从识之、背之、会之直至化之、用之的目的。

二是提高。西小成立了“国学兴趣班”，为满足那些有一定文化功底、国学基础好、学力强的学生需求，打造国学教育品牌。四年来，它不仅帮助学生增加识字量，提高语文学习的兴趣，而且有助于审美从善，完善人格。

三是实验。我们在一、二、三年级分别确定了一个“国学教育实验班”。要求实验教师认真做好三项工作：第一，树立科研意识，建立学生的国学档案；第二，科学制订计划，每周用一节语文课时间开展国学教育实践；第三，加强学习，探索国学教育的课堂教学模式。

4. 建设“文化一条街”

“走在文化一条街，领略文化五千年——琴棋书画，人生四韵，翰墨启心智，经典养儒雅；唐诗宋词，诸子百家，诗书明礼义，国学开胸襟。古老陶艺，万象思维，土与火的艺术，闪着原始的灵光；中华武术，源远流长，精气神的魅力，透着气贯长虹的力量……”这是西小镶嵌在校园“文化一条街”墙壁上的导语。

“文化一条街”是我们根据学校开展国学教育的需要，精心设计建设的。步入校园，穿过大厅，绕过咏壁，即见一块额匾高悬于一楼通道上方，上书“文化之旅”；花青竖匾上用启功字体镌刻的两副对联赫然醒目：“弘扬文化大道扬帆西海，闪烁科学之光放飞梦想。”“春华秋实幸福本自天真，艺术陶冶兴趣源于生活。”“文化街”的两边挂满了京剧脸谱、剪纸“十二生肖”人物造型、秦汉时代文化雕刻等具有浓厚传统文化色彩的饰品。新建成的“汇演中心”、“陶艺室”、“武术馆”、“书画天地”分布在这条“街”上，设计新颖，独具个性，把传统文化和现代文明进行了完美结合。主题雕塑“孔子”巍然屹立在“街”的左侧，被学生制作的精美陶艺作品簇拥着；假山回廊下摆布着青石石台，石台上雕刻着“楚河汉界”棋谱……“文化一条街”既是学生参加国学教育活动的重要场所，又是全校师生国学教育成果展示的地方。漫步其间，曲径通幽，让人感受到一种“琴箫同天籁协奏，翰墨与兰桂齐馨”的美妙。

开展国学启蒙，擦亮生命底色，或许是一条真正实施素质教育、不断推进创新教育、弘扬和培育民族精神的突破口。

六、班主任开放管理的专业成长“三重奏”

班主任不仅是一项工作，更重要的是一种责任、一种教育情怀和职业使命。班主任与其他教师不一样，在整个教书育人的过程中，起到辐射、示范、带动的作用，是引领学生发展，创造班级文化，营造学生有效发展环境的第一责任人，是学生精神成长的首席教师。有人说：“没当过班主任的教师不是一个完整的教师”，“做教师不当班主任是一种遗憾”。我常说：“每个班好了，这个学校就好了。”班主任这个角色在学校工作中确实具有不可估量的作用。西小以班主任师德建设开发学校发展的动力源，以班主任课题研究充实学校发展的能量库，以班主任人文关怀挖掘学校发展的幸福泉，既有效提高了班主任自身修养和专业化发展水平，又以此带动了教师的全面发展、学生的全面发展，更重要的是促进学校的内涵发展、和谐发展和特色发展。

（一）班主任师德建设——学校发展的动力源

深圳是改革开放的前沿阵地，是很多人梦寐以求的“经济特区”。如何让我们的教师构筑精神围墙、抵御不正之风，向往高尚，纯净心灵，坚守教育这块圣洁的净土，打造学校的“精神特区”，是我们校长要思考的第一战略，是每一个教师自觉守护的心灵梦想。尤其是班主任师德水平的提高将带动和辐射其他教师的师德进化。为此，我引导教师对照“师德规范”自我审视：一是职业生存层，当教师如果纯粹为了谋生，目光没有超出饭碗的边缘，那么注定一生平庸，我们可以平凡但不能平庸；二是专业发展层，当教师不仅为了谋生，还主动追求发展，尊重学生，以身立教，具有较高层次的职业精神；三是事业理想层，像苏霍姆林斯基、陶行知、斯霞等就是这样的职业精神典范，他们都是在用行动诠释师德师能的真正内涵。

为了帮助班主任真正落实教育部“新六条”道德规范，我从教师生命整体发展和人的价值视角审视教师成长，提出在校长眼里“教师第一”的主张，重点突出榜样激励，树立教师心中的教育偶像，评选“师德模范”，授予“共产党员示范班”。我们还先后制订《西小师德规范细则》《西小师德十不准》和《西小师德考核办法》。倡导“为自己的履历工作”的教师道德理念；精心打造“道德自律、工作自励”的教师文化；弘扬“教者儒雅、以研为乐”的教风，引领教师做一个高尚者、一个研究者、一个幸福者。出版《师德写真》，编辑《中外教育名言集锦》；组织开展“师德师风建设年”和“三讲三比”等活动。在开学典礼上，我带领一百多名教师在鲜红的国旗下向两千多名学生以及家长代表庄严宣誓，承诺师德规范；学校实施班主任成长“六个一”工程，即“改进一个教育实践问题；完成一个学生成功案例；上一堂表现自己教学风格的思想品德课；写一篇教育叙事故事；研究一位教育楷模；研读一本教育名著”等，帮助教师适应深圳快节奏、高频率、强密度的工作与生活，激励教师在经济特区物欲横流的环境面前，坚守灵魂保洁，坚守职业尊严，坚守道德底线，铸造精神特区。

“西海讲堂”是西小教师交流教学思想、培养教育情愫、提升教育智慧的神圣殿堂，也是全校教师积极向往和充满幸福感的圣地。我们在“西海讲堂”开辟师德论坛，作为校长的我在“西海讲堂”带头作“思想解放，行为规范”、“排遣心理压力，做个幸福教师”、“追随苏霍姆林斯基的足迹”等专题讲座30余场。尤其是“新六条”颁布后，我们立即组织全校教师开展“加强师德修养，践行为人师表”论坛，让广大教师争做一名“有方向感、有责任感、有进取感、有亲和感、有约束感”的教师。随后“幸福在哪里”、“让团徽在奉献中闪光”、“教师内驱力发展”等一个又一个主题报告，班主任师德高尚了，学生的品质也随之有效提升，学校的学风、教风、校风呈现蓬勃向上的局面，家长的满意度、社会的认可度与日俱增。

（二）班主任课题研究——学校发展的能量库

教师的课题研究力是学校可持续发展最核心的竞争力。班主任处在一个研究的状态下工作，将对学校科研氛围的营造和教师专业的成长起着引擎作用。

经过初任校长时的视觉冲击，我修改了学校发展规划，把“培养现代城市人”明确地作为学校的育人目标，即培养“有德行、有智慧、有活力、有情趣、有气质的现代都市文化人”。在这一育人目标得到教师和家长们的理解和支持后，学校开始将“培养现代城市人”转变为一种办学理念、一种教育认识、一种校本研究课题。

几年来，我们让每一个班主任带头参与培养“现代城市人”的课题研究，他们通过“教育一个学生，带动一个家庭，辐射一个社区”，构建起学校、家庭、社区三位一体的立体多维教育体系。这一模式得到国家教育部有关领导专家的高度赞赏，《人民教育》管理室任小艾主任先后两次亲临学校进行调研，并以《追求完美》《教师与学生一起成长》为题在《人民教育》作深度报道。前中央教育科学研究所朱小蔓所长亲笔题词“为和谐社会培养现代城市人”，中央电视台、人民教育、中国教育报等30多家新闻媒体进行了相关报道，在国内产生了一定的影响。

2004年开始，我们组织班主任开展了“学习困难学生家庭教育指导模式研究与实践”课题实验。组织一批班主任深入具体的家庭中，营造服务家长、平等交流、多向互动的家庭教育氛围，建立起平凡有为、人人成功的教育信念，探索出了一套帮助学习困难学生的家庭教育实践指导模式。下面是八名个案学生素质前、后检测对比统计。

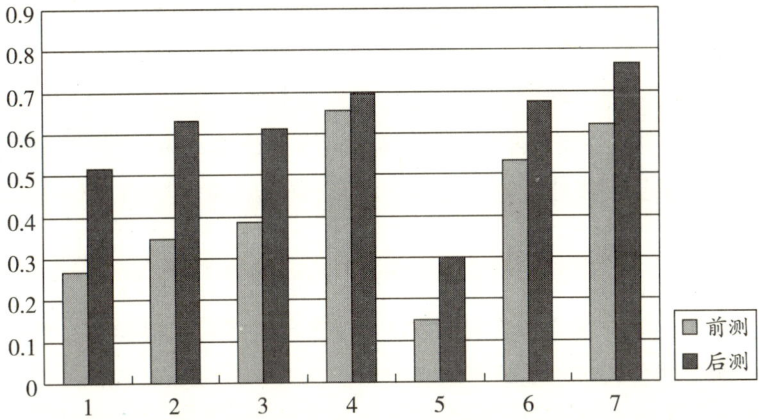

项目	文明表现	量化道德	情绪心理	智力发展	非智力因素	与父母关系	奖惩情况
前测	0. 2688	0. 3463	0. 3888	0. 6563	0. 1500	0. 5325	0. 6213
后测	0. 5163	0. 6313	0. 6100	0. 6938	0. 2988	0. 6750	0. 7663

在个案辅导的三年多时间里，班主任和家长、学生都收获了成长。陈福娣老师辅导的小祥（化名）已经读高一了，但她还和家长保持着良好的联系，已经积累了10多万字的访谈记录，并准备长期跟踪下去。她的执著精神感动了家长，也感动了教育局领导，学校授予她“教育科研先进个人”荣誉称号，同时她也被评为区优秀课题实验教师，被聘为区家庭教育讲师团兼职专家，传播教育思想和家教方法。

2007年，我们又要求班主任对独生子女进行个案跟踪指导。西小学生中独生子女占总学生数的26%。独生子女的家庭教育具有一定的优越性，如家庭经济相对优越，孩子享有父母充分的关爱，家长对孩子的教育比较重视，但同样也存在着相当多的问题。2007年4月，西小开始“独生子女家庭中的问题学生家庭教育指导的实践与研究”。班主任们通过家访、打电话、捎字条、发手机短信、网络沟通等方式与独生子女家庭保持经常性的密切联系，收到了很好的效果。通过开展独生子女家庭教育指导的实践与研究，独生子女家庭中的大多数教育失当或误区得到了纠正，家长的家庭教育水平得到了提高，从而提高了孩子的学习能力、自理能力、交往能力和创造能力，促进了他们全面健康发展。

周韵老师辅导的小涛（化名）是一个由爷爷奶奶照顾其生活和学习的学生，在他七岁时，妈妈在一起严重的车祸事故中变得神志不清，失去生活自理能力，家里为她治病已经花去了20多万，爸爸为了生计，不得不到外谋生，小涛在家里根本不听爷爷奶奶的话，经常大发脾气，学习懒散无心。在周老师的辅导和帮助下，小涛性格变得开朗了，心灵阳光了，对学习也感兴趣了，他的作文《成长的旅行》还被评为优秀习作范文。

为了让家长更多地了解学校教育和自己的孩子在学校的表现情况，我们每学期都要开展“家长开放日”活动。每次的“家长开放日”活动都有一个鲜明的主题。在以“陪伴孩子，共同成长”为主题的“家长开放日”活动中，来自社会各阶层的学生家长1600多人积极参与。活动分为亲子互动演讲会、亲子主题班队会、亲子游戏、现场家教咨询、学生优秀作业展评、家教专题展览、校园文化参观、文艺汇演等八个系列。

2010年，西小又积极申报了以任小艾专家为课题组组长的“班主任专业化”全国重点课题。我想，通过此研究，我们的班主任不仅将成为学校德育工作的中坚力量、教学工作的得力助手、学生精神生活的导师，并将促使学校每一位教师都在研究的状态下工作和学习，促进学校工作的全面提升。

（三）班主任人文关怀——学校发展的幸福泉

学校发展的幸福泉，主要来源于两个方面：一是班主任对学生的人文关怀；二是学校对班主任的人文关怀。前者我们重点抓班级文化建设。它是学校校园文化的支撑点、落脚点，也是班主任专业成长的生态圈。近年来，我们倡导“开放式教育”，力求班班有特色，以下是部分班级特色介绍。

企鹅中队特色：班主任梁换枝老师组织学生讨论“究竟创建怎样的特别班级才适合”，最后达成共识：建立一个绿色环保班级。她组织学生讨论设计出班级的特色班名“企鹅中队”。他们在教室里开设“环保宣传橱窗”、“环保专栏”。学生创作环保图片、环保手抄报、环保标语、环保宣传画，还购置了环保书籍、VCD等。组建绿色环保小队，开展“我为班级添绿色”等活动，学生自愿带绿色植物进班级，每个小组认养一至两盆植物，并且和父母一起认真观察植物的生长，撰写观察日记或实验报告。召开绿色环保主题班会，激励全体同学“动动手，让校园环境更温馨；弯弯腰，让校园环境更洁净”。布置学生利用周末和爸爸妈妈参加一次环保绿色实践活动，并做好记录写好心得。有的到郊外清理垃圾，有的到公园种下小树，有的到小区给花草浇水，不管何种活动，同学们都很高兴，因为他们做了非常有意义的事情。每学期，“企鹅中队”都会组织环保知识竞赛、“变废为宝”手工大赛等，评出“环保绿色小天使”、“环保绿色小组”、“环保绿色家庭”等，学生们都兴致勃勃地投入到绿色环保特色班级的建设中。

“童声古韵”特色班：为了帮助学生从小打好语言文字功底，增强文化底蕴，二（5）班班主任欧老师引导学生扎实有序地开展古诗诵读活动，创建了“童声古韵”特色班级。他们组织“童声古韵、激扬经典”主题队会；定期出版“诵读经典”主题黑板报；利用家长会，向家长讲述古诗诵读的目的和意义，争取家长的支持和配合；还利用午读时间，让学生进行古诗积累；利用每星期的语文活动课举行古诗文诵读比赛。一系列活动让学生受益良多。一个学期下来，七岁的孩子已经背诵积累古诗五十多首，能分清哪些是边塞诗、哪些是送别诗，哪些是山水田园诗，还能根据诗的类别选择不同的配乐，并能很好地进行古诗配乐诵读。欧老师为学生创造了很多展示的机会。他们在学校汇演中心面向全校老师及市、区有关领导展示“古诗派对”课，同学们精神饱满，古诗诵读发音标准，韵味十足，他们的精彩表现赢得了大家的称赞。他们班的彭诗琪等同学还在升旗仪式上面向两千多名师生，配乐诵读古诗，赢得了阵阵掌声。

“写字”特色班：为了提高学生写字的积极性，培养学生良好的写字习惯，一（4）班黄老师申请了“写字”特色班级。她利用短信争取家长的积极配合；召开“写好字，我能行”主题班会激发学生的写字兴趣；举行“我敢比，我最棒”写字比赛，让每个同学都选定一个写字竞争对手，让他们每次写完字后和对手比一比谁的“加号”多，有的同学还把老师列为他们的竞争对手；每周更换“我敢比，我最棒”优秀作品宣传板报，营造了浓浓的写字特色班级氛围。当学生投入到这些有意义的活动中后，学风更好了，班风更正了。

如今，学校笋芽儿、小星星、太阳花、向日葵、蓝精灵等36个特色班队，都有独特的班旗、班级目标和班级文化。特色班级的建设，促进了学校文化场的营造。

班主任是真、善、美的代言人。每天跟孩子接触，班主任的一言一行、仪表仪态都影响着他们，因此，我们特别重视给予班主任多元的人文关怀，主要工作包括以下几方面。

一是精神关怀。我们重点实施两个工程：培训工程和名师工程。我们坚持走“学—教—训—研”相结合的道路，实施校本培训“八个一”工程，即“改进一个教育教学实践问题；完成一个学生成功辅导案例；写一篇教育叙事故事；研究一位名师并写出研究报告；研修一本教育实践或教育理论的书”等，这既是西小促进班主任专业发展的措施，也是班主任能力训练的基本内容。

我们把“西海讲堂”作为专家引领的平台，邀请专家进场，把最前沿的信息、独到的见解、鲜明的观点、实用的做法呈现在班主任面前，引领他们融入课改潮流之中，实现快速成长。小小的西海讲堂迎来了不少专家，如著名的班主任工作指导专家任小艾老师、前中央教育科学研究所所长朱小蔓教授、华南师范大学刘良华教授、张俊宏教授等开设专题讲座，拓展了班主任的视野，丰富了他们的理论修养。

西小班主任集体编写出版的《国学“风雅颂”西小 365》《正蒙宝典》《绿色家园》《大自然与我》《小学生礼仪规范》《少儿心理健康教育读本》《心桥》《学会自护》等校本教材，深受学生喜爱和家长称赞。2010 年 3 月 1 日下午，全体教师身穿典雅的新校服，走进“西海讲堂 · 2010 年原作欣赏会”，程锦屏等 15 位代表朗诵了寒假中创作的“读书 · 读人 · 读图”原创作。学校现在已有 5 位老师出版了自己的专著，班主任宋瑞老师以所带班级为原型创作的儿童小说《四二班翻天了》和《五二班麻烦了》，社会反响强烈。“读书—教书—写书”成为西小大力倡导的教师职场生态，“终身读书学习”成了我们的永恒追求。

全校教师手拉手，肩并肩，我站在队伍最前列，领着他们大步往前走……这是我最得意的一幅景象。不少老师感言：“有时候想偷懒一会儿，但总会有一种无形力量推着你。”2010 年 3 月 12 日上午，内地赴港教师深圳交流团一行 50 多人莅临西小参观交流。在点评欧玲老师执教的语文活动课时，一位老师即兴赋诗：“品校园文化，流连忘返；观听说课堂，妙韵生花。美的团队，营造美的校园；美的团队，创设美的课堂。美的校园，美的团队，构建风雅颂的平台，成就孩子们美的人生，给我以美的沉思。”

几年来，我从引领班主任专业发展为起点，进而确立全体教师专业发展的三个目标，即“终身学习的示范者，现代教改的参与者，职业生涯的幸福者。”为此，我创造了一个既层次分明，又相互支持的“三三制”立体化培训模式，把教师分为“入格”、“升格”、“风格”三个层次，分层要求，分类培训；为他们铺设从教学基本功的“外环”，到教学策略的“中环”，再到教学思想的“内环”这样一条专业发展道路；同时提供可持续发展的“学习、实践、展示”的三维空间。这一立体化培训模式让不同层次的教师都找到前进的内驱力，并得到教育部、中央教育科学研究所领导、专家的高度赞赏，我以此撰写的论文在《中国教育报》刊载后，引发全国各地不少教育同行前来参观学习。

为了让教师变督促别人读书学习为自己终身读书学习，我们组织教师阅读《敬业》《执行力》《一生的感悟》等书，分享读书快乐，举办读书沙龙和读书笔记展。每月一次的“生日送书”成了当月过生日教师的美好期待。每逢教师过生日，我们的惯例不是送鲜花、不是请宴席，而是由我亲自为每一位过生日的教师送上精心挑选的图书。这项活动从 2005 年一直坚持至今。

二是美丽关怀。在西小教职工中，女教师占 70%，36 个班，35 名女班主任。作为一名女班主任，仅有外在的美丽是不够的，还要通过读书来提高美的感知能力，修炼教书育人的本领。本着这样的初衷，我响亮提出“读书的女人最美”的理念，并精心策划、打造成了学校书香文化品牌。2010 年寒假前一天，我们举行了第六届“读书的女人最美”专场文艺晚会。晚会上，我和几位教师一起表演了诗朗诵《我遇见一本温暖的书》，赢得了满堂喝彩。晚会上的女教师个个身着晚礼服，不仅呈现出与平时不同的外表美，而且自编自导的现代舞、音乐诗、钢琴独奏、英语情景剧、经典舞蹈“读书的女人最美”等节目，都非常精彩。舞台上，女教师们光彩焕发，魅力非凡，引得很多男教师表示“非议”：“女教师打扮得那么漂亮，搞得我们很有危机感了。”我认为，这不是一场简单的晚会，而是让教师感受美、爱上美的舞台，更是教师热爱生活、热爱生命的缩影。中国教育报曾以“读书的教师最美”对我们进行了专题报道。除了专场晚会，我们还组织老师们欣赏《雷雨》《日出》等经典话剧，观看《云南印象》等文艺演出。身教重于言教，老师美丽了，学生也潜移默化受到感染，变得可爱了。

我们还特邀形象设计专家谭红梅女士为老师们作《女性的形象魅力》专题讲座，从“魅力女性的思维方式”、“女性如何修炼完美职业形象”、

“着装色彩的魅力”、“着装款式的魅力”、“着装搭配的十大技巧”、“淡妆的魅力”等方面作了形象生动的讲述，为提升教师的生活品质、丰富教师的精神内涵产生了积极的影响。

三是情感关怀。深圳男女比例严重失调，“剩女”较多，我们就开展“玫瑰有约”、“永葆青春活力”、“女性情感论坛”等系列活动。例如，2011 年 3 月 8 日，我们组织全体男教师为女教师献上玫瑰花表示节日祝福。30 多位未婚青年走进“女性情感论坛”，敞开心扉，畅所欲言，“你对心目中的另一半有哪些要求？”“我对婚姻的恐惧该怎么消除？”“剩男剩女的压力该怎样排遣？”亲情、爱情、友情，涵盖了年轻人在生活层面上沟通和共享的话题，轻松幽默但不失温馨。“寂寞是伴随终身的，也是值得享受的”，“要像经营事业一样经营自己的家庭”，“即使一个人也能活出别样的精彩”……知名作家唐冬眉女士与我一起即兴答疑解惑。有老师当时感慨：“情感的关怀才是最高境界的关爱，万变不离其宗的‘爱’，才能让我们触摸和享受精神的温暖。”

班主任整体素质的提高，盘活了学校人才资源，其结果带来的是办学效益的最大化，学校教育教学质量年年创新高，办学水平突飞猛进。这里借用一位名家之言：乐业奉献积淀底气，学习研究滋养元气，反思人文造就灵气。我们相信：坚持对班主任的精神、美丽和情感关怀“三重奏”，一定能唱响学校和谐发展的“交响乐”。

七、案例

案例一　我们是孩子，我们是新闻人

简介

西乡中心小学是宝安区第一所省一级公办小学。西海校园电视台（Xixiao Television，简称 XXTV）是西乡中心小学的校园有线电视台，是该校最重要的宣传平台之一。

西海校园电视台创建于 2003 年，2005 年初正式开播，经过几年的发展，她业已成熟，已经成了西小引领成长的旗帜、教师德育树人的窗口、学生展示自我的舞台。

西海校园电视台现有《西海校园新闻》《数学碰碰车》《西海佳音》《西小 365》《春天播报》《你说我听》6 个栏目，其内容几乎涵盖小学教

育各个领域。

电视台的故事

忙忙碌碌的校园电视台里，总会发生很多小故事，很多时候我们说如果把这些故事拍下来，编成一部电影取名为《电视台的故事》，准会叫座。

【场景一】李炜邦：招兵买马，挑战主持人

新学期电视台要招新人了，只招15个，该招聘广告从电视台一发出去立即产生了巨大的反响，全校有300多名小朋友踊跃报名加入西海校园电视台。

想加入西海校园电视台要过两关：第一关，填表初选，在该表上填上姓名性别等基本信息，台长和我台老主持根据这些基本信息对报名者进行初步筛选，选出30名报名者进入第二关。第二关是我行我秀，就是通过表演的方式进行才华展示。呵呵，你没见来应聘的小朋友八仙过海、各显神通，有吹葫芦丝的，有表演武术的，有说相声的……好是热闹，最有趣的是在第二关中，有一个小朋友突然指着从导播间走出来的主持人罗方灏说："那不是罗方灏吗？我就是因为他才来参加电视台的，他好风趣，好幽默！"

【场景二】谢舒婷：请亮出自己最美丽的羽毛

老师说认真对待播音，至少是为了对得起全校两千多双眼睛的期待，所以她要求我们苦练基本功，说只要一出现在镜头前就要亮出自己最美丽的羽毛。老师所说的"羽毛"包括两方面：一是我们的服装，二是我们的电视表现能力。

我们的新闻我们做主。为了让我们张扬个性，更好地展示自我，老师要求我们穿上自己最喜欢的衣服录制节目，而不用穿深圳市中小学生统一的校服。

能在全校同学面前展示自己的衣服，我们甭提有多高兴了。但是在演播室播音，服装是有讲究的——不能穿细条纹、细格状的衣服，不然在镜头里会"闪格"。如果该节目采用绿屏抠像技术录制，那么前景中的任何物品都不得出现任何带有绿色系的东西，那自然就不能穿绿色的衣服。

在虚拟演播室抠像的过程中，有时会遇到边缘抠像不干净的难题。举个例子，小主持的头顶上有几根小碎毛，但是就因为这几根小碎毛，老师把灯光都打穿了，也很难将头顶区域抠干净，于是我们要下去用"水摩丝”把头发弄好了再来上镜。

【场景三】罗佳佳：改编小说拍 DV

我们几个人合作，把镜头对准我们六（6）班，成功地把宋老师的短篇小说拍成了同名小电影。

《五（2）班麻烦了》是班主任宋瑞老师写的一部短篇小说。小说中的许多人物都能在我们班找到原型，所以演员大部分就在我们班产生了，其他演员在全校范围内招募。我们用 Photoshop 软件制作海报，并把海报贴出去，在课余时间设置咨询台接受报名。在海报上面我们注明了男 1 号、女 1 号等角色，并对角色进行了简单地描述，报名者需要对号入座。

负责人事的同学忙着招募演员，而我们几个同学忙着将书中可拍性强的篇目选出来并改写成分镜头剧本。校园电视台台长何老师已经为我们几个同学作了一场 DV 制作的培训，这样就有了技术保障。但是光有技术是不够的，硬件设施哪儿来呢？不用担心，一台摄像机、一个三脚架、一台 PC 机足矣。

经过半个月的认真准备，我们的 DV 短片终于顺利开机了！每天课余时间便忙个不停。我们利用周日拍，周末做后期。后期是很枯燥的工作，几个同学坐在电脑前一编就是一天，他们仔细检查每一帧，编完后反复观看、反复修改，直到录制组没人提出意见为止。

拍摄中每一天都会发生很多小故事，老师说如果把这些小故事整理出来又可以出一本书了。但是也遇到一些麻烦，很多场景很难拍到，即使通过特技也难实现，于是我们不得不改编剧本。“画鬼容易，画人难。画鬼容易，拍鬼又难。”我再次想到何老师的话。

经过同学们一个多月的努力，我们的 DV 短片《五（2）班麻烦了》终于完工了，现在我们正筹划着开首映新闻发布会呢！

【场景四】李恒辉：我是小编辑

老师说采镜头的时候要有后期编辑意识，不要乱拍，你拍的越多，后期就越难处理，正确的做法是镜头一打开，稿子就应该在心里产生了。那么如何写新闻稿呢？开始我们也以为新闻会像写作文一样加上无数的心理描写，加上无数的形容词，然而老师告诉我新闻最忌讳形容词，新闻最好的表现方式就是白描。于是写稿子的时候你只需把新闻的基本要素写出来就可以了（5W + 1H：WHEN、WHERE、WHO、WHAT、WHY、HOW 即什么时候、什么地点、什么人、发生什么事情，最后交代清楚事情的起因和结果）。如果把以上记住了，写稿子就轻而易举了。

【场景五】黄晓婷：如何成为顶级记者？

在写稿件的时候我手边放着一本书——美联社新闻报道手册《如何成为顶级记者》，妈妈和我一起读过它。妈妈说这本书用最具权威性的新闻案例分析了职业记者必备的素质与技能，这本书告诉我作为记者要勇敢，要健谈，要有渊博的知识。

2006 年 11 月，Google 全球副总裁李开复博士在深圳中心书城对深圳小记者们开了一个小小的新闻发布会，我们应邀参加，并被批准问一到两个问题。出发前，我们查了大量的关于李开复的资料：李开复的个人履历，李开复的书以及他在日常生活中的喜好和立场，然后根据这些拟了采访提纲。当然采访前的调查研究只是工作的一半，另一半是心理上的准备。

在新闻发布会现场，何老师带着我们坐在会场前排正中央。后来由于时间有限，我们只问了一个问题："开复老师，我们知道您是搞 IT 行业的，我们想请您针对小学计算机教育谈点您的看法。"他反问："现在小学就开计算机课了吗，小学信息都学什么？"我们简单描述了深圳小学信息课的课程开设情况，开复老师结合现代社会对信息化人才的要求，就我们小学生如何学习计算机给出了很好的建议。

采访回来，当我们把采访开复老师的新闻放在电视台播出后，收到了大量小观众的来信，他们纷纷表示开复老师的建议让他们受益匪浅，同时也很羡慕我们能与开复老师来一次这么亲密的接触。

台长手记

在一次与《人民教育》杂志的白宏太先生交流的过程中，白记者说我为新闻事业培养了许多接班人。他是开玩笑，不过想想我培养的似乎的确是新闻工作者。是的，别看他们年龄小，他们有着很强的新闻敏感性，有着对新闻事业强烈的热爱，很多时候我认为是他们的敬业精神激励了我，让我在改编节目风格、丰富节目内容方面做出了更大的努力，从而使电视台工作几乎成了我的信仰。

我常常把我的电视台比做花果山，我就是花果山的孙大圣，而这些小记者就是花果山上的那群活泼可爱小猴子。在那群小猴子眼里，我很有威信，并且在长期的相处中，我们已经形成默契，他们很懂我，能明白我每个眼神，每个手势。如果我去他们班里找他们，他们会马上退出正在玩的游戏，跑到我跟前问有什么事情。他们每次来我办公室找我，推门叫我的声音都一样激动，像是很久没见到我一样。我回头，停下手中的活，张开双臂，给他们一个大大的拥抱，然后拿出同事给我的喜糖犒劳他们。

他们的模仿能力很强，经常在电视台学某个老师的动作，学得很像，常常惹人捧腹大笑。他们喜欢玩各种把戏，在镜头前做各种鬼脸，做一些让我意想不到的动作。在播音之余，他们什么好玩的事情都想象得出来，比如拿钥匙链的丝带当双节棍，把三脚架的摇臂当话筒唱歌等，让人忍俊不禁。

他们很听话，很懂事，很有礼貌。他们知道在电视台什么样的行为会被表扬，什么样的行为会被批评。他们很心疼我，生怕惹我生气，他们的善良和小心翼翼常常令我感动。如果我说两点钟到电视台集中，他们不会两点一分到。我只需要告诉他们我需要一个什么样的效果，他们就能照办，因为他们知道我要求严格。他们太乖了，乖到我都不明白这是怎么一回事，很多时候我只能激动地说：天啦，是谁把聪明赐给我这帮小家伙的？

其实想想，我也没有做什么，我的作用就是去敦促，就是引导，在整个团队产生一个向心力，使他们团结向上，合作相处。虽然他们来自不同的年级，但是不同年级的孩子之间姐弟相称，合作得非常愉快。赐予他们一个美名，让他们为之而奋斗，所以我经常表扬他们。他们是小孩子，需要被激励，被关怀，如果你对他好，他是知道的，他们理解你了之后自然就听你的话了。

优秀的小记者团队：今日小将 明日大帅

自西海校园电视台创办起便培养了小记者、小主播，小编辑百余名，现在岗 15 名，他们各方面都很优秀，是电视台最宝贵的财富。他们在历次重大宣传报道中表现突出，屡次受到校领导的肯定和家长们的赞扬，是一支能值得同学们信赖的队伍。

电视台利用第二课堂时间对现有成员进行培训。培训的内容由浅入深，包括主持、摄像、导播、后期编辑等。在培训新成员方面，我们采取师徒结队的帮扶制度，师徒结队就是台里的老主持带新主持，老编辑带新编辑，一对一辅导。

为使小主持好好表现，西乡中心小学每学期根据小记者们的表现设立了最佳电视新闻类节目主持人奖、最具人气电视主持人奖、最佳新闻记者奖、最佳新闻编辑奖等奖项，通过表彰，激励他们进步。

结语

我们常常把摄像机比做画框，三脚架比作画架，镜头前的孩子们就是我们画面上最动人的元素——以爱的名义诗意地栖居。

最后，请允许我们试着像2008春晚小品《火炬手》中的赵本山那样表达我们心中的感激：感谢TV，感谢所有TV，MTV，感谢广播……

（何君蓉）

案例二 蹲下身来，与孩子做朋友

所有爱孩子的父母，都会关注孩子心灵的成长。关注孩子心灵的成长，就要走进孩子的心灵世界，好好听一听、看一看，和孩子进行心与心的沟通，蹲下身子来和孩子做朋友。

一、告诉孩子，过程比结果重要

每天孩子上学时我都会说，今天又是新的一天，在校开开心心，好好地与同学相处，下课好好地玩。孩子回家后，我的第一句话是：孩子，今天开心吗？不要把分数挂在嘴上，让孩子知道你真的在关心她，不是只关心分数。让孩子快乐的享受每一天，享受学习的乐趣，享受做作业的乐趣，这样学习效率也会大大提高，同时更会让孩子拥有一种成就感。

二、面对孩子，倾听比告诉重要

随着孩子慢慢长大，到了青春期，更多孩子不愿意倾听，最主要的原因还在于父母不会倾听，甚至不想倾听。父母都知道，孩子上学前，小嘴巴停不住，喜欢问这问那，很愿意和父母说话，那时候父母也比较有耐心。可是等孩子上学后，孩子一开口，父母总是会往学习上扯，让孩子觉得特没劲。但我与我女儿，每天睡前的10分钟是我们母女沟通的最佳时期，谈学校、老师、同学的一切琐碎事，有时说到伤心委屈时，会默默地哭起来。倾诉过后，有时她会说：妈妈我现在舒服多了；有时会说：这没什么的，我只是说说而已，说出后就没事了。

父母是孩子情感的驿站，让孩子把她的快乐、想法、困惑、抱怨和委屈统统地宣泄出来。在孩子的倾诉中，父母不要妄加评论，也不要打断孩子的话，要用热情而认真的眼光注视着孩子，用积极的话语回应孩子，比如："是的"，"我赞同"、"我也有这样的感觉"等。孩子只有在情绪得到全面的释放后，才更能听得进父母的建议和批评。孩子说完自己的事后，她也会问我一天的工作情况，我会如实地告诉她，我对工作的努力和热情以及工作后的成功感，让孩子知道不管我的工作多忙（有时带回家做），但我喜欢我的工作，是自己的事就要自己完成，从而也让孩子知道，好好学习也是她的责任。

（学生家长）

案例三 我家的孩子爱读书

我小的时候特别喜欢看书，因家境贫穷，只能借别人的看。孩子出生后，我既要工作，又要带孩子，做家务。可我爱看书的习惯依然如故。孩子看到书柜那么多书，叫我读给他听。虽然他听不太懂，却依然认真地听我读。

我从不逼孩子看书，但他自己会主动去看。有时看不懂的地方，他会来问我，这样，他慢慢地爱看书了。

首先，父母应根据孩子的阅读能力，选择高于实际阅读水平的书，如《悲惨的世界》《小故事大道理》，等等。他们都看得津津有味，欲罢不能。

其次，要为孩子买他喜欢看的书。有一次，我路过书城，买了几本他喜欢看的书，孩子说他一定要把这些书看完。从那以后，我发现孩子读书的兴趣更浓了。

再次，要培育孩子良好的读书习惯。每当孩子生日或过节，我都买好几本书作为礼物送给孩子看。每一次逛街，他会建议我带他去书城看书。每次从书城出来，都满载而归，我感到非常快乐。这样，孩子书柜里的书渐渐多了起来，他也钻进书堆里去了。我对他说："你玩的时间都没了，多辛苦。"他说："我感到读书更有趣，把读书当做休息了。这真是苦中作乐，其乐无穷啊。"

我的孩子，每天除了上课，还有两个小时的钢琴练习、一个小时的书法练习必须保证。他还要写家庭作业，自觉安排做练习，剩余时间差不多全部用在课外读物上，像海绵吸水一样，不知疲倦地读呀读，我真是既高兴又心疼。孩子读完书也经常和我交流，并找我问这问那。我在引导孩子思考的同时，也给孩子做必要的讲解。

（学生家长）

第七章

重建个性多元的开放式课程与课堂

西小开放式教育的研究与探索，自然会带来学校课程的开放、课堂的开放。相对于传统的封闭式课程与课堂，我们在开放式的课程中着重打造开放式活动课程和研究性课程，把开放式课堂教学主要定位在个性化、多元化和综合化三个特征上，使我们的教学更着眼于学生的个性需求和终身发展。

在开放式教育的研究与实践中，我们以西方发达国家的教育作为参照系，汲取他们的教育经验，并结合我国的教育实际，全面审视我们的课程与教材、教学与评价之现状，稳步开展开放式课程的教改行动。

一、中美现行课程与教材和教学与评价现状的比较

开放式教育需要我们用开放的视野比照我国现行的课程、教材、教学和评价等诸方面与发达国家之间的差异。下面我们以美国为例，从以上诸方面进行大致的比较。

（一）课程与教材现状之比较

我们对中美两国小学教育在课程与教材方面进行了初步比较，发现我国现行课程与教材存在明显不足，亟待改进的地方主要表现在：我们的课程具有精英主义的性质；不利于学生进行创造性的学习；忽视了知识、技术与社会的联系；忽视了过程和方法的训练；忽视了对学生进行学习主动性和创新精神的培养。

表 7－1　中美两国小学阶段课程与教材现状之比较

中　国	美　国
国家利益，培养精英	个体发展，面向大众
注重系统知识	关注生活经验

续表

中　国	美　国
强调稳定	追求变化
计划大纲教材	共同建构
学科中心	经验中心
系统与规范	解决问题
原理、经典的知识	应用、现代化的内容
难、窄、旧	浅、宽、新
概念、法则、练习	经验、思考、应用
重结论，获得知识	关注过程，强调体验

（二）教学与评价现状之比较

中美两国的教育在教学与评价方面也存在诸多差异，仅以教学质量评价为例：美国是以学业熟练度为评价基准的，属于目标参照评价；我国通常是以期末统考分数和毕业年级的升学率作为评价基准的，属于常模参照评价。美国把评价作为帮助教师改进教学和帮助学生提高学习水平的工具；我国的评价突出对学生、教师及学校作出评定、鉴别和区分的功能。目前，西小践行的开发性教育，始终把教学与评价机制的改革作为一个关键环节。如果教学与评价机制得不到改革，要想使开放式教育最终能够开花结果，几乎是不可能的。

表 7－2　中美两国教学与评价现状之比较

中　国	美　国
听讲与接受	自主、探究、合作
记忆与模仿	理解与创造
书本知识	实践活动
间接经验	直接经验
标准化答案	鼓励个人思考
书面测验	论文、答辩、制作
知识技能技巧	参与、多元、自主
被动评价	自我反思

（三）我国现行课程的优势与问题

对比中国与美国的教育，其实都有各自的优势和问题，都有值得相互借鉴和亟待改进的地方。就两国的现行课程而言，其根本差异在于我国是半封闭的传统课程，美国是全开放的现代课程。我国改革开放以来，教育发展很快，变化巨大，各方面都取得了可喜的成绩。但就总体情况而言，我国仍处于传统教育向现代开放教育过渡期间，无论课程结构，还是教学方式方法，都表现出明显的半封闭的传统教育观念。当然，我国半封闭的传统课程也有可取的一面，美国全开放的现代课程也有不足的一面。比如：我国以课堂讲授为主，教师给学生提供了完整系统的知识，通过课堂反复训练和巩固，多数学生可以比较牢固地掌握知识，我国中学生参加世界学科竞赛成绩斐然，就是因为我国基础教育阶段学生基础知识扎实，基本概念清楚，学习功底厚。而美国虽说培养了学生自理自治能力，可是课堂教学随意性较大，知识零乱且不系统，该掌握的却未掌握，学生基础知识不牢靠。还有一点，我国的课程重视思想教育，学生养成了遵纪守法、爱护集体和自我约束的好习惯，所以我国学生的组织性和纪律性较好，学生犯罪率比美国学生低。在此，我们把我国现行课程的优势和问题作一个简单梳理，列表如下。

表 7－3　我国现行课程的优势与问题对照表

优　势	问　题
知识	实践能力
技能	创造性
解题能力	情感体验、自尊自信
勤奋与刻苦	人生观、价值观

通过前面的对比，我们不难发现，我国的课程与教材注重以学科为中心的系统知识，重概念、法则和练习，教学过程也是以书本知识为核心，重视书面测试的标准化答案，缺乏创新精神与实践能力的培养，忽视自我反思和过程体验。因而，我们践行开放式课程和开放式课堂必须重建新的课程观和教学观。

二、开放式活动课程构建

活动课程是相对于系统的学科知识而言，侧重于学生直接经验的课程，这种课程的特点在于动手去“做”，在于手脑并用，在于脱离书本而亲身体验现实生活，以获得直接经验。它的载体是活动。设置活动课程是社会发展和学生发展的需要，是调整教育目标和提高学生综合素质的有效途径。有关活动课程教学的研究当前在国内部分省市的学校已有开展，但是把活动课的教学策略渗透到学科常规课堂教学中的做法还没有真正涉及。如何把学科课程与活动课程进行有机整合，追求课堂教学更大效益？这是一个值得深入探究的问题。

自 2003 年 9 月开始，西小以“小学学科活动课程建设”为研究课题，进行了卓有成效的实践与研究。我们遵循《基础教育课程改革纲要（试行）》和新课程标准，结合新理论，拓展新思路，实践新方法，积累新课例，及时把形成的经验以及积累的活动课例进行整理，以我们自己编著的《新小学语文活动课程设计》《新小学数学活动课程设计》《新小学英语活动课程设计》（中山大学出版社出版，在全国公开发行）为校本教材，探索“小学学科活动课程建设”模式，这一研究成果已经转化为教育生产力，并对学校的教育教学产生了较好的效益，也必将对当前全面实施新课程、全面推进素质教育产生积极深远的影响。

（一）构建活动课程的主要依据

学科活动课程是立足于学科教学，结合学科教材，有目的、有计划、有组织地进行学科课程的资源开发，通过以实践性、自主性、创造性、趣味性为主要特征的多种活动项目和活动方式，进行综合性学习、提高能力的一种课程。

从目标和作用来看，学科活动课程着眼于培养和发展每个学生的基本、必需的素质和能力；从组织及参与方式来看，要求全体学生主动参与；从学习内容来看，强调学习的综合性。学科活动课程建设可以分为两个层次，一是根据国家课程计划和学校活动课程的总体计划进行设计；二是根据学科教学特点，结合学科教材及相关资料进行的单元或学习专题的设计。但无论进行哪种设计，都要按照活动课程的目标及特点、学生的年龄特征、学校和社会的环境条件等来进行设计，以保障学科活动课程有效地实现其教育教学功能。

（二）构建活动课程的基本框架

我们在积累了许多研究经验和教学实例的基础上，根据活动课程指导纲要和学科课程标准，以小学语文、数学、英语三学科为主阵地，构建了学科活动课程的基本框架。

《新小学语文活动课程设计》以小学语文课堂教学为主阵地，以丰富多彩的实践活动为载体，设计了84个活动内容，内容由浅入深，由易到难，循序渐进，注重体现活动课的自主性、实践性、创造性、合作性和趣味性，贴近学生的生活，贴近学生的思维，贴近社会的实际。强调学生在活动中自主参与、自主体验和自主探究。将语文教育和社会、生活有机地融为一体，使学生在广阔的空间里学语文、用语文，拓宽视野，丰富知识，培养能力，砥砺心志。不仅为广大教师创设了一个生动的学科活动课程教学平台，更为学生的发展提供了一个广阔的学习空间。

《新小学数学活动课程设计》借助于数学的学科特点，选择具有生活背景或来源的数学问题，挖掘问题的教育性、创造性、开放式、操作性和实践性。通过学生对数学问题的主动活动，在活动中学习，在学习中活动，把教、学、动有机结合。在解决问题的过程中，学生是活动的主体，教师是活动的设计者、引导者、咨询者。书中84个活动体现了活动过程的完整性、阶段性、开放式和建构性特点，突出了“问题情境—数学建模—形成数学方法—解决问题—推广创新”的特色教学模式。“有趣的估量”、“理财小能手”、“页码的秘密”等数学趣题和智力游戏，展示出数学的神奇智慧和艺术般的魅力，激发了孩子们的数学兴趣和探索求知的欲望，在不知不觉中将孩子们引进深奥有趣的数学世界之中。

《新小学英语活动课程设计》以深圳市基础教育英语教材编写组和朗文香港教育合作编写的教材为依据，编写了1—4年级上学期内容。按照教材的顺序每课一个活动，全书共70个活动。活动内容与教材同步，并进行了适度的知识拓展。活动符合小学生的年龄特点，贴近学生的思想与生活，具有较强的实践性和可操作性。

（三）活动课程教学原则与目标

学科活动教学主要指以在学科教学过程中建构具有教育性、创造性、实践性、操作性的学生主体活动为主要形式，以鼓励学生主动参与、主动探索、主动思考、主动实践为基本特征，以实现学生多方面能力综合发展为核心，以促进学生整体素质全面提高为目的的一种新型教学观和教学形式。

1. 活动教学的基本原则

第一，学科活动教学是坚持以“以活动促发展”为基本教学指导思想的教学，“以活动促发展”是学科活动教学的立论基础和实践的切入点；第二，学科活动教学是倡导以主动学习为基本习得方式的教学；第三，学科活动教学是侧重以问题性、策略性、情感性、技能性等程序性知识为基本学习内容的教学；第四，学科活动教学是强调以能力为核心，以素质整体发展为取向的教学。

2. 学科活动教学的实验目标

学科活动教学实验是一项立足于学科课堂教学，试图对西小教育教学进行整体性变革的探索性实验，它的目的是为了构建一种新的教学体系，其中既含有理论的构建也包含有新的教学实践的创造。

教学实践目标：（1）破除以教师为中心的教育观念，建立教育民主化思想指导下的以学习者为中心、学生自主学习和教师有效指导相结合的教学过程，互相尊重、相互负责、平等的交往方式，使学生的人格和权利得到充分保护；（2）变革以知识为本位的教学观念，树立以学生发展为目标的教学思想，重视学生的亲身经历和生活经验，在学科课堂教学中广泛采用探究式学习、体验学习等多种活动方式，从多方面满足学生的发展需要；（3）改变以传授和灌输为主要方式的课堂教学方式，实现以学生主体实践活动为基础的课堂教学，教师带着学生走向知识，使课堂成为师生共同的、沸腾的、真实的生活。让学生在自由自在、丰富多彩而又充满挑战性的活动中得到发展；（4）着眼于学生整体素质的全面提高，使他们成为具有主体意识和自主学习能力、创造性人格和创造性思维、合作精神和社会交往能力、具有丰富的知识、健康的情感、独特的个性和良好的行为习惯的一代新人，在未来社会中自尊、自信，敢于迎接社会的挑战。

理论研究目标：（1）探索学科活动教学的一般理论（学科活动教学思想、方法、特征与功能等）；（2）探索学科活动教学的操作原理与教学策略。在各个不同学科中设计、组织、实施各类活动的方法和要求等；（3）探索学科活动教学的课程内容和结构。挖掘、梳理各科教材中适宜于活动教学的教学内容，采用新的课程形态，补充编写新的教材，协调学科课程与活动课程的相互关系等。

（四）活动课程教学的操作策略

学科活动教学的重要目的之一在于构建教学的新过程。这是一个以学习者为中心，以学生的主体实践活动为基础，以探究、体验、交往、创造活动方式为特征，以学生素质整体发展为目标的教学过程。

1. **活动教学过程中采用多样的活动方式**

一是探索型活动方式。有目的地选择预演和再现内容；创造探究和发现的情境；提供有结构的材料；鼓励运用多种方式完成发现；指导学生进行科学加工。二是交往型活动方式。将课堂教学组成一个完整的相互作用的系统，采取六种组织形式：个别、对组、小小组、小组、大组、班级等形式的学习方式，把交往深入到学习的认识活动中去。三是体验型活动方式。将体验学习作为学科活动教学的重要手段，强调教学中的体验是学生的主动体验，明确体验活动的外部行为一定要引起学生内部的心理过程，将体验作为学生个性形成的基础和个人成长的基础。四是创造型活动方式。让学生在课堂教学过程中直接进行创造性活动，促进学生直觉、想象力和观察力的发展，关注学生思考问题的独特性和新颖性，让学生接受更多的科学技术信息。

2. **注重活动的内在价值**

一是将活动的水平定位在学生的“最近发展区”。二是向学生提出具有挑战性、激励性的问题，提高学生的内向化水平。三是提高教师对活动的指导能力——实现教育观念的系统性转变；深入理解和领会活动教学思想；从更高的层面和更广阔的视角把握教材、理解知识；从现代教育的要求提高专业水平；不断提高自身的生活质量和人文素质。四是调整、补充和改造现有课程和教材。五是创造适宜学生主动参与、主动学习的新型教学环境。六是实施以促进学生发展为目标的教学评价——树立为学生服务的新观念；从发展的角度确定评价内容；采取多样化的评价方法。

（五）活动课程建设的成效

1. **学科活动教学促进了教师的发展**

其一，教师的教学观念转变了。（1）新的教学目的观。立足于学生的全面发展，着眼于学生认知能力、情感意志、交往能力、审美等素质的和谐发展，知识和技能仅仅是实现发展的凭借和手段。（2）新的教师观。教师是学生学习的促进者、合作者，课堂是师生共同发展的生命空间。教师把如何学才有利于学生的发展作为活动设计的立足点，把学习的主动权彻底地交给学生。（3）新的学生观。学生是鲜活的生命个体、学习的主人，是教师的朋友和伙伴，教师要充分地尊重和爱护他们。（4）新的教学过程观。教学过程是师生的生活过程，也是生命历程，是动态发展的过程。学生的发展具有鲜明的时代特征。学生积极主动参与教学过程，并在其中努力探索，才能学有所得。

其二，教师的教学能力提高了。（1）驾驭课堂能力提高了。如何使活动朝着目标深入开展，如何把握住课堂中新的生长点，这对教师提出了新的更高的要求，也给教师提供了锻炼的机会。通过实验，教师不再机械地执行教案，而是根据学生学习的实际情况，灵活地调整教学进程，准确地判断并及时地捕捉新的生机，实施创造性教学，使其产生新的价值。（2）从学生的角度重新审视现行教材，创造性地使用教材。在实验研究中，我们对现行教材进行了大胆变革，或调整知识呈现的顺序，或改造知识呈现的方式，或补充与生活相关的内容，或删减脱离生活的陈旧的内容。可以说，每一节课都或多或少地对教材进行重组和改造。（3）教学方法变了。教师在课堂教学中表现出改变现状的强烈愿望、勇于探索的创新意识和高度负责的敬业精神。主动积极变革教学的方法，促进学生在游戏、操作、探究、体验等多元化多层次的学习方式中得到发展。

其三，教师的角色意识增强了。教师高高在上的权威形象已淡漠了，变成了学生的指导者。对学生微小的成绩，点滴的进步都给予充分肯定，热情鼓励。师生交流采取商量口吻，不是命令，更不是指责、训斥。教师开始注意研究学生的心理特点，站在学生立场上思考教学问题，尽量避免用成人的思维代替孩子的认识过程，更加理解和尊重学生的兴趣、爱好、思考方式。

其四，教师的科研意识增强了，科研能力提高了。（1）教师逐渐以研究者的身份进行教学实践，善于发现问题并大胆地想办法，及时反思教学实践，通过写随笔、论文，概括和提升教学经验。（2）总结出多元活动的学习方式：自主参与活动的学习方式。学生自主参与活动学习的基本过程即探究研讨型学习方式，其基本过程要求教师按照各个知识类型的特点，在具体的教学过程中体现出各自的教学特征。

2. 学科活动教学促进了学生的发展

其一是学生自主学习的意识提高。学生的学习由消极被动变为主动参与、独立思考、积极探索，富有创新意识，真正成为学习的主人。课堂上我们常常听到学生说：“再等等，我一定会想出来的”、“再给我一点时间，我一定会找到办法”，等等，学生主动意识的激发，其潜能是巨大的，常常能找到多种方法，收到意想不到的效果。

其二是学生学会与人沟通，竞争与合作意识明显增强。在教学中较多地采用小组学习形式，同学们相互学习，互相启发，默契配合，在共同的努力下一次次将学习活动推向成功，学生懂得了群体的重要性，在合作中学会与人沟通，合作意识明显增强。

其三是思维灵活，创新意识逐步增强。活动教学极大地激发了学生的探索欲望，充分发掘了学生的智慧潜能，习惯于发散思维、求异思维，学生的创新意识逐渐增强，能多角度地思考问题，从多种渠道中找到解决问题的办法。

其四是主动获取知识、收集资料的能力提高了。在研究中有意识地引导培养学生主动获取知识、收集资料的能力。通过查找工具书及相关书籍、打人工咨询电话、网上查找、实地了解、设计等活动，学生学会了从多种渠道查找所需资料。学生学习的时空扩展了，获取知识的途径增多了。

3. 活动教学促进了学校发展

其一是学校的精神面貌焕然一新。整个校园充满了生机活力，积极向上，朝气蓬勃。

其二是家长普遍反映好，认为学生的综合素质和综合能力提高了。家长对孩子能够进入西乡中心小学读书引以为荣。西小毕业生深受中学的欢迎，认为学生思维活跃、独特、创新。

其三是整体教学水平和办学效益有了明显提高。近年来，来自英国和我国大陆及香港地区的教育考察团来西小考察时，也对此课题很感兴趣，认为方法灵活，尤其对培养学生的自主和探究精神倍加赞赏。

（六）活动课程建设的创新价值

1. 为学生自主、合作、探究性学习，丰富了载体，搭建了平台

长期以来，由于种种原因，我们的学科教学始终处在一种相对狭隘、封闭的状态。课本成了学生主要的信息源，教师成了学生主要的信息传播者，教室是学生主要的信息交流场所。如何推进学科教学的生活化，让学生主动参与教学，学会自主学习、合作学习、探究学习，把课堂学习与实际生活紧密地联系起来，“小学学科活动课程建设”在这方面做了有益的探索，并取得了丰硕成果。

2. 实现了学科课程与活动课程的有机整合

以杜威为代表的现代教育派，以实用主义哲学为理论基础，在教育方面树立起“儿童中心主义”的旗帜，就是让儿童通过主动地活动去获得各种直接经验，教育的目的不是要给他们既有的科学知识，应该用活动取代书本教育。把“从做中学”视为全部课程理论和教学过程的基本原则。这种全盘否定学科课程的教学，把活动课程推向极端，势必导致对学生的放任自流和学科教学质量的下降，“小学学科活动课程建设”是把学科课与活动课进行有机整合，追求课堂教学更大效益的一种创新性研究。

3. 调整、补充和改造了现有的课程和教材

学科活动课程的建设极大地丰富了现有教材的内容，特别是对新课程标准提倡的综合性学习提供了可充分利用的范本，让教师在指导学生开展综合性学习时有规可循，有本可用，使综合性学习更具有效性和可操作性。

三、校本课程：开放式研究性课程策略

研究性学习课程确切地说是一类课程而不是一门课程。它所涉及的知识是多学科的，教学过程中更多地关注学生“会学”的能力。研究性学习课程贵在“研究性”，课程的实施过程应是一种带有初步研究色彩的学习过程，应注重发展学生的探究精神与创新精神。我们强调的研究性学习主要体现在校本课程的开发与利用上。

校本课程的开发不是一件新鲜事，在我国的课程改革实践中早已有校本课程的影子。校本课程的开发与研究是时代的需要。因此，校本课程的开发与研究必须满足人的自身发展需要，它的最重要使命就是帮助学生找到一条能鲜明地发挥个人创造性和个性才能的生活道路。突破原有的以单科性、学术性为主的国家课程框架，开发校本课程，以培养学生的创新精神与研究能力，提高学生发现问题、解决问题的实践能力。

（一）校本课程开发的原则

一是主体性原则。学生不单是知识的学习者、接受者，更是积极的认知者。在教学中，应由学生自主探索自己已有经验的合理性、确定性、局限性。课程目标的实现不只由教师来完成，而且是由学生通过努力来达到。教师不是课堂教学的主宰者，而是课堂教学的组织者与指导者，在教学过程中起组织与指导的作用。

二是综合性原则。各领域的知识在校本课程目标的指引下，形成一种合理的知识融合，在教学中注意跨学科、跨知识的比较，使学生个体的认识发展，经过比较、分析、综合获取新的知识。

三是过程性原则。在教学中，注重过程性与开放式。根据课程目标，

培养学生思维的敏捷性与全面性。给学生有批判、领悟、研究的空间，给学生有充分发表意见的机会。让学生在讨论、质疑过程中，对事物有新的认识，创新精神与能力得到锻炼和培养。

四是实践性原则。引导学生联系实际，通过调查、查阅资料来提高认识。让学生自己提出问题，设计解决问题的方案，寻找解决问题的途径，体验解决问题的过程。

（二）西小开展校本课程研究的特点

一是课程目标的全面性。在注重智育性和认知性目标的同时，十分强调非认知性的目标，以使学生得到全面发展。采用恰当的教学方法提高学生对学习的兴趣与关心。指导学生重视学习研讨的探究过程和方法。培养学生科学的态度和能力，利用有关知识解决未知问题。

二是把学生的活动作为重要内容纳入课程。校本课程十分重视学生的探究活动，将学生的活动内容纳入教材，让学生通过探究和活动获得知识。精心设计教学过程，让学生参与讨论、模拟、扮演角色以理解问题，参与决策、解决、调查、实验等全过程活动，以提高学生解决实际问题的能力。

三是重视知识的应用。校本课程重视了课程与实际的结合。让学生走向生活、走向社会，用掌握的知识解决科学与技术、自然与社会等问题，让学生了解科学、技术与社会的关系。培养成为学生了解社会、致力于社会的有用人才。西小校本课程的研究已取得初步成效，正沿着健康的方向发展。

（三）把握校本课程的活动特点

在教师指导下，以问题为中心让学生开展研究性学习，进行课题研究。常采取以小组合作学习、研究为主要形式，同时做到个体研究、小组研究和班组集体研究相结合。充分展示了学生个体的发展，使每一位学生内在基本素质都得到和谐发展，使每一位学生个性都得到良好培育，尊重学生的生命特质，塑造学生创新人格，引导每一位学生都走向成功。校本课程中的研究性学习活动还必须做到两大超越：一是超越时空。探索研究的过程、途径、规律与方法。二是超越自我。研究开发中，要求教师提高自身素质，进行自我调整、充实和完善。教师只起引导与点拨的作用。学生可以独立，也可以小组合作开展研究，使研究性学习课程活动有声有色、富有生气，深受学生欢迎。

（四）西小校本课程的实践研究及成果

八年来，西小校本课题研究蔚然成风，成为教改一道亮丽的风景线。例如，“西乡河污染调查研究”课题就是在教师的引导下，学生利用课余时间去图书馆、逛书店、上网搜寻，尽可能地为自己选定的专题收集资料，他们三四人组成一组，有的独立完成某一专题。通过课内交流，了解西乡河污染的原因，在教师的启发、指导下，根据西乡河的地域特点、面临的问题，提出解决的方案、个人看法、资料来源等；选择自己感兴趣的内容去研究，借助多媒体作研究报告，进行展现。学生收集的资料来自好多地方，有的竟有十几处。学生把想法变成行动，发出倡议：立即行动起来，保护环境，保护我们共同的家园，保护我们人类自己！学生们被自己的研究成果深深吸引住了，按捺不住内心的喜悦。有些还走向社会，去考察、采访和亲自体验。有的身背照相机走街串巷，在社区与居民交谈，访问社区名人，有的用小摄像机记录下历史变迁、乡土文化、环保与人类等丰富素材，写下课题报告。虽然课题内容、课题的研究都非常稚嫩，但学生通过实践，受益匪浅。他们在未知的领域大胆探索，独立思考，寻找所学知识与实践的结合点。让学生有所悟、有所创造，正是我们进行课题研究的目的。目前校本课题研究及校本课程开发已成为西小推进研究性学习的一条重要途径。教师与学生的课题意识增强，课题实效性、推动性明显展露。以下是西小着力开发的校本课程及成果一览表。

表 7－4　西乡中心小学校本课程开发及成果一览表

序号	类　别	内容（名称）	备　注
1	出版著作	《教育智慧与学校创新》	2008 年 8 月人民教育出版社出版发行
2	出版著作	《开放式习作教学》	2008 年 10 月教育科学出版社出版发行
3	出版著作	《开放式活动课程》	2009 年 9 月教育科学出版社出版发行
4	出版著作	《开放式教育》	2009 年 10 月汕头大学出版社出版发行
5	出版著作	《扬帆西海》	2007 年 8 月中国文联出版社出版发行
6	出版著作	《放飞梦想》	2007 年 8 月中国文联出版社出版发行
7	校本教材	《正蒙宝典》	国学经典诵读读本
8	校本教材	《国学风雅颂·西小 365》	国学经典诵读读本
9	校本教材	《小学生必读古诗词八十首》	国学经典诵读读本

续表

序号	类　别	内容（名称）	备　注
10	校本教材	《开放作文》	学生习作精选
11	校本教材	《开放式数学作业》	深受学生家长喜爱
12	校本教材	《开放式数学教学》	数学活动教学案例精选，教学参考用书
13	校本教材	《开放英语》	英语活动教学案例精选，教学参考用书
14	校本教材	《开放科学》	科学活动教学案例精选，教学参考用书
15	校本教材	《开放德育》	德育活动教学案例精选，德育参考用书
16	校本教材	《写字》	在省内外推广使用
17	校本教材	《心桥》	心理辅导手册，深受师生家长喜爱
18	校本教材	《小学生礼仪规范》	礼仪教育读本，深受师生家长喜爱
19	校本教材	《学会自护》	安全教育手册，深受师生家长喜爱
20	校本教材	《家庭教育指导》	家庭教育指引，深受社会各界好评
21	校本教材	《入学宝典》	学前教育指引，深受社会各界好评
22	校本教材	《陶艺》	特色美术教材，深受师生家长喜爱
23	校报	《西海学报》	深受社会各界好评
24	校刊	《西海论坛》	深受社会各界好评
25	校刊	《西海浪花》	深受社会各界好评
26	校刊	《西海艺萃》	深受社会各界好评
27	专题片	《习作教学的春天》	深受社会各界好评
28	专题片	《开放教育之魅》	深受社会各界好评
29	专题片	《绿色家园》	深受社会各界好评
30	画册	《西海扬帆》	深受社会各界好评

四、“开放式教学”模式探索

“开放式教学”模式的最大特征就是开放式。开放式教学，强调教学与时代精神、社会生活、学生的身心发展之间的联系，强调把多种知识的获得和多种能力的训练融于一体，互相沟通，实行多角度、多层次、多起点、多指向、多路线、多焦点的主体研究。研究的内容通过自主学习、小组合作和课堂交流的形式实现，当堂生成。学习的评价注重过程，充分尊重学生开放的、不同的个性感悟，不追求清晰的标准答案。开放式教学的效果不偏重知识传授，而体现于学生创新精神和实践能力的培养。

（一）教学组织方式的开放

改变传统师授生学的课堂教学组织方式。以师生交流为主，过渡到生生交流，并落实到学生与家长以及社会的交流。这种交流以民主、平等、自由为基调，没有权威，没有灌输，完全让学生自主、独立地学习。

（二）学科之间的开放

学科之间的边界是开放的，因为人的生活本来就是一个综合体。一节课不能仅局限于本学科教学之中，而是应充分融合其他学科，以丰富学生研读的内容范围，扩展学生研读的视野，打通学科之间的界限，体现学科之间融合。

（三）教学方式的开放

充分利用现代先进的教学技术，从视觉、听觉、味觉和嗅觉等多种感觉途径，从认知、思维、情感等多角度调动学生参与学习的积极性和主动性。

（四）学习空间的开放

开放式教学要求学生从课内走向课外。结合生活、社会实际，使学生最终掌握的是活的知识，而不是僵死的教条。“下课铃响了”，它不是结束，也许正是开始，是求知长智的开始。这是“月月清、日日清、堂堂清”无法想象的教学境界。

五、以“小学习作教学”为例阐述开放式教学观

开放，是一种行动，一个过程，同样也是一种理念。20多年的语文教学研究与实践，我始终坚持构建以“写”为核心的语文课堂，给学生提供一个激发灵性的开放的环境。下面就以开放式习作教学为例谈谈我的开放式语文教学观。

（一）语文应使学生自由地有创意地表达

习作，是语文的重要内容，也是最能体现生命活力的内容。但长期以来，习作教学问题并不少，主要表现在四个方面：一是习作教学相对阅读教学而言不被重视，成为语文教学的附庸和孤岛；二是受考试指挥棒制约，教师教的和学生写的都是考试作文；三是学生多了虚拟世界和网上空间，少了自然、人文生活；四是教学无序，教不得法。习作教学要革新，

必须挣脱传统的束缚，以尊重生命和现实为前提，构建独树一帜的理论体系和独立可行的操作策略，从注重传统教学中所谓“技巧”、“经验”的“形而下”的东西，转变到关注习作者情感、思维和状态的“形而上”的需要上来，力求让学生用眼睛去发现，用心灵去体验，用语言去表达。而这种转变，需要从思想到行为上的全面“开放”。

开放式习作教学正是针对以上问题提出的。这里的“开放”，是指从学生习作的接受体系、组织体系、表达体系、评价体系等方面减少束缚，促进学生自由地有创意地表达，促进学生语文素养的全面提升。开放，对于教师而言就是批判、超越、开发、探索、创新，对于学生而言就是解放。

开放式习作过程是个性学习和创造活动的过程。教师的责任是创设一种有助于学生主动参与的学习环境，发挥每位学生的特长，使其在原有基础上获得全面而富有个性的发展。

开放式习作教学的直接目的是提高学生的习作能力。但一个人的习作水平又会受到自身思想水平、文化修养、观察能力、思维能力的影响和制约，因此我们通过开放的习作教学，着眼于师生的共同发展，逐步达成以下目标。第一，突破传统习作教学的局限，拓展教与学的范围，丰富学生的个体体验，培养学生对日常生活的敏感性。第二，通过习作训练使学生掌握交流讨论的方法，生生、师生之间养成交流探讨、互助合作的习惯。第三，建立“阅读是基础，兴趣是动力，思维是关键，表达是难点”的有效融合的习作教学新体系。第四，培养学生勤于观察、善于思考、勇于创新、乐于表达的习惯和品质，使习作成为学生张扬个性、挥洒生命活力、抒发真我情感的内在需要。

（二）我们需要开放的七大领域

在“正本清源”的基础上，从关注学生生命成长出发，我们对开放的习作教学的思维、情感、内容、文体、表达、范式、评价等要素进行了卓有成效的探索，努力使习作教学有本可依，有章可循，真正让教师乐教，学生乐写。

一是开放思维。习作教学不局限于课堂，不局限于语文学科。我们将习作教学向生活开放，向阅读教学开放，构建以“写”为核心的语文课堂，充分凸显学生的创新精神和综合实践能力。解放学生身心，是开放思维的先决条件。充分地尊重、信任、肯定学生，让他们用自己的心灵去感悟人生，用自己的眼睛去看待事物；让他们在交流碰撞中变得成熟，敢于大胆创新；让他们自主学习，自主思考，自主参与，创造一个平等、和谐、自主、自立的习作氛围；让他们说真话，吐真情，表真心。培养创新思维，是开放思维的核心内容。一切创造性活动都源于创造性思维。创造性思维虽然是一种复杂的、高级的心智活动，但绝不是神秘莫测、高不可攀、仅属少数天才人物的“专利”。通过锻炼学生敏锐的感受力、深刻的观察力、丰富的想象力，完全可以提升学生的思维水平和思维能力。

二是开放情感。学生并不缺少对生活的体验，而是缺少对生活的情感。丰富而细腻的情感是文字倾泻的原浆，是文章的根和魂。在习作教学中，开放与激发学生的情感比向学生传授习作技巧更为重要。具体办法包括三个方面。1. 亲近习作。要想让学生写好作文，首先要消除学生对习作的畏惧心理。教师应减少束缚，让真实的生活、真挚的情感、真切的思想在学生的心灵里“安营扎寨”，让学生找到感觉，品尝甜头。教师要善于捕捉能激起学生内心涟漪的场景和时刻，引导学生随时随地开展句子、片段的练习，由易到难，由简到详，层层递进，步步深入，逐渐把学生领入习作的佳境。2. 培植情感。情感丰富而高尚的人对真、善、美有着特有的敏感。要让小学生写出有血有肉的文章，首先就要让他们有丰富的情感。情感是可以培植的。接触自然、进书籍、用好媒体，都能使学生的情感和思想受到洗礼、感染和熏陶，从“复制”他人情感变成丰盈自身的内心世界，从而成为一个情感丰富而有思想的人。3. 释放心灵。习作是倾吐内心的过程，是和另一个自我交流的过程。释放了心灵，学生定会少几分寂寞，多几分快乐；少几分浮躁，多几分平和，更加懂得感恩，化解烦恼，正视挫折，“享受”苦难。学生只有内心积淀了丰富的情感，才能“厚积薄发”。

三是开放内容。一篇好的习作应表达儿童的真情实感，反映儿童的内心世界，彰显儿童的个性，生发儿童的智慧。鉴于此，首先，把选材的自由还给学生。当学生“奉命”去写一些单调、乏味、过时的内容时，习作所反映的内容其实并非其生活的外延。生活中最生动、最形象、最有活力的素材都是习作课程的极好资源。我们应引导学生敏锐地将其把握住，根据需求进行筛选，为积累鲜活的习作素材打下良好的基础。其次，把想象的自由让给学生。“人是一根能思想的芦苇。”想象习作的训练能培养学生的创新思维。如果让学生拟一个自己最喜爱的习作题，大多数学生可能拟想象习作题。所以，教师应为学生提供想象的情境，让学生多写一些来自内心想象的东西。最后，把表达的自由交给学生。新课程里的习作教学以学生为学习主体，承认个体差异，重视个体体验，不同的学生有着不同的兴趣点，写出来的文章自然多姿多彩。因此，我们要打破传统习作教学的模式，开放课堂教学内容，把习作的权利还给学生，鼓励他们树立信心，放下包袱，大胆写作，用自己的语言写自己的生活。

四是开放表达。即鼓励和引导学生自主真实地描绘真人真事，无所顾忌地抒发真情实感。其一，由重形式改为重内容指导。开放的习作教学尽可能地淡化审题、立意、结构等方面的指导，把重点放在内容上，即指导学生观察社会生活，关注喜怒哀乐，撷取真情实感，真正让学生从繁杂的、受束缚的条条框框中解脱出来，写亲眼所见、亲耳所闻、真心所感。其二，由重课堂改为重课前指导。传统的习作教学特别重视在课堂上滔滔不绝，“精心”指导。如果将这份“辛劳”放在课前，学生收获的就不只是一些纯技巧性的东西，而是生活的积累、真实的体验。其三，由重套路改为重思路开拓。重套路必将带来僵化与封闭。开放的习作教学不再要求有明确的中心和完整的结构，不再要求怎样开头、怎样结尾、怎样过渡，只要求学生写真话、实话，把真情实感写具体。开放的表达，激发了思维，拓宽了思路，展示了学生的个性。

五是开放文体。即引导学生根据同一题材写出不同文体的文章。这包括淡化只写记叙文的要求和淡化文体意识。单一而封闭的文体训练，导致学生习作文体的畸形发展，也束缚了他们的创造力。教师不必拘泥于记叙文与教材规定的几种应用文的写作模式，可以结合阅读教学开展随机的习作训练，将广告词、儿童诗、童话、寓言、笑话、课本剧、小说等引入学生的习作训练，既活跃学生的思维，又增强他们的创新能力。文体是为内容服务的。淡化文体，突破文体的界限，就能激发学生的创意，诱发学生“思绪飞扬”，使学生无拘无束地表达，毫无顾忌地写作。

六是开放范式。低年级学生具有童话般的想象，思维具有模仿并简单再现的特点，可以采用剪贴画式、情境式和活动式等几种范式。中年级学生知识面逐渐变得开阔，生活经验也更加丰富，创造性思维也得到了发展，对生活中的人、事、物比较敏感，可以采用日记式、话题式和读写结合的方式。高年级学生认知水平显著提高，获得信息多渠道化，可以采用网络式、推理式和下水文等方式。多种范式的交替使用，也增加了习作教学的生动性和丰富性。

例如，“剪贴画”展示的是一个“瞬间”的情景，学生根据图中的形象，通过想象和思维加工，然后经过内部语言到外部语言的转化，最终把图画内容和思想感情表达出来。“一剪一贴一说一写”之间，学生从静态引出动态，从“瞬间”写出过程，让画面活动起来，让画中的人活动起来，让画中的物也活动起来。学生借助完成贴画的过程，联系自己的生活实际进行合理想象，画中的形象越丰富，事物发展的过程越清楚、越具体，写起文章来就越容易做到言之有物、言之有序。一位喜欢《猫和老鼠》这部动画片的二年级学生剪贴了一幅画，构图简单，但他写的故事却是趣味横生，让人忍俊不禁。他通过“剪一剪——贴一贴——说一说——写一写”，语言活泼，字里行间又充满了童趣，把猫与老鼠刻画得栩栩如生，读来仿佛在看《猫和老鼠》的动画片！我们可以想象这个孩子在拟题目时，嘴角肯定是情不自禁地露出笑意。试问，如此惬意的写作过程，哪个孩子会不愿写、不想写呢?

再如下水文式，事实上，习作低效的重要原因，就是教师自己不会写作。小学生先天有着很强的“尚师性”。我一般要求学生 40 分钟完成一篇习作，自己也在规定的时间内完成作文。著名作家沈从文就是一个很好的榜样。他每布置一个题目，就亲自从各个角度先写几篇“下水文”，给学生以潜移默化的示范和影响。教师要教会学生写文章，自己必须先乐于和善于写文章。事实上，我们的老一辈语文教育家，无一不是文章能手，他们的教学艺术和文章艺术是相辅相成、水乳交融的。但是，目前在运用“下水文”上还存在一些问题。有的教师将“下水文”当范文让学生盲目仿写，结果是严重地束缚学生思维的发展，不但没开放，反而将学生引入“死胡同”；有些教师自身习作能力有限，下水文粗制滥造，对学生不仅起不到示范作用，反而在某种程度上影响了学生的习作兴趣和习作能力的提高；还有的自己写不出来，从网络上下载，同样收不到好的效果。基于这些问题，我们要求教师正确认识下水文的作用和意义，不能追求形式般地为开放而开放，而是要苦练写作基本功，给学生树立一个儒雅、学识渊博的教师形象，激发学生强烈的求知欲、创作欲。

七是开放评价。“开放式习作教学”遵循及时性、激励性、发展性、启发性、多样性原则，通过自我评价、小组评价、家长评价、教师评价，实现了评价的多元与开放。在评价内容上注重情感与态度、知识与能力、习作过程和方法相结合；在评价标准上重在“写真话，抒真情，做真人”，充分考虑学生的个体差异；在评价手段上实施纵向比较，通过个体的前后参照评价，发现和挖掘每个学生的潜能，促进其逐级发展，不断超越自我。

十几年的研究发现，开放式习作教学不但改变了教师的教学观、教师观、学生观、教学过程观，还促使其创造性地使用教材，变革教学方法，教学能力和科研能力大幅提升。学生的学习由消极被动变为主动参与，学会独立思考，学会与人沟通，竞争、合作与创新意识逐步增强，主动获取知识、收集资料的能力明显提升。

吕达教授这样评价“开放式习作教学”：它促使师生关系、学生观、学习观发生变化，也促使思维方式、表达方式、评价方式乃至习作内容发生变革。这种变革必将进一步对整个语文教学及学校其他领域带来深远的影响。崔峦老师说：“‘开放式习作教学’实验取得了明显的成效……不管是城市还是农村，东部的还是西部的，沿海的还是内地的，都可以来借鉴。‘开放式习作教学’有很大的推广价值，有普遍的适应性。”

（三）真正的开放蕴藏在对引导的深刻理解之中

开放的核心追求是自由。自由不是教师的馈赠，也不是教学的恩赐，而是必须实现的一种教育状态。我这里强调的自由，是教育所追求、所实现的每个人的发展状态。在这里，自由是一种教育价值，也是一种教学方式，这种自由的状态，排除了依附、支配与控制的关系。

但在保障自由发展的同时，必须思考开放的度与序。泛泛地开放，信马由缰、天马行空，不深读文本，不重视基本知识的理解、掌握，不注重语文基本素养的培养，一味地超越教材作引申和发挥，那必然是语文教学的另一种悲哀。因此，开放一定要有相应的规则，要有共同遵守的规定性，知道开放的悬崖在哪里。

开放式语文教学还是一个根据学生年龄特点和教材特点逐步展开、由浅入深、从扶到放的过程。它实践着从内容到形式，从课内到课外，从仿到创，从学习走向生活的有序过程。

这里特别要强调的是，能否处理好开放与引导的关系，决定着开放式语文教学的成败。

引导不是管束，不是压抑，不是游离于学生之外的限制，更不是处置知识从而处置人的过程。引导是对困惑的等待，是“疑无路”时的点化，是枝蔓旁逸时的提醒，是思维平静时投入的一颗石子。开放与引导不是彼此排斥、彼此对立的概念。开放是本质，引导是手段，是追寻开放的一个过程。

当然，在具体的教学中，开放的因子和程度是不同的，教师首先要有强烈的开放意识，面对每堂课反躬自问：我今天开放了吗？我开放了什么？教学目标开放了吗？我的开放是漫无目的的，还是有方向的？这个方向是窄了还是宽了？教学内容开放了吗？教学方式是否多样化？如果多样化了，是否符合我们的学习内容？教学过程开放了吗？学生的真实个性有没有展现？如果展现了，有没有得到健康的生长？等等。

下面是陈玉文老师的一堂习作评赏课片段。

（出示学生习作《胜似亲人》）

师：这是你昨天写的文章，今天你读它，有什么感觉？

生：我还是挺满意的。

师：你最满意哪些地方？

生：我觉得我给小姑娘取名叫“艳艳”很好听。

师：哦，名字好听，心灵也美。还有吗？

生：写艳艳洗衣服的这一段，先打水，再放衣服，再搓，而且天很冷，她仍然坚持了下去。

师：真好！我也特别喜欢这一段。一连串的动作，多麻利，不过好像忘了搓点儿肥皂，对吧？

生（笑）：嗯。

师：这一连串的动作描写，倒让我想起了我们学过的《爬山虎里的脚》里的一段话：爬山虎的脚触着墙的时候……（学生很自然地背诵）

……

师：大家来评一评她的文章。

生：我觉得她写的内容太少了。我觉得还可以写一写人物心里的感受，这样就更丰富了。

师（问作者）：你接受这位同学的建议吗？

生：不接受。我觉得写清楚了就可以，不一定要多，多了一堆废话。再说，从奶奶说的话里就可以看出她的感受了。

师：大家觉得呢？

生：对！

师：有时候，简单就是美，有时候，丰富细腻也是美。要看表达的需要，该要的坚决要，不该要的，打死我也不要，是吧？

生（大笑）：是。

这节习作评赏课完全基于学生习作，教学向学生的问题开放，学生不断发表自己的见解，也不断地暴露问题，教师组织讨论，如穿针引线，可谓“择其善者而从之，其不善者而改之”，一切水到渠成。学生则如鱼得水，热情高涨，赏析文章的学习就在这自然和谐的氛围中完成了。

真正的开放，就蕴藏在对引导的深刻理解与把握之中。说到底，它是一种境界，是一个语文教师综合素养的体现。

六、个性化课堂教学的开放

传统的封闭式教学扼杀学生的个性和主动性，把教学禁锢在狭小的课堂里，脱离生活实际，与丰富多彩的社会隔绝，学生只是接受知识的容器，课堂教学成了执行教案的过程，“死”的教案成了“看不见的手”，支配、牵动着“活”的学生，课堂成了“教案剧”出演的“舞台”，封闭的知识、封闭的课堂、封闭的师生授受关系，限制和扼杀了学生个性的主动发展，从而造成学生实践能力低下，一旦离开了书本、离开了学校，在实践中便显得束手无策，不能解决生活中的实际问题，学与用严重脱节。因此，教学呼唤开放的课堂，呼唤开放的学生。我们探索的个性化的开放式课堂教学，就是给学生真正自由学习的空间，适应学生个性学习的需求，尊重个性差异的教学，能够使每个学生在“最近发展区”得到充分发展。

（一）个性化课堂教学的开放式

1. 解放人的心灵。教育原本是一门启迪学生灵性的艺术。学校本应当给学生提供一个自然成长的环境，使人的天赋得到自由发展，使人的心灵获得真正的解放。但当工业化来临之后，教育也面临着“被工业化”的极大威胁，逐渐走向了线性化、标准化、机械化的泥沼，人被“物化”的倾向越来越严重。人的精神自由特性正在遭到践踏。因此，只有个性化教学才能解放人的心灵。个性化教学不但把人看做活生生的生命体，还把课程、教材和每一节课都看做鲜活的生命。

2. 课堂变“大”、变“新”、变“活”。把学校教育与多姿多彩的社会生活相联系，把课堂搬到大自然、博物馆、动物园和植物园，利用丰富的社会资源，在社会大课堂里学习，科学课教植物，不妨到校园或公园真正认识一些树和花，亲自养一养小动物，观察其习性，经历研究的过程；教学内容及时融进最新的科技成果，教学与整个人类的发展相联系；网络技术使学生身在课堂，却驰骋于超时空界限的信息高速公路，师与生，生与生之间进行自如的交流，网上查询、收集资料，带来教学的全新变化，课堂变大变新变活了，学生的个性有了赖以生存和发展的“温床”，得到充分发展。

3. 教学重心从“教”转移到“学”。教任何课，最终目的都在于达到不需要教。“学习是一种过程，而不是结果。”因此，“学会如何学习”，比“学会什么”更为重要。教学的重心要从“教”转移到“学”上，关注学生的“学”。教师的教为学生的学习需求服务，要给学生的学以充分尝试的机会，让学生带着问题走向课堂，感受知识的发生过程，而不是记住结论；让学生在课堂学习中当“主角”，唱“主戏”，做“主宰”，课堂里交汇师生智慧的火花，焕发生命的活力。

（二）个性化课堂教学开放的基本要求

1. 给学生真正的学习空间。时代呼唤我们培养具有独立个性的人，课堂教学又是培养学生的主阵地，那么，课堂教学就要体现个性，让学生的个性在课堂教学过程中充分发挥，潜能得到最大限度的发展。因此，教学中给学生真正的自由空间，其实质就是使教学从传统的专制状态下的被动学习转向自由状态下的主动学习，学生通过自制，实现师生在教学过程中享受平等的自由，也包括存在个性差异的学生间的平等和相互尊重。

2. 适应学生自身的学习需求。学生是课堂的主人，教学目标的制订、教学设计的过程都要关注、服务于学生的“学”，适应学生不同的学习兴趣，适应不同能力的发展，课堂上可能发生的事情，不是都能事先预设的，更多的是由课的具体行进状态以及教师处理问题的能力决定。也就是说，教学具有很强的现场感、即时性，不是“死”教案的忠实执行，而是在教学过程中根据学生学习实际、学习需求，灵活调控把握和生成。

3. 关注学生的独特性与差异性。心理学研究证明个人之间的感觉、知觉、智力、性格、动机等都存在差异。犹如世界上没有两片完全相同的叶子，也没有两个完全相同的人。每个学生都是独特的。正是这种独特性和差异性体现了世界的丰富性；正是这种独特性和差异性才是每一个人最宝贵的精神财富。每个个体独特性在世界上只有这一个，在历史上只出现过一次，每个人都是这样的生命。世界的不断进步来自个人潜能的实现。因此，我们不应只是消极地适应学生的个别差异，更应积极地把这些无法消除的差异性作为人和教育的资源，给予充分的开发和发展，真正做到重视“最近发展区”因材施教。

（三）个性化课堂教学开放的基本原则

1. 相互尊重原则。在个性化教学中，教师要尊重学生的人格，体谅学生的情感和要求；真诚地听取学生意见，站在学生的角度去看事物，敏锐地体察学生的困难、情感、需要和心理状态。学生要尊敬教师，理解教师的要求，尊重教师的劳动。

2. 愉悦互动原则。教师既是信息的发送者又是接收者；学生既是信息的接收者又是发送者。只有积极创设愉悦互动、和谐有效的教学气氛，在融洽、愉快的教学气氛中交往，师生的心理才能产生互动效应，师生才会处于相互促进、相互作用、相互影响的积极互动之中，呈现出师生的多向交往。

3. 平等交往原则。指师生之间以合作的精神、平等的态度、民主的意识、求知的兴趣进行自由自主的交往。其实平等交往是一种合作式交往，主要是教师能放弃权威地位，持平等的态度，传递最佳信息，做到真正民主，只有这样，师生才会处于融洽的关系中，大家才有畅所欲言的自由，相互促进取长补短。

（四）个性化课堂教学开放的基本特征

个性化课堂教学开放的基本特征是“情知互动”，即“以情促知，以知育情”。包括教师与学生的互动，学生与学生的互动，个人与群体的互动。在教学过程中，情与知的互动既是人与人互动的目标，更是促进学生情与知的协调。

情与知互动各要素间关系图示如下：

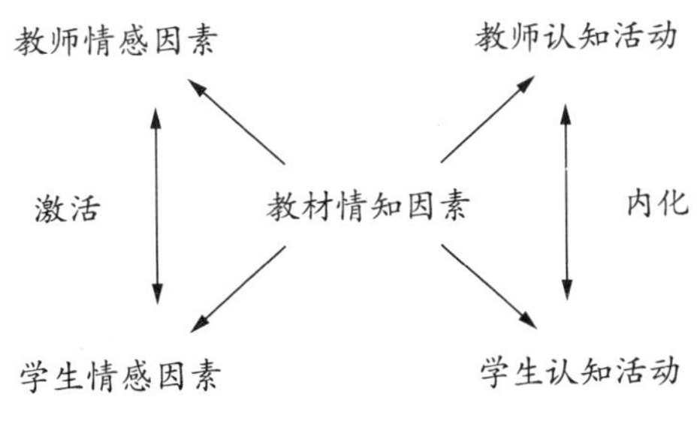

情知互动教学基本结构图示如下：

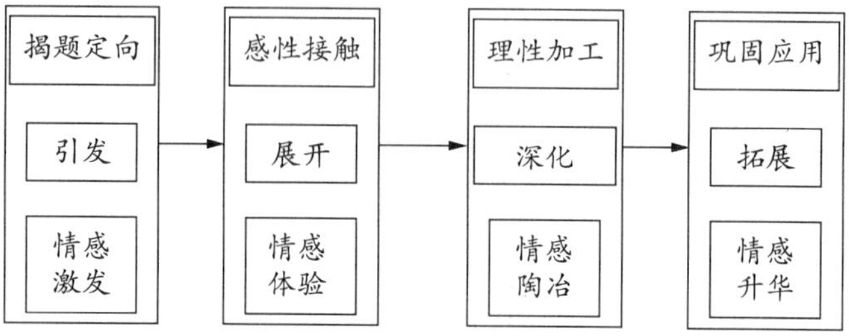

（五）个性化课堂教学开放的基本策略

1. 教学内容生活化，给学生以真实感。强调教学与现实生活的联系已成为各发达国家课程内容改革的共同取向。我们的策略是对教材进行适度改造，使之贴近儿童的现实生活，具有实用性和探究性。从而使课堂教学活动既是一个教与学的活动过程，更是一个经过改造加工的生活化的实践过程。

2. 教学过程游戏化，给学生以愉悦感。教学过程游戏化有两种方式：将游戏穿插在教学过程中或者以游戏为载体开展教学过程。前者使教学过程多姿多彩，照顾了儿童喜爱游戏的特性。后者使教学过程成为有特定意义的“游戏”让儿童去感悟，成为儿童本能冲动时的体现。

3. 教学关系民主化，给学生以公平感。这里主要解决了四个方面的定位问题。即在认知方面，教者和学者是教学相长的关系；在情感方面，个体和群体是互动互促的关系；在组织方面，教师是导航员和协调员，学生是探索者和创造者；在人格方面，则是师生平等，生生平等。

（六）个性化课堂教学开放的环境

1. 教学信息环境。在教学过程中，教师要乐于接收和善于接收教学反馈信息，做到有一定的灵敏性，有一定的辨别力，并讲究策略，爱护学生反馈的积极性。如对回答问题不准确甚至错误的学生多鼓励、引导，而不是讥讽或指责，教师才能获得不同层次学生的信息，及时、多向、多次地接收信息，适时调控，营造良好的信息环境，激发学生有效传输信息，排除干扰信息，多渠道传输信息，调动学生多种感官协调参与信息的接收。

2. 教学心理环境。教师要在教学中创设良好的教学心理环境。一是激发学生肯定而积极的情绪情感体验，以学为乐，引导学生主动学习的愿望。所谓：“感心者，莫过于情。”注意学生的情绪变化，及时解除不良情绪的干扰；充分发扬教学民主，建立生动活泼、民主和谐的教学气氛；建立和谐的人际关系，巩固和交流积极的情绪、情感；保持积极的教学情感状态，并与教材情感因素有机结合，引起师生情感共鸣。二是树立学习自信心，重视对学习活动的肯定性评价，使学生产生成功体验，教师一句热情而富有鼓励性的话，一个亲切信任的目光，往往会引起学生的兴奋感、愉快感、责任感，产生积极的心理状态。三是形成积极和谐的集体气氛，保持心理安全感，使学生免受集体气氛压抑，不怕说错、做错。

3. 尊重个性差异。日本教育学会会长大田尧强调，必须保障每个儿童“从选择中求得发展的权利”。课堂教学中要给学生自由选择的机会，让学生在教师的指导下，根据自己的才能选择适合自身发展要求的学习内容、学习方法、学习进度，让学生在选择中主动体验学习，伴着学习的热情自主参与学习的全过程。如语文教学中朗读课文，让学生喜欢读哪一节就站起来读，自由发挥；如作文内容、积累词句都应给学生选择的余地，在内容上、方法上、形式上提供适当的选择。可以让学生根据自己的兴趣、爱好，自由地选择一些课程，如鼓励学生采用计算机辅助学习，让学生在电脑上自由选择阅览和完成不同程度的练习，并对学生的学习进度及学习结果及时进行评定，从而安排学生个体的学习过程，促使各层次的学生都得到不同程度的发展，个性潜能获得充分发展。

七、体验式课堂教学的开放

（一）体验式开放教学的理论依据

美国著名的教育哲学家约翰·杜威曾经创造性地确立了四个教育哲学命题：“教育即经验的不断改造”、“教育是一个社会的过程”、“教育即生活”、“教育即生长”。这四个命题其实是一个内在统一体。杜威的这一理论认为，教学不应当是学院式的，而必须与校外和日常生活中的情境联系起来，创设能够使儿童的经验不断生长的生活情境——“经验情境”。在这种情境中，儿童与环境持续地交互作用，进而发现问题，并在教师的指导下自己解决问题。这种“经验的情境”中充满了疑难问题，儿童在参与的过程中不断解决这些问题，其反省思维能力由此不断获得发展。

如果说杜威关于课程与教学的整合是以“实践兴趣”为核心的话，那么当今课程与教学的整合则以“直接兴趣”为核心。“直接兴趣”是最基本的、“纯粹的”兴趣。当课程与教学的价值取向定位于“直接兴趣”

的时候，教师和学生就不再是既定课程计划的实施者，而是课程开发者与教学设计者。课程不再只是“制度课程”，而是“体验课程”。课程的内涵发生了质的变化：课程是“一个情境化的社会过程”；课程是“一系列事件”；课程是“学生有机会学习的东西”；课程是由师生交互作用而产生的“一种不断生成的建构”。

由此看来，学校课程由“制度课程”转变为“体验课程”，在课堂情境中，教师的主导性充分发挥的过程即是教师“创作”课程事件或“创生”课程的过程。在课堂教学中，教师与学生的主体性充分发挥的过程即是共同创生课程的过程。从世界各国课程组织的发展看，组织的宗旨是充分调动学生学习的积极性，即教师为学生提供一个适宜的、民主的、有知识价值的、材料丰富的、有多种选择可能和有探究的、表现创造机会的环境。因此，课程组织的中心工作是创设教育环境。一切有利于学生发展的外部条件都是教育的环境。创设环境就是消除环境的负面影响，发挥环境的积极影响，使学生在一个愉快的氛围中学习，健康地成长。学生的所有生活空间，包括学前教育机构的室内室外环境、家庭环境、自然环境、社会环境等，均是学生发展的环境要素。要培养儿童成为一个自主、自立的富有个性的人，组织的方式必须是把学生放在主人的位置上，让他们在环境中去感受，去体验。在具体的环境中，学生通过自身去体验成功，分享喜悦，甚至体验失败。一般说来，成功的学习经验会提高学生的自我效能信念；失败的学习经验会告诫、提醒学生尽量避免类似的误区。

（二）体验式开放教学的实践探索

1. 创设情境，激发兴趣，体验新知。兴趣是小学生积极主动地参与学习的一个首要条件。在教学中，教师要善于了解学生的学习特点，不断改进教学方法，努力创设各种生动形象的教学情境，从而激发学生的学习兴趣，引导他们积极、主动参与到学习中去。但是创设情境也不能千篇一律。对于低年级的学生来说，可以创设偏重于感性的教学情境，如活动情境、角色情境等。对于高年级的学生来说，则应创设偏重于理性的教学情境，追求外静而内动的教学境界。教师应有意为学生创设有效参与、自主选择的机会。如自学、小组讨论、小组活动、动手实践、表演展示等。为了提高参与的广度，还应该适当加强课堂教学中的个体活动量。让学生读、思、议、划，促使学生动眼、动手、动脑、动口，给学生提供一个人人参与、多感观参与的机会，尽量减少走过场的集体活动。如在语文教学中减少集体齐读，适当增加学生个别的朗读感悟；减少教师与少数优生的一问一答的程式，适当增加人人动笔练习的机会等。

2. 创造机会，增强自信，体验成功。我们形成的开放式的课堂教学，就是把课堂知识性教学、班队活动、课外活动、社会活动有机结合，使每个学生都能发挥自己的优势，并得到成功表现的机会，让每个学生体味成功的快乐。“不求人人满分，只求人人成功”并不是口号和空谈，满分对所有的学生而言，几乎是空中楼阁，但成功却是多种多样的，学习上的满分也只是成功的一种。在教学中，教师必须时时善于抓住学生的闪光点，及时地予以表扬、鼓励，这对学生来说无疑是一次胜利、成功，众多的成功体验，也给了学生多次的自信心理积累，并逐渐形成稳定的自信心理品质。多次的成功体验是自信的开始。

3. 提倡民主，博大胸怀，体验平等。课堂教学中，教师为主导，学生为主体，只是角色的分工，在人格上师生是平等的。教师应该摆脱“师道尊严”、“唯我独尊”的旧观念，从高高的讲台上走下来，深入学生中间，以饱满的热情、良好的情绪和真诚的微笑面对每一个学生，努力把自己的身份降下来，在课堂上摆正引导者的角色位置。让学生体验到教师的平易近人、和蔼可亲，从而乐于和教师交往，主动地参与学习。同时，教师要有博大的胸怀，勇于接受学生的批评意见，允许学生提出不同的见解和观点。对学生的不同意见，不轻易地作出否定的评价。以健康向上的人格力量去感染学生，身教重于言传。

八、综合化的开放式课堂教学

综合化的开放式课堂教学旨在面向学生的未来发展。课堂教学必须向综合化方向发展，打破单科式的教学，以综合实践方式为主，加强各学科之间的联系，为提高课堂教学的效率，提供新的思路和发展空间，体现情趣性、独立性的课堂教学，使学生能够从容地走向未来的社会。

（一）综合化开放式教学产生的背景

教育顺应21世纪这个知识经济时代的总趋势，把培养人的综合能力作为开放式教育的一个重要内容，使整个教学呈现开放状态。

1. 综合化是人类赖以生存的需要。人类要在社会上生存就必须适应社会的要求。人类总是通过周围环境的影响，终身不断地学习和训练自己，通过亲身体验来改变他们的人生观和知识内容。社会发展之初，所需要的知识和能力往往是比较单一的，随着社会的发展，所需要的知识和能力要求越来越高，渐渐地开始趋向综合化。如网络教育的产生，使终身教育转向终身学习，人的独立性、能动性、选择性和创造性更大了。

2. 综合化是社会科技发展的需要。科学技术的发展大致经历了综合—分化—再综合的三个阶段，目前正向高度综合化、整体化和社会化方向发展。社会需要永远是科学技术发展的强大动力。要研究解决任何一个实际的科学技术问题、社会问题，都需要多学科的综合知识与技能，更需要人们提高跨学科认识、跨学科思维、跨学科教育、跨学科人才培养、跨学科研究的水平，以适应现代社会发展的需要。

3. 综合化是复合型人才培养的需要。知识经济的到来不仅仅是对我们教育培养人才的数量、规格提出了要求，更在于改变了我们在传统上对教育价值的理解，创新重于掌握、潜能大于表现等新的观念，它将直接影响基础教育的目标、内容、组织和方式。因为在这样一个世纪中，知识经济对人的依赖更强，经济的发展主要取决于人的因素，具体地说取决于人的知识、能力、心理等综合因素。人的综合性是社会存在和发展的基础，所以，21 世纪更需要人的综合性发挥与发展，而 21 世纪也为人的综合性的发挥与发展提供了条件。

4. 综合化是教育深化改革的需要。21 世纪，人是世界的主人。教育所培养的人才必须超越现实，为将来的社会做好一切准备。同时，教育也应以社会发展的新的特征来建设自身。人不仅是自然界的主人，而且是社会的主人，是自我的主人，这是人类文明史几千年的进步成果。当今社会对复合型人才的需求不断扩大，从而要求在学校教学中加强基础，淡化专业，实行宽口径教学。因此各种学科知识需要在人的生存经验面前接受考验。学科重组势在必行，适当地重组课程，建立一种综合课程，这无疑有助提高教育效率，避免教育浪费，整合教育因素，促进教育创新，以适应时代发展的需要。

（二）综合化开放式教学的特征

1. 课堂的情趣性。兴趣具有追求探索的倾向，良好的学习兴趣是学习活动的自觉动力。任何一种兴趣都是为获得某方面的知识或参与某种活动使自己体验到情感上的满足，而不仅仅是对事物表面的关注。人们在从事不感兴趣的活动时，总伴随一种消极而又厌烦的情绪体验。我们的课堂教学提出“课始情生、课中情浓、课后情未了”，就是要让课堂充满情趣。要使我们的学生从小对学习有一种发自内心的热情，在这种充满情趣的课堂中，教师充满爱意地上课，学生专注而主动地学习，不时迸发思维的火花，人人全身心地投入，或聆听或疑惑，或全心地微笑，或大声抒怀而笑，师生彼此欣赏。教学方法上，鼓励教师引起学生的新鲜感、好奇感、探究感，自由讨论、大胆争辩，师生都享受着一种精神上的满足。学生在这种充满情趣的课堂学习中，用心领悟新知，用开朗的心态领受来自教师的赞赏，获得心理求知的满足，一种对学习的热情便油然滋生，成为一种学习的动力。

2. 课堂的独立性。学生在学校中获得知识的真正目的是，当他需要的时候，寻求怎样获得知识，而不是知识本身。可见，学会学习，比学会知识更重要。那么，如何引导学生学会学习呢？我们不妨从以下三方面着手。一是培养独立思考的能力。独立思考的能力是学生在小学阶段应该具备的最初步的创新精神的萌芽。我们倡导的学风是“学者如渴、以思为悦”，就是强调学生独立思考能力的培养。在课堂教学中，要给学生足够的独立思考的机会和时间，教师不要代替学生思考，或不恰当地运用小组讨论，在没有独立思考的前提下，让学生早早地陷入看似热闹的你一言我一语的“集思广益”中，这不利于形成独立思考的习惯。一个不会独立思考的人就不是一个会学习的人，更不是一个具有创新精神的人。培养独立思考能力，应重在提倡和培养学生发现问题、提出问题的能力，重在倡导学生在解疑过程发表独立见解，坚持自己的意见。二是培养处理信息的能力。当人们面对这个信息的社会时，所接收到的信息非常纷杂，需要人们对大量信息作出适当的决策，才能有效地利用信息资源。在这个过程中，不仅需要对所接收到的信息加以正确地辨别和理解，而且需要根据自己的要求对信息作出选择，在此基础上，重组信息，并且以一定的方式来表达和传播信息。三是教学生掌握一定的学习方法。学习方法的形成并非自动实现，也不能立竿见影，它需要经过教师的指导以及学生自身不断地练习。教师要结合具体的学科内容，选择恰当的学习方法进行教学，精心设计教法与学法协调，根据特定的知识内容和学习目标，指导学生选择合适的学习方法，如教师引导学生解决疑问，也是解疑学习方法的指导和示范。教师培养学生学习前的计划性和准备性，采取有效的预习方法，组织学生对自己的学习过程进行反思，并请学习效果和方法好的学生介绍自己的学习经验和方法。

3. 课堂的自主性。自主式课堂教学是素质教育的核心所在。它是指学生在教师的科学指导下，通过能动的创造性学习活动，实现自主发展的教学实践活动。自主式课堂教学策略强调学生不但要重视学校课内学习，同时还要强调学生课余的自主选择性学习；不但要重视学习书本知识，同时还要强化对社会、生活实践的学习；通过自主学习，使文化知识内化为人文素质，使技能转化为能力素质，并通过实践的锻炼升华为综合素质。教学中突出学生主体地位，引导学生积极参与教学全过程，让每位学生在不同层次得到发展，把单调乏味的学习变为生动、有趣、自主的学习。教学中，引导学生敢于发表不同的意见，甚至争论，鼓励学生大胆创新，把课堂作为锤炼学生成才的舞台。为此，自主式课堂教学注重培养学生的学习态度、情感、意志与能力，培养主动求学、自主进取、积极参与教学过程的学习能力。

4. 课堂的探究性。我们提倡探究性学习，它是一种复杂的学习活动。探究性学习是培养青少年科学素质的重要途径。它涉及观察现象、提出问题、查阅书刊及其他信息资源，以便了解已有的知识，设计调查和研究方案，根据实验证据来检查自己的结论，运用各种手段来收集、分析和解释数据，得出答案、进行解释并作出预测，把结果告之于人。探究活动需要明确的假设，运用批判思维和逻辑思维、考虑各种可能的解释。

（三）综合化开放式教学的实践

综合化课堂教学以专题和综合的形式组织内容。实践方面，我们作了以下的探索。

1. 整合学科知识，进行多元组合。在学校课程中，许多知识既独立存在又相互联系，各科知识也是这样。学科与学科之间由于各自规范化，不同的知识相互割裂，同时，学科注重对理论、对认识的追求，使知识、技能和能力之间也互相割裂。因此，对现行的各科教材中相关、重复的内容进行系统调整，进行多元组合是综合化课堂教学的一种尝试。《初冬》一课，把自然界中的天气现象与语文课中的景色描写结合起来，展示冬季的特征和内在美；《奇妙的颜色》一课，将美术、英语等学科知识综合起来，让学生参与自主式的小组活动，通过动手、动口、动脑，培养学生的合作精神和鉴赏美、创造美的能力；《眼睛》一课，通过教学让学生了解人眼的构造及功能，利用现代化网络技术，拓宽学生的知识面，培养学生围绕一个主题搜寻信息的能力，让每一个学生都尝到成功的喜悦。

2. 拓展教育时空，促进主动参与。教育的概念不仅仅是指课堂中的教育教学活动，它还可以延伸到社会，给学生一个完整的知识世界，通过有效的教学实践，使课堂成为沟通知识和社会发展的快车道。因此，要拓展教育的时间和空间，创造一切有利的条件，让学生在课内习得知识，在课外培养兴趣，再通过课外活动进一步延伸知识，发展能力，促进学生主动参与。《我们爱动植物》《走进低碳生活》等主题活动就是将参观深圳野生动物园、青青世界、仙湖植物园、东部华侨城纳入教学，并请家长一起参与教学活动，从而给学生一个丰富多彩的世界，同时还培养了学生的环保意识。

3. 设置问题情境，激发探究欲望。古人说："学起于思，思源于疑。"作为教师，在课堂上对新知识的引入要根据教材内容，灵活设置适当的悬念，力求创设新奇的心理情境，引发学生对教师所设的疑点产生强烈的探究意向。设置问题情境是指创设与教学内容和学生认知有关的环境条件，以激发学生发现问题、提出问题，使学生进入探究的佳境。它要求在新授内容和学生求知心理之间架起一座桥梁，把学生引入到与问题有关的情境中。从情感角度来讲，使学生产生一种惊奇，产生一种学习的动力，满足学生的好奇心，激发学生强烈的学习兴趣，将学生推到真正的学习主人位置上；从精神上来讲，能培养学生探究、质疑，从而更好地激发学生强烈的求知欲望。例如，综合课《水果娃娃》一开始，教师就把一袋水果装在一个箱子里，让学生动手去摸，凭感觉说说摸到的是什么东西，有什么特征。这个问题既与学生的生活实际有关，也与这一节综合课的教学内容有关。这样就很自然地把学生带到与学习问题有关的情境中，学生便会兴趣盎然地学习新的知识。

4. 联系生活实际，培养综合能力。教育源于生活，又归于生活，教育与生活是紧密相连的。在人类的源初时期，教育和生活是合二为一的，是同一的。教学只有和生活紧密联系在一起，才能激发学生的学习兴趣，调动他们学习的积极性，使他们全身心投入教学的全过程，从而主体精神得以发展。一是导入新知，联系生活。导入是一节课开始时为引入新课，使新旧知识有机地联结起来的教学环节。联系生活后导入新课，就能扣住学生的心弦，稳定学生的情绪，集中学生的精神，激起学生的情趣，还可以起到沟通、激趣、设疑、动情的作用。如《初冬》这节课，教师一开始就说明现在所处的季节正是冬天，让学生谈谈冬天的感受，这样就自然而然引入了新课。二是学习新知，联系生活。综合课中有的知识是以前学过的，有的知识是需要新授的。新授的知识与社会生活联系在一起，学生就容易接受，学起来就快，容易掌握。例如，综合课《这就是我》，通过教学让学生了解自己外貌和性格爱好上的特点，培养学生的自我表现意识及胆量。教师利用“猜猜他是谁”的游戏，让学生比一比，赛一赛，在活动中更好地发挥主动性和积极性，收到较好的效果。三是巩固运用，联系生活。学习不仅仅是让学生学会知识，更重要的是能将所学的知识运用到生活实践中去。把学生引向生活，走出课堂，走出学校，有助于充分理解知识，真正学会知识。

（四）综合化开放式教学的优势

当学校教学体现综合化后，知识的学习变得生动、真实而完整，知识学习的价值服务于学生健全人格的培养，促进人的情意与认知、感情与理性、情绪与行为的发展。综合化教学体现以下优势：一是强调了学科之间的交叉联系，可以帮助学生更好地认识世界，灵活运用各种知识，巩固各学科之间的联系；二是强调教材要使学生学有兴趣，综合化课堂教学把周围生活的要求和学生的兴趣作为课程内容的基础，将课程安排成与学生生活经验有关联的单元课题，并按一定的逻辑顺序排列，便于学生接受；三是减少课程门类，避免各科教学内容重叠和分量过量，不至于使已经冗杂的教学计划再追加新的科目，并且可以使比较落后的教育课程增加生机。

（五）综合化开放式教学的思考

目前，我们的课程不仅与生活联系少，课程之间也缺乏应有的内在联系，出现了“隔行如隔山”的现象。我们认为：课程不仅要与生命有联系，各种课程之间也要互相关联，达到连贯的教育目的。综合化开放教学发展中的课程设置，应通过学习多种带有共性的课，帮助学生把所学的知识与实际生活相联系来完成。

综合课作为一门新的尝试性课程，在西小尚处于探索阶段，有些方面还不很成熟，各学科的融汇、渗透，给综合教学提供了新的思路和发展空间。学校教育应使音乐、美术、语文、数学、外语、体育、自然等学科有机结合，使综合课程形成一种新的课型和育人力量，在开阔视野、增长知识、丰富生活等方面起到积极的作用。

九、案例

案例一　相信孩子，他们会给你惊喜

这节课是一节复习课，我按照课前的预设，复习完数的读写，再复习有关线的认识，最后一个环节是复习角的度量。

我：同学们，你能量出风筝各个角的度数吗?

生：能。

我：好，看谁最快。

话音刚落，同学们纷纷拿出量角器开始量了。这时，天真可爱的耿晗提出问题了："老师，太小了，怎么量啊?"我接着说："是哦，太小了不好量，谁有好办法?"学生思考片刻后，聪明的子冠同学说："老师，把角的两条边延长就可以量了。""多好的办法啊!"我鼓励道。这时，思维敏捷的银杰冲上讲台兴奋地告诉我，老师，我不用量就可以知道他们的度数了。我故作诧异地摸了摸他的头说："这么厉害啊，说说你的想法。"这时全班同学都用期待的眼神看着他。银杰说："老师你看，其实这个风筝图是由两个三角尺拼成的，最上面的角是两个45度的角拼成的所以是90度，左右两边的角是由一个60度和一个45度的角组成，所以它们都是105度，最下面这个角是由两个30度的角组成的所以是60度。"说完后，课室里先是一片寂静，接着响起了一片热烈的掌声。我接着说："你观察得真仔细，同学们有意见吗?"

这时又有一个同学提出疑问："老师，我觉得未必准确。"

"嗯，既然有不同意见，那好，现在请四人小组合作测量一下，看结果和银杰的是不是一样。"同学们又开始合作了。最后汇报结果和开始同学推测的是一样的。

我作小结："所以啊，同学们，遇到问题要善于观察，思考，才可以找到比较好的解决办法。"

接着，我又提出一个问题："请你们观察一下风筝四个角的度数，你能发现什么吗?"学生思考片刻后说："四个角的度数加起来是360度。"

我："说得好，再想想看，长方形的四个角合起来一共是多少度呢?""也是360度。老师，我发现了四边形的四个角的和都是360度。"

我："真聪明！我们再来看看下面的问题：小淘气说他从12点参观

到了下午2点，时针转了多少度呢？（出示钟面）有办法知道吗?”

这时有些学生拿起尺子就开始量。有的学生看着钟面思考。

一个学生站起来说：“老师，是30度。”接连好几个都说30度。我微笑地看着他们。轻声地问：“有不同的意见吗?”

这时又冒出了一个声音：“老师，是60度。”我还是微笑地看着他们。过了片刻，不同的声音越来越多了：“30度”，“60度”……我觉得是时候了，就在黑板上画了四分之一的钟面，接着问道：“如果时针从12时转到2时，转了几度呢?”这时说60度的声音越来越大了。

我：“好，现在请你们说说理由。”

生一：“老师，时针转一圈12时是360度，那么转1时就是30度，2时就是60度。”

生二：“我是这样想的，时针从12时到3时就刚好形成一个直角，90度平均分成3份，每份就是30度，所以2时应该是60度。”

我给他们鼓起了掌，教室里顿时响起了热烈的掌声。我说：“我太感动了，为有你们这样聪明的孩子感到骄傲！谢谢你们!”一节课就在这样轻松融洽的氛围中结束了，孩子们脸上绽放着自信的笑容。

教师要充分挖掘课堂上生成的教学资源，因势利导，尽量给学生提供思维的空间，培养学生的开放思维能力，这样你会获得意想不到的惊喜。

（柯映吟）

案例二 让体验学习促进学生的发展

数学课程标准使用了较多的“经历……的过程”、“获得……的体验”，可见，数学学习离不开个体的体验。体验是一种情感真正投入的学习活动，是学习者设身处地去感受客观事物，它可以使学生达到自我感悟、自我认识、自我升华。因此，获得新的体验是学生学习的需要，也是新课程改革的应有之意。学生体验学习，是用心去感悟的过程。在体验中思考、创造，有利于培养创新精神和实践能力，提高学生的数学素养。

一、实践操作——让学生体验“做数学”

在美国流行“木匠教学法”，让学生找找、量量、拼拼……因为“你做了你才能学会”。“做”就是让孩子动手操作，在操作中体验数学。通过实践活动可以使学生获得大量的感性知识，同时有助于提高学生的学习兴趣，激发求知欲。

如在学习《观察与测量》中的“我又长高了”时，对于“1 米等于多少厘米”这个问题，先让学生估一估，然后让学生在米尺上找一找，说一说，自己探索米和厘米的关系。学生亲自动手实践，就能真正理解，而不是死记硬背“1 米 = 100 厘米”。在教学中，为了加深对 1 米长度的印象，我又借助教室现成的教学资源，让学生动手量一量教室里接近 1 米（讲台的高）、2 米（教室的门）、3 米（窗户的长）、4 米（黑板的长）的物体，加深他们对“米”的认识。

又如在学习《认识物体》中，为了使学生体会平面与曲面的区别，培养学生初步的观察能力和空间观念。在《有趣的拼搭》这一数学活动课中，让学生分组准备各种形体的学具，小组合作学习。首先把各种学具放在一块斜板上“滚一滚”，让学生体会平面滚得慢，曲面滚得快，初步体会到平面与曲面的区别。其次，让学生“堆一堆”，逐步知道“平的”容易堆，而“圆的”很难堆，从中感受到了长方体、正方体、圆柱体、球体这些不同形体的一些属性。再让学生小组合作，一人蒙住眼睛“摸一摸”，另一人“猜一猜”摸出的是什么物体，进一步加深对形体特征的认识，同时也培养了空间观念。

现代教学论认为：学生的发展总是伴随特定的活动过程，可以说活动过程展示得愈充分，学生体验愈深刻，也就愈有利于学生的主动发展。

二、合作交流——让学生体验“说数学”

这里的“说数学”指数学交流。课堂上师生互动、生生互动的合作交流，能够构建平等自由的对话平台，使学生处于积极、活跃、自由的状态，能出现始料未及的体验和思维火花的碰撞，使不同的学生得到不同的发展。因为个人创造的数学必须取决于数学共同体的“裁决”，只有为数学共同体所一致接受的数学概念、方法、问题等，才能真正成为数学的成分。因此，个体的经验需要与同伴和教师交流，才能顺利地共同建构。

如教学“20 以内退位减法”的例题（13 − 9 = ?）时，我留出足够的时间，让学生自主探索，合作交流算法的多样化。一个学生说：“我先拿出 9 根小棒，然后想，添上几根就是 13 根呢？先添 1 根是 10 根，再添 3 根是 13 根。”——用加法想减法；另一个学生说：“我摆出 13 根小棒，先拿起 3 根，再拿起 6 根，剩下 4 根。”——连减法；又有一个学生说：“我摆出 1 捆（10）和 3 根小棒，先从 1 捆中拿走 9 根，剩下 1 根，加上 3 根就是 4 根。”——破十法；还有一个学生说：“我摆出 1 捆（10）和 3

根小棒，先拿起1捆，再放进去1根，得数是4根。”——多减再加法……就在小组的合作交流中，学生自主地探索出算法。可见，让学生在合作交流中充分地表达、争辩，在体验中“说数学”，能更好地锻炼创新思维能力。

三、联系生活——让学生体验“用数学”

数学课程标准指出：数学教学要体现生活性。人人学有价值的数学。教师要创设条件，重视从学生的生活经验和已有知识出发，学习和理解数学，要善于引导学生把课堂中所学的数学知识和方法应用于生活实际，既可加深对知识的理解，又能让学生切实体验到生活中处处有数学，体验到数学的价值。

“购物”数学知识融于生活场景中，充分体现了数学知识在生活中的实用性。例如“买文具”这一课，学生在班级的小小回收站中，把收集的物品回收再利用，卖了一些钱，通过熟悉的生活经验，认识了小额人民币。之后，我就在课堂上让学生来到“小卖部”，给文具标上相应的价钱，如何买才能多买些学习文具呢？你想买哪些文具？要付多少钱？够不够？还差多少钱？应找回多少钱？我让孩子们自己选择心爱的文具，他们顿时精神百倍，马上选好文具并算出了价钱。这时，我再出示书上类似的题目，孩子们都能迎刃而解。通过做这个题目，孩子们以后去商店买东西，都可以自己计算所付的钱数了。我们身边时时处处都有数学，将数学知识运用到生活中，解决实际问题，就能让学生真正体会到数学是有用的。

再如学了10以内的数后，让学生将自己好朋友的电话号码记下，写成通讯录；学了“认识时间”后，布置学生：①和父母玩拨钟游戏；②为自己设计一个快乐的星期天；③写最喜欢的电视节目安排表。学了“分类”后，让学生回家整理了自己的书包、铅笔盒等。数学家华罗庚先生曾说：“宇宙之大，粒子之微，火箭之速，化工之巧，地球之变，生物之谜，日用之繁，无处不用数学。”这正是对数学应用性的精彩叙述。

总之，体验学习就是引导学生主动参与学习的全过程，在体验中思考，锻炼思维；在思考中创造，培养、发展创新思维和实践能力。同时，教师应该深入了解学生的心理，和学生一起历经知识获取的过程，历经企盼、等待、焦虑、兴奋等心理体验，与学生共同分享获得知识的快乐，与孩子们共同“体验学习”，拥抱教学。

（邱小清）

案例三　走入陶艺世界，感悟陶艺文化

陶艺课作为校本课程越来越深入孩子们的心灵了，每次看到孩子们期待的目光，我不禁想到一个问题，怎样才能让他们在玩中创作出好的作品呢？为此，我在教学实践中进行了一些探究。

1. 控制情绪。同学们刚接触到陶泥的时候比较兴奋，课堂的气氛比较活跃，在这个过程中，学生对于造型的要求比较低，他们在乎的是对于陶泥本身柔软质感的一种兴趣。这就要求我们告诉学生陶泥的特性，黏性和可塑性：陶泥是由含有矿物的黏土构成的，具有很强的黏性，这种黏性使得陶泥可以紧密地组合在一起，适当地对其进行搓揉可以让陶泥之间的连接没有缝隙，为陶泥的烧制提供条件，同时也容易粘在衣服上，所以提醒同学们一定要注意不要把陶泥弄到衣服上去；可塑性是指陶泥是可以通过我们的双手或是特定的模具来进行造型的，可以用陶泥制作出千姿百态的造型。学生们了解到了这些以后就能根据自己喜欢的物体来造型。

2. 学习方法。主要有演示法、启发法、模仿法等。在最开始制作陶塑的时候，很多的学生都不知道怎样使自己想法变成现实，我通过演示法把制作步骤清晰地演示给学生看，让学生了解到原来陶塑不是一步完成的，而是要通过手捏法、泥板法等把不同的部位制作出来，然后再把这些部分进行组合，成为一个完整的整体；启发法是通过给学生讲故事、说科学的方法让学生充分发挥他们的想象能力，这样制作出来的陶塑作品有很强的个性，充分发挥了学生的创造力；模仿法是让学生模仿一些优秀的陶塑作品，让学生尽自己最大的努力去模仿一件工艺品，让学生知道自己能够制作出的作品的精细程度，使学生发现自己不足的地方。通过这些教学方法的不断使用，让学生的熟练程度不断加深。

3. 培养习惯。陶艺是和泥打交道的，尘土较大，这就要求学生养成一个良好的学习和行为习惯，保持教室良好的卫生环境。为了让学生拥有良好的环境，在进陶艺馆以前让学生列好队再进去；在课前教师演示制作方法以前不分发泥，教师演示制作后再分发。学生在课堂中制作活动有吵闹的马上收回泥；有些学生玩了半节课，可是什么都没有做，碰到这类情况，教师演示完以后，对过了几分钟后还没有开始制作的收回泥；一节课下来后教室里尘土比较多，每次每小组留两位同学打扫卫生。

4. 创作思路。有些学生做的作品思路太简单，每次制作的东西都很相似，为了解决这个问题，我会在课前给学生讲述相关的知识，要求学生在课前准备好相关知识材料，让学生不打无准备的仗，这样创作起来就更加得心应手。我还用引导的方式贯穿整个陶艺教学、学习的过程，让学生充分发挥自己的主动性，让学生在玩中学习，在玩中创造。在制作过程中让学生融入校园生活，并逐渐形成一个鲜明的主题内容，那就是培养现代城市人的学习和生活的内容。

5. 兴趣活动。我一直努力让学校的每一个学生都接触陶艺，了解陶艺。我们通过设定陶艺兴趣班开放日，让每个班感兴趣的学生在开放日报名进入陶艺馆学习。兴趣班开放日的训练时间为每天早上7：10－8：10，星期二、三、四、五的下午4：20－5：10。兴趣班分成两个班。主要是为了方便学生的学习时间安排。有些同学不能在周二和周四，就选择在周三和周五来。

目前，我们学校的陶艺教学还处在初级阶段。我们下一阶段的目标是编制校本教材，以校本教材为载体丰富陶艺教学活动，并逐步形成西小的一个艺术特色。

（章志辉）

案例四　我们的课堂我们做主

星期三第三节课是语文课。我早早地来到教室候课。班上的调皮生陈辉（化名）坐在座位上，望着我一阵狡黠地笑。“笑什么，这段时间给班里添的乱还少么！”我一边想，一边走过去轻轻地拍打他的肩膀。于是，他笑得有些腼腆，越来越不好意思。

这时他离开座位，从抽屉里掏出一个东西：“老师，你猜，里面是什么？”调皮鬼！我有些生气地望着他：是一个小盒子，褐色的。

“你能拿出什么好东西？”我瞪了他一眼。

“老师，你猜猜嘛！猜猜嘛！”他望着我，央求着，又是一阵嘿嘿地笑。

我拿起小盒子，小心翼翼地看了看，很普通，没有什么特别的地方，只是一个普通的盒子；听了听，也没有声响，应该不会有什么特别的东西。平生谨慎的我端详了好半天，轻轻地揭开盒盖。不知什么时候，身边早已围了一大堆孩子，静静地望着，谁也没有出声。

慢慢地，慢慢地，拉开了，里面好像是个蝎子一样的东西。应该是塑料的。我轻轻地舒了一口气，惬意地笑了。我还怕这个？

“老师，你看！”猛地，我的手被陈辉拉了一下。一只闪着荧光的蝎子“突”地从盒子底下蹿出来，硬是粘在了我的手臂上！痒，出奇的痒！毛茸茸的，还有些滑！天啦，我最怕这些毛毛虫什么的！我猛地把手缩了回来，但是已来不及了，全身如触电般冒出冷汗，身子也不由自主地后退！还没回过神来，教室里爆发出一阵从未有过的欢笑。

“哈哈，老师也怕……”

“老师，假的，假的……”

“老师好胆小，好胆小！”

“吓死我了，吓死我了……”我真的是被吓蒙了，靠着课桌，大口地喘着粗气。不过，我也很快明白过来——孩子们其实早就知道，都是存心来逗我——多有趣的孩子，看到我整天闷闷不乐，竟然想出了这个法子，好家伙！我笑了，一种完全解脱的笑，和孩子们的笑融合在一起，一直飘荡到上课铃响。

应该是上《跳水》第二课时了。可是，不知怎么的，不仅仅是孩子们，就连我也总是沉浸在刚才梦幻般的回忆之中——思绪怎么也收不回来。上《跳水》，不是要引导学生理清事情的起因、经过和结果，启发学生从不同角度去谈自己读后的感想和体会吗？刚才陈辉导演的这一幕，不正好也有起因、经过和结果吗？看到孩子们那副开心的样儿，心里的感受肯定颇多！——如果此时继续上新课，他们的兴趣点肯定不在课堂上。想到这，我环视全班：“你们说，怎么办？”

“先不上新课，继续课间的故事……”

“我们的课堂我们做主！”

“好，我们的课堂我们做主！……我们继续刚才课间的故事。”孩子们高兴得不得了，赶紧把书本摆放好。

“大家回忆一下，谁来把刚才的故事简要地复述一遍？注意要说清楚活动的起因、经过、高潮和结果部分。”话题一抛出来，孩子们几乎全部把手举起来，就连平时最不愿举手的同学也来了兴致。

黄伟霞最耐不住性子，抢着开口了：“看到老师最近不开心，所以我们合计了一下，由陈辉从家里带来了这个带机关的蝎子盒，想在课间把老师逗乐。”

“你刚才说的是起因。我接着说。”陈辉一把接过话题，“虽然我平时比较调皮，但一看到老师，我心里其实挺紧张的，很担心老师不会来揭这个盒子。谁知，当老师小心地看了看，嗅了嗅以后，竟然打开了盒子。当时我好开心！”

“你说得不够全。当老师看到盒子里面是一只塑料蝎子后，完全放下心来，看得出来，他没有一点儿戒备心理，当时还笑了笑，可能在说‘哼，这有什么了不起的’。”一向心细的小女生罗颖望了望我，“老师，是这样吗?”

真是机灵鬼！我望着罗颖会心地笑。

“最精彩的地方应该是陈辉按了机关，让蝎子突然粘在老师手臂上的那一瞬间。”罗文康站起来，“大家好好回忆一下，当时老师吓成了什么样子？我记得他是一边使劲地用手去拨，一边拼命地甩，还跺着脚呢！就在老师脸色都吓白了的时候，陈辉就在那嘿嘿地笑，还有，姜敏仪、张伟俊你们眼泪都笑出来了……我印象最深的是——老师明白过来以后，也跟着我们开心地笑了。我觉得，这时候老师是最开心的，我们也是最开心的！”

……

大家你一言，我一语的，不一会儿工夫，课间的小故事经过孩子们的描述，又重新演绎了一遍。不过，富有童心、意趣的言语所描绘的场景，远比刚才课间所发生的故事还要精彩。

整个课堂，孩子们思维比往常都要活跃，我也轻松了许多。一阵迷失了多日的亲近感涌上心头……不到 20 分钟，《跳水》一文的课堂学习也在平等、和谐的气氛中顺利结束了。至于课后作业，孩子们自己做主，一致要求用笔把课间的故事记下来。之后，便有了诸如《哈哈，胆小鬼姚老师》《开心一刻》《久违的笑》的精彩。

（姚建武）

案例五　拍卖会式的预习

我一直有个习惯，在讲新课之前都要求学生以不同的方式进行预习，提早做到心中有数。这学期开始，我还特设了一项有关预习的书面作业，内容大致包括：自学生字词、摘抄优美词句、赏析语句并写出自己的理解、提出几个认为有价值的问题、收集并阅读与课文有关的资料等。可是新接任的这个班的学生，对于预习似乎不太重视，为了让学生认识到预习的重要性，我决定采取一种特别的形式来落实预习环节，我选择了六年级上册第二单元的《中华少年》这篇略读课文，这是一首表达爱国情感的诗，内容引古颂今，非常适合演讲。在学习这首诗之前，我一直在想：如果要求学生按以往的方法进行预习肯定会枯燥乏味；但倘若我开门见山就强行以作业形式来要求完成的话，学生肯定又会兴趣全无。要知道不建立在充分阅读反复推敲基础之上的学习是达不到预期效果的，如何让学生能与预习亲密接触并与之频频约会呢？

经过反复思考，电视剧里一幕幕古董拍卖场面偶然间闯入我的脑海，我灵机一动，何不把学生对《中华少年》的预习也模拟成一个小小的拍卖会呢？于是我迅速拟定了此次“拍卖”的规则：告诉学生，假定《中华少年》这首诗是一部独立包装的诗集，而且人人都是推销员，都握有一本这样的诗集。每个人必须凭借自己的语言魅力和演讲才能把自己的书推销出去，才能获得一定的奖励。拍卖场地就设在教室，讲的内容要紧紧围绕诗集中所出现的事物、景物、人物来展开，可以有改写，也可介绍这首诗中的社会背景，讲的形式可以是演讲、朗读、评书等。拍卖场内有意购买的来宾（学生）根据推销员对此书的熟悉程度和讲演水平拍出价格。创意是有了，但真正施行起来效果如何，我的心中并没有谱，但路是走出来的，我决定“铤而走险”。

心动不如行动，我把准备这次“拍卖会”的计划和盘托出，顿时教室里异常兴奋和热闹，一改往日的安静和规矩。毕竟是孩子，“拍卖会”出现在课堂上，而且就即将发生在他们自己身上，所以他们表现出的新奇和渴望是在我预料之中的。几分钟过后，我示意他们停止议论。但从孩子们跃跃欲试的表情上不难看出，他们的心里是再也不能平静了，我不禁暗喜。那天恰好是周五，为“拍卖会”的准备占据了最有利的天时，因为这样一来就可以有周六周日两天的充分准备了，信心加上天时，我自信“拍卖会”不成功才怪呢。干脆我把课上剩余的时间也留给他们预习了，乘机也可指导一番，毕竟他们没有经验。我提示同学之间可以相互切磋，多途径查阅资料或咨询，在家也可请教家长或往届的学生。同学们热情很高，向我问这问那的，我忙得不亦乐乎。还有的查字典读课文，就连平日里成绩差的学生也翻起了参考书，看起了注释。看到如此热烈的反响，我似乎品尝到了一丝“成功的味道”。

周一的语文课，学生们都在期待着我的光临，我顺势问："准备好了吗?"立刻就听到他们肯定的回答。我迅速转换成拍卖长的身份，一击板擦宣布："拍卖会现在开始。"话音刚落，立刻有偏爱语文的Z同学走上讲台，清脆流利地发表着他的拍卖演说："各位同学，欢迎你们来到充满诗歌色彩的拍卖现场，聆听我的拍卖演说。大家看（她高举着那个'产品'）我手里握着的，既不是什么珍奇异宝，也不是什么名画古玩；既不价值连城，也非赏心悦目，但它内容包罗万象。你们看，从唐诗宋词到……"其间我观察学生们，先是一阵善意新奇的笑声，继而静静地听，然后是争先恐后地上前演讲。往往是前一个刚要下台，另一个已经上去了，生怕自己的诗集推销不出去。教室里的掌声是潮起潮落，好不热闹。"来宾"也很会配合，很给面子，都一一给出拍卖价格。课堂秩序并未出现我预想中的忙乱。尤其是班上的演讲高手G深情地说："同学们，书是人类进步的阶梯，多读好书吧，尤其是多读像李少白写的《中华少年》这样内涵丰富的书（伴着手势），它如五彩画卷，锦上添花。"更是把拍卖会引向高潮，热烈的掌声几乎淹没了下课铃声，自然她的"产品"取得了最高的拍卖价格。一切似乎都在我的意料之外，因为连平时都不爱发言的学生都敢在讲台前畅所欲言，不甘示弱；但一切又都在我意料之中，因为我了解他们，了解他们的聪明和热情。

这一课令我激动不已：既达到了我预期的目标——让学生定期与预习有个约会，又激发了学生学习的兴趣，训练了学生的表达能力和胆量。我期望，孩子们在今后的语文学习中，始终让"预习"陪伴自己。

（周锦）

案例六　一节"太简单"的课

在《At the mall》单元中关于"go shopping"的单词和句型教学中，我有很多收获。这堂课的内容对学生来说既容易，又不是那么容易。这种说法看来好像很矛盾，为什么呢？就书本上的知识来说，本单元中所有的新单词"balloon"、"ice-cream"、"cake"、"apple"在一二年级课文中已经出现过了。本单元中的句型"A cake, Ben? Yes, please. /No, thank you. Here you are. Thank you."虽然一二年级时并未学过，但是在一年级时，学生已经学过"Here's your …"的句型，所以，本单元的句型对学生来说也不陌生。仅仅掌握好书上的知识是很容易的。但是知识越简单，教师需要充实和注入的新的元素就越多。如何充实一堂内容单调的课，这是我作为教师要解决的问题。

在“Free Talk”后，我带领学生做些游戏：“Flash cards”帮助学生复习学过的单词，看哪一组的学生反应最快。“I say and you do”让学生根据口令做动作，边说边做边玩，在活动中复习句型。

在游戏结束后，我设计了“自己有些累，感到口渴，想喝水”的这一幕：当时，刚刚做完游戏，我表现出很热很渴的样子，说：“I feel very hot and I'm very thirsty.”然后就拿着杯子喝了口水，问学生：“Are you thirsty?”这句话一出口，许多学生很快给了我不同的回应，有的说：“I'm thirsty, I want to buy a pepsi to drink.”有的说：“Me too. Can I get a drink?”有的甚至已经拿出自己的小水壶说：“Excuse me, Can I drink my water?”接着我们讨论了想喝什么饮料，到哪儿去买，派谁去买，怎么买。我通过设计一些肢体语言与口语相结合的环节，调动了学生的视觉和听觉双重记忆。很快学生听懂、学会了今天要学的单词和句型，我又适时把相关句型进行了自然引入。接下来，我创设了购物的模拟情景，学生们自编生活情景短剧扮演生活中的“shop-assistant”和“customers”，发掘“go shopping”时会碰到些什么问题。例如，区分商店的名称，不同的商店运用的语言不同，以及在小商店购物时如何讨价还价，等等。学生们想到的这些问题，有些与我事先考虑的不谋而合，而有些问题甚至连我自己都没有想到。

教学过程中，我还穿插了一些儿歌和英语歌曲。如在购物时，店主总是会叫卖自己的商品。其中我教了一首儿歌《Hot cross buns》，教学生如何用英语叫卖商品。这种形式较好地调节了课堂气氛。学生在这节课中始终兴趣很浓，我也发现自己第一次真正驾驭了一堂好课。

小学英语教师的基本功除了唱、跳、画、演等之外，还要有开放的思维。课后，我真正意识到：语言是一门活的学科，要更多地跳出教材，开放自己的观念，在结合生活实际的基础上把时间交给学生，发挥他们的模仿力、想象力和创造力，让他们真正实现学有所成。

（余秋枫）

案例七　我和外教有个约定

在张云鹰校长提出的“培养现代城市人”的指导思想下，一年一度的英语节拉开了序幕。在“我参与、我快乐、我分享”的目标中，我们的每一个学生感受着英语的乐趣。我们为学生设计了形式多样、内容丰富多彩的英语活动，目的在于突出学生的参与意识，力求做到人人参与，人人快乐，人人有收获；让英语节成为每一个孩子的节日；让每一个孩子在轻松愉快的活动中感受英语，应用英语，享受英语；让每个孩子在活动中找到自信；让英语走近每个孩子，使他们想说、敢说、能说、乐说。

英语节中有一个环节是“外教教你说英语”。那一天，我们请来外教到学校助阵，让外教在全校36个班中每个班级上15分钟的课，让学生们与外教零距离接触，亲身体验与外国人交流的感受。每天外教穿梭于我们的孩子们中，与孩子们对话、交流，或是老外们的一句：“你好!”或是我们孩子的：“Hello! Good morning!”，一声声问候回荡在校园的每个角落，一个个有趣的英语活动在各个教室展开。外教Joan的身影也一次次地出现在我们孩子的眼前，他那标准的英语，他那幽默风趣的表情动作都给孩子们留下深刻的印象。孩子看着外教的金发碧眼，听着地道的英语，感觉好神奇，好崇拜。每到下课时间，孩子们就去寻找外教的踪影，跟外教说着半土半洋的话，一不留神，外教也跟孩子们说起普通话了，那情景，那场面，真让人激动不已。

有个叫张裕的五年级男孩，他总是跟在外教Joan的身后，每天课间他总是找外教练习口语。那天，他拉着外教的手，坐在我们学校大堂的“开放书柜”前，说着英语的故事，他说“Today I will give you a Chinese name, OK?（今天我给你取个中文名字，好不好?）”Joan可高兴了，他用夸张的表情说：“Good! Wonderful! I love you!”同时还用生硬的普通话问道：“什么中国名，你给我?”张裕想了想：“张超，好不好?”又一想：“跟我同姓，我就又多了一个远房亲戚了，哈。”他还不忘中英并用：“张超，超，superman。”外教听了，也许会想：“哦，张超，就是超人的意思，这是对我的赞扬了，我很厉害哦。”“I like it. Thank you very much. I love you.”张裕说得不亦乐乎，还趁机请求外教：“请你给我一个English name, OK?”有些英语不会说，他就用手势表示，外教“张超”领会，想了一下，就给张裕取了“Alex”，他说这个名字也代表很厉害。“superman”！两个人都不由自主地哈哈大笑起来。校园的音乐钟声响起来，课间十分钟结束了，他俩恋恋不舍地各自回到自己的上课教室。

小男孩张裕说着蹩脚的英语，外教张超说着生硬的普通话，但这些丝毫不影响他们之间的交流。我想这就是友谊，这就是交流的魅力。语言没有国籍，语言不分种族。他们就是这样通过手势等肢体语言，交流着、讲述着英语的故事。他们等待着明天的相见，珍藏着那美好的记忆。不知不觉，为期五天的英语节结束了，他们的故事却没有结束，他们期待下一届英语节再会。那天，张裕跑来问我，“钟老师，明年的英语节还能见到那个叫 Joan 的外教吗？我们有个约定，下次我要带他到我家做客，我叫我妈妈做广东菜给他吃呢。”此时此刻，我的心很满足了——英语节中促成了一对“忘年交”。

英语节飘过西小的天空，飘过海洋。在大洋彼岸，可能也有一个人期待着来年再到中国，再到那个叫深圳西乡中心小学的地方，因为有个男孩在等候，因为他们有个约定。

（钟素霞）

案例八　如果我是小老师

在一（6）班教完《认识图形》这课后，我突发奇想，问孩子们：“如果你是老师，你想给大家布置什么作业？”本以为才一年级的孩子，是说不出什么的。但出乎我的意料，孩子们的点子是如此精彩。

课堂还剩 3 分钟，我让愿意当小老师的小朋友自愿上去说。一双双小手高高地举了起来，嘴里喊着：“我来，我来！”教室里顿时热闹起来。

我点了周柏华，因为他的小手快举到我脸上来了。只见他学着我布置作业的样子，压低嗓音说：“小朋友们，数学就在我们家里，超市里，公共汽车上。今天回家后，到各个地方找一找三角形、正方形、长方形、四边形、五边形、六边形。”他滑稽的声音逗得全班哄堂大笑。我却惊讶了，多么了不起的作业！孩子们真切地体会到了数学与生活的联系，他们想去生活中找数学问题，想用学到的数学知识解决生活中的数学问题，对于孩子们来说，这是多么宝贵啊！我马上表示非常赞同这个想法，他的脸上立刻露出了得意的微笑。

数学课代表刘嘉也不甘示弱，急切地想说出自己的想法。她拔高了嗓音说：“我希望我们的作业是回家当一回魔术师，变魔术给爸爸妈妈看。”我连忙赞同这个提议，这可是孩子们最感兴趣的啊！课上，我把三角形变成四边形，又把四边形变成五边形……他们听得可入神了，他们希望把这些游戏也带到家中，边玩边学数学，这可真是个好主意。

一向内向的杨艺飞这回也举起了手，虽然手举得并不高，但我发现了，连忙请她上来。她胆怯地说："老师，我想每个小朋友可以剪一些图形，然后考考爸爸妈妈，要求他们说出是什么图形。"这不正符合孩子们强烈的表现欲望吗？多好的作业啊！它不仅培养了学生的动手操作能力，又让学生在考爸爸妈妈的同时，加深了对图形的认识，同时，也体验到了成功的愉悦。

邹振铨迫不及待地说："老师，我家有副七巧板，爸爸说外国人叫它东方魔板。它可奇妙了。都是由一些我们认识的图形组成的。我建议小朋友都去买副七巧板，拼一些有趣的图案，明天再拼给大家看。"我连忙夸他知识丰富，趁热打铁地介绍了一下七巧板，并大加夸奖邹振铨的建议，希望他们回去尝试拼一拼。

下课了，孩子们的手仍高高举着，我让他们把想做的作业写下来，再交给我。手里拿着这一张张小纸条，读着这一条条建议，虽然有些语句不通，但每一句话都包含着孩子们真实的情感。这节课，让我明白了孩子们真正需要的是什么。

（张丹）

案例九 "身高差"被学生揪住了

"谁能比较准确地报出自己的身高呢？"

舒展说："我的身高是1.47米。"张震东说："我的身高是1.38米。"

"谁能说说舒展比张震东高多少米呢？"

学生暂时还没有学习两位数的小数减法，能算出结果的人不多。

"我知道，舒展比张震东高0.09米。"反应快的刘真脱口而出。

"有什么办法可以验证舒展比张震东高0.09米呢？"

杨换权说："让他们背靠背比一比。"

刘品星说："把尺子竖直放在张震东的头上量，然后看尺子的哪一个刻度和舒展的头面垂直，这个刻度就是他们两人相差的高度。"

我对舒展和张震东说："你们俩愿意上台给大家当'学具'吗？""愿意！"两位"志愿者"雄赳赳走上了讲台。

"谁想上来测量啊？"

"我来！我来！"在争先恐后的自荐声里，我选择了一位文静的女孩。她量来量去，尺子在人家头上有些不听使唤。

“如果需要，你可以找个人来合作。”我向她建议。她挑了热心肠的何羚蓉。

“老师，算不算头发的长度啊？”何羚蓉就爱提问。

“你们觉得呢？”

“体检的时候都是不算头发长度的。”何羚蓉理直气壮地说。

“老师，他们俩的头发一个长一个短，用尺子竖直放在头上量，量不准确。”又有问题了。“有没有比较准确的测量办法呢？”

“老师，可以找一些书和本子叠在张震东的头上，一直叠到和舒展的头面一样高，然后把书拿下来量书共有多高，就知道他们两人的身高相差多少。”

我顺手接过孩子们迅速递过来的书本，发现太薄的太软的书本容易变形，孩子们马上就想到换成厚一点的，六十几双眼睛睁得大大的，静静地盯着一本本书往张震东的头上放，短暂的安静之后，教室里又响起了喊叫声“再来一本厚点的”，“太厚了，太厚了，换一本薄一点的”，“好了好了，不用再放了”，“把书拿下来量一量”。

一阵紧张的期待。在同学们的协作下，莫文大声宣布：“量出的书的厚度是九厘米！”刚好是两人身高差的计算值。

“大家有什么话要说吗？”我等待同学们的回应。

“老师和舒展站在一起，我估计了一下，舒展的身高应该量得比较准确，把舒展的身高减去他俩相差的九厘米，刚好就是张震东的身高 1.38 米，说明张震东的身高也量得比较准。”黄姗姗当仁不让。

“根据他们俩其中一人的身高，和他俩身高相差的九厘米，都可以求出另一人的身高。一个人在测量时出错的可能性是有的，但是两个人同时出错的可能性要小一些，所以从他俩身高相差的九厘米，可以判断舒展和张震东量出的身高是准确的。”邱俊杰毫不示弱。

“照你这么说，正好相反，一个人在测量时量准确的可能性是有的，但是两个人同时量准确的可能性要小一些，所以从他俩身高相差的九厘米，也可以判断舒展和张震东量出的身高都有可能是不准确的。”最爱逆推法的李非当场反击。

“到底谁的意见对呢？”

“下课以后一起量一量就知道了。”

“事实胜于雄辩。下课以后我们就一起去校医室量一量。谢谢两位同学为我们带来了这场有意思的讨论。”

下课铃响了。

那堂课上探究新知后，本来是想让学生做一些选择、判断、填空之类的巩固练习，结果课上到这个环节，我突然觉得就拿学生的身高来做练习岂不更贴近学生的生活实际吗？于是我让学生汇报自己的身高，就生成了上面久久难以忘怀的课堂片断。

课后，我一直在追问“数学课程的本质是什么？”“本课时的学习目标是什么？”“教师的课堂使命是什么？”

“身高差”被学生揪住不放了，到下课铃响了还不肯罢休，学生探究的兴趣和主动精神让我充满惊喜。同时我也开始担心了，课堂教学时间有限，学习任务怎么完成？这样的讨论有没有课程意义？我们的课堂是跟着老师的感觉走还是顺着学生的思路引？怎么处理某节课的具体学习目标与学生数学素质培养的关系？

寒冷的冬天，一群豪猪挤到一起取暖，但各自身上的刺迫使它们马上分开；御寒的本能使它们又聚到一起，疼痛则使它们再次分开。这样经过几次反复，它们终于找到了相隔的最佳距离——在最轻的疼痛下得到最大的温暖。这是豪猪的哲学。学习是一个追求正确结果的纠正过程。数的运算及其他领域的学习，一般来说其思维过程是内隐的，我们不能很好地看出学生是怎样思考的，测量活动则较为外显。在孩子们测量身高、不断寻找真实的“身高差”的过程中，既让我直观地看到了学生原生态的学习过程，也让我看到了学生主动解决问题的潜能和热情。

苏格拉底在两千多年前就说过：“人是一个对理性问题能给予理性回答的存在物。”从自我的感性出发，上升到理性来给予回答，如何更加完善地认识课堂、解释课堂、发展课堂？我还没有满意的答案，我还在寻找。

（羽西子）

案例十 老师的“进步”

上课开始，我出示本班几个优秀学生的书法作品给大家欣赏，学生看了之后都“哇哇”赞叹不已。这时候我引导学生观察分析字形，介绍本课内容，认真读帖，再次强调“赏—读—临—比”四步学习法，以及注意写出笔锋。之后我就进行书写示范。我挑了四个字“申、中、思、天”，将范字展示在大屏幕中。

“‘申’字第一竖起笔在这个位置……”我边范写边讲解要领。写好一看：中间扁扁的“曰”被我写得又方又大。我就纳闷儿了，明明照着范字来的，怎么写得变了样？下面的学生可有意见了，来不及举手就叽叽喳喳地说起来：“老师，您那个‘申’写得不好看！”“中间的部分太大了！”我微笑着向同学表示歉意：“是呀，这个字写得真是不怎么美观。让老师再写一个吧，大家看看我写得有没有进步。”

我转身在第二个格子里又写了一遍，居然又没写好！不过这时我心情却轻松了，因为我发现今天的不顺利其实是很好的教育资源。“老师，您这次写的是有点进步，可是还不够好看。”小机灵唐志说话可不客气，其他同学也连连说是。“嗯，中间的‘曰’上大下小没有很好地表现出来，而且也太瘦了点。不过大家说我写得有进步，我就有信心了。还有一个格子，再给老师一次机会好不好？”“好——”

第三个“申”写好了，嗯，这次写得不错。我还没转过身，就听到下面“啪啪”的拍手声：学生竟为我鼓起掌来！看他们的小脸上都露出了满意的笑容。唐志像个小大人，边点头边赞许说：“老师，您这次写的跟字帖上一模一样！”“老师，您真是一次比一次有进步呀！”“对！老师一次比一次有进步！”……课堂上的角色悄悄发生了变化：我——指导者，正接受着学生的评价和鼓励，而学生——通常是被我指导的角色，现在却成了小老师。

我对学生说：“瞧，老师也不是一开始就能写出漂亮的字来，但是老师会观察，爱动脑，发现自己写得不好就找找原因，而且，老师写每个字都很认真，所以才会一个比一个写得好。”

在接下来的学生练写过程中，我发现孩子们特别认真。当我走过他们身边时，有的孩子还拉住我，让我看看他们的字写得有没有进步。看到他们专注的神情，我的心里有说不出的高兴。

（李冬亮）

案例十一 把舞台让给学生

西小作为国学教育实验学校，在校园文化建设上也融入了各种国学的元素，比如在走廊墙上挂有许多戏剧脸谱。课间，同学们经常到走廊上入神地欣赏各种脸谱，细心地观察它们的颜色、图案和表情，有时候还兴奋地去摸摸它们。

脸谱是中国戏剧中特有的化妆艺术，以写实与象征相结合的艺术夸张手法，鲜明地表现人物的面貌，揭示出人物的类型、性格、品质、年龄等综合特征。脸谱又是一种富有装饰性的图案艺术，具有很高的欣赏价值。而且，脸谱艺术历史悠久，与我们的国学教育和开放式教育有着密切的联系。同学们那么喜欢这些戏剧脸谱，我认为有必要将这些民族精髓艺术和国学教育元素通过开放式教育的手段运用到我们的美术教学中。为此，我在美术课上进行了一次“开放式”的活动课程教学尝试。

这是一节自编的课外美术活动课程，探讨学习的是“戏剧脸谱”艺术。我首先以设问和观看戏剧片段为先导，引导学生通过多媒体观赏一段戏剧片段。此时，我发现学生对戏剧脸谱的兴趣一下子被调动起来了，每个学生都在谈论戏剧中的人物故事。特别在引入小组讨论交流的过程中，学生各抒己见。有的学生说：“这些人物在我们学校的走廊上挂着有，下课我们去看看。”一个学生大声说道：“从颜色和大刀看，这个人物肯定是关羽。”还有的说：“从图案和表情上猜，这个人物肯定是包公……”学生在讨论过程中，一直保持高度的探索欲望。

讨论结束后，接下来该怎样让学生在这种开放式的教学模式下更有积极性和主动性呢？我想，高年级学生观察想象能力和感受能力都很强，也有耐心。在观察事物时能自己思考分析事物，在认识客观世界时具有一定的积极性、主动性。所以，我又提出了一些探讨式的问题，如：“这些脸谱图案的左右两边的形状、颜色、大小有什么特点？”果然不出我的预料，学生都积极地举起手来。还没等我点名回答，大家已经忍不住齐答起来：“对称。”我的内心不禁感叹同学们的观察力真强。开放式的问答，能让学生在猜玩中体验学习脸谱图案的乐趣，掌握脸谱的形状和颜色大小的特点。学生自己在主动探讨的过程中，对戏剧人物的认识已经由感性认识发展到理性认识，由模糊到清楚，能完成由抽象的主观认识发展到具体的理解认识。学生的主体地位得到提高，学生自我表现的舞台更加广阔。

我在课堂上通过投影仪和CAI等多媒体课件播放大量图片、电影片段以提高学生的兴趣。学生一看到课件里的戏剧图片，脸部表情都丰富了起来，原来他们是在模仿戏剧图片的人物表情。“你们想不想当一回戏剧角色？”“想！”“好的，把舞台交给你们！”我马上抓住这个机会，让几个平时比较调皮的学生上讲台前模仿了一回。下面的学生哄堂大笑，我也笑了起来。开放的美术课堂，开放的教学内容，让学生真正直观、快捷地掌握了知识点，提高了学习效率，拉近了学生与戏剧的距离，使美术课与其他学科得以交融、延伸，并为学生提供了表现自我的机会。最后，学生都能在轻松、喜悦的心境下完成脸谱图案的绘画创作，达到了很好的学习效果。

这样的开放式活动课程教学，让我感到十分欣慰：我为学生创造一个展示的舞台，让每个学生在这个舞台上发现美，感受美，创造美，学生的积极性和主体性得到充分发挥，并在创作中获得了成功和快乐。

（钟俊杰）

第八章

凸显信息渠道的开放式教育手段

21 世纪，人类以惊人的速度走出工业文明，步入信息时代。探索信息时代学校的办学模式，成了当今每一个教育工作者无法回避的问题。聚焦开放式教育中的信息化教育是我们的使命。信息化教育属于现代教育范畴的一种新的教育方式。它不只是一种新的教育工具和手段，不只是一种新的教育方法，不只是一种新的教育内容传递形态，不只是一种新的教育组织形式，而是所有这些的综合，是一种新的教育方式。它是一种人—机—人，人机协作，人为主、机为辅的信息时代特有的教育方式。西小为适应深圳市急剧发展对培养现代城市人的需要，在教育实践中注重学生学会利用网络信息技术，有效、快捷地收集数据，以培养现代城市人的信息技术素养，积极创新网络平台。我们在“西乡中心小学二次创业五年发展规划”中明确提出了“与世界教育发展接轨，全面推进信息化工程，实现学校教育优质化”的奋斗目标。学校按照“高起点规划、科学化建设、跨越式发展”的思路，扎实开展学校信息化建设工程。

一、构建学校信息化教育规范

信息化教育，就是在现代教育思想、理论的指导下，主要运用现代信息技术，开发教育资源，优化教育过程，以培养和提高学生信息素养为重要目标的一种新的教育方式。

（一）树立现代教育观

我们认真组织学习了对信息化教育影响较大、较直接的现代教育思想和素质教育观、终身教育观、双主体教育观、创新教育观、情商为主教育观、四大支柱教育观等六种主要的现代教育观。帮助教师革除传统的六个弊端，即忘了学生，忘了能力的培养，忽视现代教育媒体的应用，忽视教学中的非智力因素，上课与谋生不搭界，教学上的注入灌输死记硬背法，从而实现教学上的四个重心转移和四个最佳结合，即从以“教”为重心逐渐转移到以“学”重心，力求做到教与学的最佳结合；从以知识为重心逐渐转移到以能力为重心，力求做到知识与能力的最佳结合；从以传统教学媒体为重心，逐渐转移到以现代教学媒体为重心，力求做到传统教学媒体与现代教学媒体的最佳结合；从以接受学习为重心逐渐转移到与发现学习为重心，力求做到接受学习与发现学习的最佳结合。

（二）明确信息化建设发展方向

我们确定了以教育信息化建设为学校发展的特色与方向，高度重视现代教育技术在学校管理与教育教学工作中的运用，把现代教育技术实验当做重点工作来抓。专门成立了由校长担任组长，分管教学副校长任副组长的领导小组，成员有主管教学、现代教育技术的教学处主任，实施小组成员还有各学科科组长及骨干教师，将工作层层分工、落实，以点带面，合力攻关。并根据学校新发展规划，每学期都将教育信息化方面的工作纳入了学校总的计划。

（三）建立信息化教育管理制度

没有规矩，不成方圆。西小建立了信息化教育管理制度，主要有计算机教室（电子阅览室、多媒体教室及设备）管理制度；功能室管理制度、综合电教室管理与使用制度、课室与办公电脑管理制度、网络中心管理制度、网络安全管理制度；电子资料借阅制度、常规电教设备借还制度、电教设备报修与维护制度、功能室负责人职责、教师使用信息技术评价制度、信息技术培训制度、信息技术应用激励措施，等等。主要举措有：1. 每个功能室都有专人管理，具体落实各功能室的使用，保证各功能室设备的正常运行。2. 每班的教学平台都有使用登记和报修登记，并培养了小信息员负责使用管理。3. 每一件电教设备都有责任人，负责正常使用与保养。4. 每种新的设备正式投入使用之前对教师都有相应的培训，使教师能尽快地运用于教学之中，充分发挥它的作用。

二、信息时代开放了教育渠道

在信息时代，信息和知识总量呈几何级数增长，信息储存、转换和传播实现数字化，信息传递实现即时化和全球化，一切都在不确定性中展开。在这种条件下，传统教育基于文本学习的学习目标、学习习惯、学习方式和学习行为将面临重大的冲击。为此，我们根据“西乡中心小学二次创业五年发展规划”、“‘开放式教育’三年新发展战略规划”中有关信息化建设的具体目标，加强硬件、软件建设，不断完善校园信息化环境。

（一）装备硬件环境，追求品质优良

学校在2002年被评为宝安区首批“教育信息化示范学校”后，不断加大信息化建设方面的投入，进行硬件环境改进。2008年被确定为“广东省现代信息技术示范学校”。

校园网主干达1000兆，100兆交换到桌面，校园网对外采用ADSL与国际互联网相连，校园网共建有近450个信息点，配置优良的计算机407台，实现了班班通；学校现有两间各容纳60人的电脑教室；教师人手一台电脑；开通了与北京师范大学附中、附属小学共建、共享的远程教育网。

各个教室和功能室配备实物投影43台，装备了62吋大屏幕高清晰背投电视40台，常规教学实现了多媒体操作平台化。为了保证学生的听课效果，学校为所有教室、功能室配备了无线扩音系统，换上了无尘自动黑板。良好的硬件设备和多媒体辅助教学手段以其巨大的技术优势敲开了教室的大门，受到广大师生的青睐。

（二）开发信息平台，服务教育教学

建设一系列开放、实用的校园网络平台是基础教育信息化和营造丰富多彩、健康清新的校园网络文化氛围的根本途径，为培养学生思维方式、道德品质、创造能力提供了一个新的环境，为面向全体学生，培养全面发展的高素质人才提供了一个新的平台。

1. 开发学校信息管理平台

学校信息管理平台应体现以人为本的理念，即以教师和学生为中心。在网站开发时避免华而不实，即把网络平台做得很好看，功能很多很全，但是教师和学生都不能参与进来，结果只起到了一个花瓶似的展示作用。我们意识到网络的参与者就是其建设者，只有师生参与了，才能营造一个充满生命力的、张扬个性的、积极健康的校园网络文化氛围。因此，我们所有的设计都尽量为方便教育教学管理考虑，而不是为了把管理平台的功能做得多么齐全、多么复杂，那样就成了“以网络为本，以技术为本”。我们努力使老师们意识到在黑板上发一条通知，与在网络上发一条通知的区别不仅仅是写通知者辛苦一点、看通知者麻烦一点，而是涉及工作方式和信息素养的培养的问题，是全体师生全面参与校园信息化建设的具体表现。我们的校园网使用的信息管理平台，是根据西小实际自行开发和设计的。它具有公文管理、信息管理、文件管理、资源管理等功能，学校利用公文管理系统实现了校园无纸化办公，各处室可根据自己的权限发布、收取和批复公文，每位教师有一个账号，登录系统后可以及时查看、回复各类公文信息。

2. 建设优秀博客空间和学科网站

西小教师积极运用现代信息技术为教育教学服务，建立了自己的教育博客，不断学习教育新理念，积淀教育教学经验，扩大对外交流，提升职业修养。何君蓉老师的教育博客“何家有女”荣获全国中小学信息技术创新与实践活动组织委员会二等奖。学科网站是围绕某一个学科建立的教学与科研的综合性网站，是对教材、课堂的扩展。好的学科网站可以起到“第二课堂”的作用。我们针对各个学科的培养目标设置网站的模块，在学科网站中针对某个学习专题设置为学生搭建开放的、展示个性的论坛，并且在学科网站中建立了统一的教学科研资源库，为老师们构造了一个方便、安全的办公空间。

3. 开发班级、学生个人网站

班级、学生个人网站是学生掌握与应用信息技术的体现，为学生提供了展示自我、阅纳自我的空间，同时也是营造校园网络文化氛围的重要元素。我们通过该类网站的建设，倡导学生文明上网，做文明网民，从而营造良好的网络教育环境，促进小学生身心健康发展。

4. 开发专题学习网站

专题学习网站是信息技术与课程整合的结晶。我们引导教师与学生积极参与到专题学习网站的建设中，不仅培养了师生的信息素养，也推进了网络环境下学生自主探究式学习的进程。

5. 建设学习软件库、图书库

学校电子阅览室为学生提供了丰富的信息资源，海量的教学软件、图书资源让学生畅游其中。网络中心利用下午课外活动的时间向全校学生开放电子阅览室。资源库中有新世纪数学资源库、英语虚拟光盘、书法课堂、电子期刊阅览室、信息技术课堂教学软件——卓软多媒体教学网络系统、信息技术考试软件——卓凡信息技术考试系统等学习软件，容量达500G，电子图书数万余册，课件资源库570G。

6. 建设校园电视台

近年来，西小“西海电视台”已逐步成为展示全校师生校园生活不可或缺的一面镜子、一个窗口。电视台工作得到了学校领导和全体师生的一致认可。“西海电视台”以学生为主体，本着学生电视台学生办的宗旨，多方调动学生的积极性和主动性，让他们参与到电视节目制作的栏目策划、采访、摄像、主持等各环节中，培养出了一支具备一定的电视台节目制作技术、工作认真负责的“西海电视人”学生团队。同时，也培养一些教师成为校园电视台的兼职辅导教师，这些教师的加入增强了电视台的实力，提高了电视台的运作效能。“西海电视台”在较成熟的每周一期校园新闻的基础上，进一步丰富栏目内容，如开设专题节目（含教育、教学、安全教育、英语特色等专题节目）；影视（爱国主义影片展播，经典影片片断，有教育意义的动画片或故事片）等，通过增加这些栏目，达到丰富师生生活、充实学生课堂的目的。“西海电视台”还与少先队工作密切联系，携手共进，扎扎实实地开展学生思想教育工作，使学生精神面貌发生了较大的变化。“西海电视台”还积极与外界媒体联系，加强对外宣传力度，从而提高了西小校园电视台的影响力。

三、提升信息素养成了教师的“第一福利”

适应信息时代发展的要求，需要更新教育观念、调整学生素质发展目标、构建数字化教育平台、培养具有较高信息素养的教师队伍和建立基于数字化教育的实践机制。为此，我们坚持“教师第一”、“培训是第一福利”的理念，以教师信息素养培训为重要内容，以此实现学习方式的真正转变，使开放式教育走上科学、有序、合理的轨道。

（一）培训对象分层

西小现有教师 113 人，队伍庞大，而且信息技术基础知识参差不齐。有些教师已能熟练使用 Authorware、Flash 等软件制作精美课件，而有些教师甚至还只停留在会开关机的水平。面对这种情况，我们通过考查，对所有教师进行能力定位，分为初级、中级、高级、专业级（主要为信息技术教师）、行政级（主要针对学校管理层），并根据教师所处层次进行全员或部分参与的信息技术培训，从而提高了培训的时效性。

（二）培训内容分类

我们针对不同层次的教师进行相应内容的培训。

1. 现代教育理念的培训。思想指导行动，理念的更新在某种程度上比技术的更新更加重要。因此，我们首先对全体教师进行了新课程标准及新课标下现代教育理念的培训，让教师们了解当今教改前沿的信息，使他们懂得教学不是单纯的知识与技术的传授，而是强调师生互动、师生交流，生生交流、自主操作和协作学习相结合，使教师树立基于信息技术的现代教育观念，并逐步提高教师应用信息技术的能力。

2. 各级信息技术技能的培训。对初级水平的教师，培训电脑操作技术和常用操作系统、小软件的使用；对中级水平教师，培训“Word”、“Powerpoint”、“Excel”等Office办公软件；对高级水平教师，培训“Authorware”、“Flash”；对专业级水平教师，组织参加区教育局等组织的NCNE网络管理员学习、国家网络安全员培训等专业级别的培训；对行政部门的教师还要求参加校园管理平台各模块的学习。

（三）培训形式多样

根据培训对象、培训内容的不同，我们采取了形式多样的培训方式。有全校教师集中进行的大规模集体培训，有几十人一起的班级授课形式，也有几个人一组的小组学习（如行政小组、课题小组），还有网上共享学习资料的自主学习、专业教师的外出脱产学习等多种形式。

四、信息技术促成开放式学习行为

计算机进入课堂后，教师的角色发生了改变。教师指导的活动减少，以学生为中心的学习行为占主导地位。在课堂中，学生和教师可以直接利用计算机、影碟机、摄影机、扫描仪、光驱、调制解调器和在线通信服务设备进行开放式学习。信息技术在学习中的广泛运用，不仅提高了学习效果，也改变了学习活动本身。为了培养和提高学生的信息素养，特别是信息能力，我们的做法是采用多渠道帮助学生提高信息素养，积极开发和充分利用教育资源，这些资源主要是现代教材资源和现代信息技术环境资源。

（一）充分发挥信息技术课的主渠道作用

西小一向重视信息技术课程的管理，严格执行课程计划，3~6年级每周安排一节信息技术课。我们把信息技术课作为落实素质教育、贯彻新课程理念、培养学生信息素养的主阵地。

我们教学的主要目的是让学生在了解计算机文化、初步掌握一些计算机基本知识和技能的同时，进一步激发学生的学习兴趣，增强信息意识和创新意识，有效培养学生对信息的收集、处理、应用和传输的能力，培养学生的自学能力和创造能力。我们在教学中时刻注意信息技术教学不仅仅是传授计算机的基础知识，更不是片面追求“学以致用”的职业培训，而是把计算机作为一种工具，来提高学生的素质，培养他们用信息技术解决问题的各种能力。即初步的运用信息工具的能力、获取信息的能力、处理信息的能力以及生成信息的能力等。

西小信息技术教师还积极探索信息技术课堂教学的多种模式，目前比较成熟的有小组教学、合作探究、任务驱动等几种模式。师生均能在上课过程中体会到教与学的乐趣，形成教师爱教、学生乐学的良好局面。杨金辉等老师的《营造信息化氛围，提高学生信息素养》和《信息技术课的角色类型初探》等研究性论文在市、区获奖；《绘制表格》等课例获深圳市信息技术教师优质课奖；黄珊老师荣获深圳市小学信息技术基本功大赛第一名；2011 年 5 月，涂婷悦同学参加深圳市第二十届“六一”信息技术表演赛荣获特等奖，指导老师杨金辉被评为“金牌教练”。

（二）开发信息技术校本课程

在信息技术的学习中涌现出许多学生计算机爱好者，这些学生不满足课堂所学，对计算机的许多专业知识和应用技术表现出浓厚的兴趣。为此，西小通过开展有组织、有计划的课外实践活动对这些学生的爱好给予保护、培养和正确引导，以保证学生在全面发展的基础上学有所长。根据信息技术学科的特点及社会发展的需要，我们在电脑绘画、电脑动画、网页制作、装机 DIY 等几个方面开设了校本课程，并坚持不懈地开展兴趣活动。

西小专门选派出教师教授学生电子作品的创作技法、技巧。在学生平时学习的基础上增加 Photoshop、Coreldraw、Flash、Frontpage 等专业美术设计、动画制作、网页设计软件的学习。随着学习的深入，学生们对电脑及相关技术的兴趣也与日俱增，并取得显著成效。

我们还积极开展校内电子绘画、电脑动画设计、打字、网页制作、装机比赛等活动，以期全方位展示西小学生在软硬件学习方面的成果，同时也可强化电脑绘画、网页制作等优势项目。

（三）把信息技术与学科整合

网络的兴起，为以研究性学习为特征的信息技术和学科整合课程提供了很好的条件。西小利用网络为研究性学习提供了大量的资料，让网络为学生的相互合作提供广阔空间。网络的平等促进了师生交流和教学相长。

在网络为研究性学习提供的强有力平台之上，我们进行了“东西部少年网上手拉手”、“课堂中信息化教学实践模式”、“新课标教学资源库、资源管理系统及其应用模式”等三个国家级课题的研究。其中，“东西部少年网上手拉手”已顺利结题，其研究成果得到上级领导和各界好评，《深圳商报》还以《大站长和小站长的故事》为题对此进行了报道。在对信息技术和学科整合课题的研究过程中，西小学生能够利用信息技术知识，结合自己的兴趣，制成网页，并把自己的学习、研究成果公布到网上。

西小的门户网站是一个综合应用平台，2006 年被评为宝安区“十佳校园门户网站”。校园网站特色栏目“开放式学习平台”、“开放式习作园地”、“开放式创新展台”、利用 BBS 论坛开展对学生进行心理辅导等日益完善。各个学科的科组网站特色鲜明，语文、数学科组网站被评为区优秀科组网站，班级博客、教师个人学科博客均已普及。全体师生运用信息工具、获取信息、处理信息、生成信息、创造信息、发挥信息效益、信息协作、信息免疫等信息能力和信息素养得到整体提高。

五、信息化教育丰富开放式教育成果

在信息时代，人类的学习行为已经超越了教育的实践范畴，但人的终身学习能力需要在学校教育阶段打下基础，学校教育在人的一生发展中仍然起着巨大的不可替代的作用。我们通过信息技术手段、网络教育，积极推进学校教育信息化工程，师生的信息素养得到明显提升。

（一）学生的思想品质得到提升

西小通过信息技术与学科整合课题实验，学生的意志力、责任心、合作精神、自信心、创新意识等方面都有明显提高，初步形成了正确的世界观、人生观和价值观。

表 8－1　信息技术与学科整合课题实验前后学生品质对照表

测试项目	正性回答（%）		负性回答（%）		不一定（%）	
	实验前	实验后	实验前	实验后	实验前	实验后
意志力	68	85	12	6.7	20	8.3
创新精神	65	93	20	4.5	15	2.5
合作精神	70	91	17	5.5	13	3.5

续表

测试项目	正性回答（%）		负性回答（%）		不一定（%）	
	实验前	实验后	实验前	实验后	实验前	实验后
责任心	80	95	8	3	12	2
自尊自信	72	96	15	2	13	2
宽容豁达	80	93	13	3	7	4
人生观、价值观	76	89	13	4	11	7
对社会重要事件的了解程度	70	95	16	3	14	2

（二）学生信息素养得到提高

表 8－2　西乡中心小学学生近四年信息素养对照表

调查时间	上网获取信息能力（%）		利用软件处理信息能力（%）		网页制作（发布信息）能力（%）		获奖人次
2007 年 9 月	会做	优秀	会做	优秀	会做	优秀	143
	36.30	15.60	12.10	5.60	10.00	7.40	
2008 年 6 月	会做	优秀	会做	优秀	会做	优秀	416
	76.60	31.50	76.60	47.90	37.90	17.50	
2009 年 1 月	会做	优秀	会做	优秀	会做	优秀	609
	83.33	61.50	83.33	57.90	60.48	32.67	
2009 年 6 月	会做	优秀	会做	优秀	会做	优秀	847
	92.66	80.28	93.66	76.93	81.52	51.94	
2010 年 3 月	会做	优秀	会做	优秀	会做	优秀	964
	94.30	82.60	94.70	79.80	84.20	56.80	
2010 年 11 月	会做	优秀	会做	优秀	会做	优秀	1137
	97.30	84.40	96.10	82.30	86.90	61.40	

（三）教师信息素养、多媒体辅助教学水平得到提高

表 8－3　西乡中心小学教师近四年信息素养对照表

调查时间	具有校园网络办公的能力（%）		CAI 课件的制作能力（%）		计算机辅助教学的能力（%）		多媒体教学开出率（%）
2007 年 9 月	会做	优秀	会做	优秀	会做	优秀	42.00
	49.80	34.90	25.88	12.94	78.43	31.37	
2008 年 6 月	会做	优秀	会做	优秀	会做	优秀	75.00
	84.20	58.82	65.10	44.71	100.00	64.12	
2009 年 1 月	会做	优秀	会做	优秀	会做	优秀	85.67
	96.92	78.82	90.92	85.39	100.00	81.11	
2009 年 6 月	会做	优秀	会做	优秀	会做	优秀	94.70
	100.00	87.82	95.92	92.39	100.00	88.11	
2010 年 3 月	会做	优秀	会做	优秀	会做	优秀	95.80
	100.00	91.20	98.50	93.60	100.00	90.60	
2010 年 11 月	会做	优秀	会做	优秀	会做	优秀	96.30
	100.00	95.40	100.00	95.70	100.00	93.20	

（四）校园网络应用系列平台成果丰富

1. 西小学校主页域名为：http：//xxzxxx. baoan. net. cn，以应用为主，功能简明实用，操作方便；各部门、各科室、各教师都拥有管理账号。

2. 建立了一批凸现学科特色、展示教师个性、辅助学科教学的学科网站，如陈福娣老师和信息科组合作的利用网络进行德育教育的专题网站“畅游中国”受到学生及家长好评，李勇群老师的网络整合课《爱心小超市》获区一等奖，等等。

（五）造就了一大批智慧型教师，促进了教师专业化发展

我们要求教师在课堂教学中必须贯穿“任务驱动、课程整合、分层指导”的教学思想，尊重每一个学生的人格，相信每一个学生的学习潜能，相信每一个学生都有进步和发展的愿望，认识每个学生都具有不同的个性，相信每一个学生都有属于自己的创新思维。总而言之，注重学生的全面发展和终身发展。

在工作中，教师们探索和积累了大量信息技术与课程整合的经验，通

过学科课程把信息技术与学科教学有机地结合起来，将信息技术与学科课程的教与学融为一体，将技术作为一种工具，改变传统的教学模式，提高教与学的效率，极大地激发了学生的学习兴趣，扩大了教学容量，提高了课堂教学效果。

以研究“课程整合”为工作目标，以课件开发、小组研讨、观摩课、学习和培训为主要形式，以学校网站“教研在线”模块作为主要交流媒介的网络教研，促进了教师自主研讨与专业成长。

信息技术类大赛是各校展示信息技术教育成果、教育信息化工作绩效的主要形式之一。西小历来重视组织师生参加各级信息类大赛并取得丰硕成果。

在历届“全国中小学信息技术创新与实践活动”中西小学生的获奖人数均居全市前列；在深圳市历届网络夏令营活动中，西小学生的获奖人数均居全市前列；在宝安区历届信息技术节上，西小学生的获奖人数均居全区前列；在近四年的学生信息技术全区统考中，西小学生的测试成绩均居全区前三名。2008 年至 2010 年，全校共获国家级奖励 517 人次，省级奖励 26 人次，市级奖励 509 人次，在全区各中小学中名列榜首。

“办信息化教育，创现代化名校”是我们的奋斗目标，如何在现代教育思想、理论的指导下，运用现代信息技术，开发教育资源，优化教育过程，以培养和提高学生信息素养，是我们坚持不懈的探索课题。

六、案例

案例一 精打细算游深圳

“孩子们，明天就是我们期待已久的校外实践活动了，如果下雨，那可有点麻烦了。所以……”我话未说完，一个迫不及待的声音说道：“明天是晴天，而且最高温度有 32 度呢！”我一瞧，又是那个被称做“网虫”的王正在喊。我有些好奇地问道：“你是怎么知道的？”“上天气预报网就可以啦，可以知道未来七天的天气，还能知道同期历史天气状态呢！”“哇，知道这么多呀！”“那网络除了方便我们了解天气，还可以给我们带来哪些方便呢？”这时另一个同学站起来：“老师，我爸爸在当当网上买书，打六折呢！”“真省钱。”另一位女生抢答道：“我妈妈在淘宝网上买衣服，她说便宜好几百块呢！”“看来，我以后也得上网买一些东西。”另一个孩子激动地说：“我昨晚还看到了在东北的奶奶，通过视频聊天看到的！”……孩子们争先恐后七嘴八舌。

我赶忙说：“同学们，看来网络真好。昨天，老师一个朋友就在网络上与我聊天，并说中秋节三天假期想来深圳玩。让我给安排一下行程。这个任务，同学们能不能帮助老师一起完成呢？”“能。”“那好，请同学们通过以下网址，发挥你的聪明才智，制订一份详细的旅游计划。比比谁制订的计划经费最少？看看谁推荐的景点最受欢迎？我就与我朋友按谁的计划游深圳。”

只见一只只小手快速地按动鼠标，点点这个，按按那个，脸上流露着兴奋的表情。在每个学习小组中，有一位同学专门负责 Word 版面设计，他将其他同学在 Internet 中搜索的资料和图片纷纷插入其中，搜集资料的同学忙完了自己任务也会到“版面设计师”旁边指手画脚……

当下课铃声响起时，大部分同学纷纷带着自己小组的“成果”举起小手兴奋地望着我。有些在“旅游方案”中设计的景点真的令我心驰神往。还有个孩子站起来说：“老师，相信我，我的方案肯定会让你们玩得开心的，要不要试试？”看着孩子们一个个充满诱惑的“旅游方案”，我的心陶醉了。

下面，是我撷取的孩子们的几个“旅游方案”。

1. 报团游格式

行　程	天气情况	景点介绍	住宿条件
第一天	晴	游锦绣中华·民俗村、科尔沁草原、漂流，晚上欣赏专场民族歌舞晚会。	金晖嘉柏酒店
第二天	晴	游欢乐干线：欢乐谷，激情荣获 1999 年世界水公园金质奖的玛雅海滩，感受亚洲第一座四维电影的魅力，游华侨城生态广场，喷泉，商业步行街，世界之窗。	金晖嘉柏酒店
第三天	晴	参观银湖旅游中心相思林公园，野生动物园，海上田园风光，金威啤酒厂，滨海大道，红树林。	

2. 自驾游格式——海滨生态游

车窗外是绵延的海岸线和一路的绿树青山，澎湃的海浪，金色的沙滩，碧蓝的海水，清新的空气沁人心脾。

主要景点：仙湖植物园、弘法寺、明斯克航母、大梅沙、小梅沙海洋世界、下沙滩、南澳海鲜街、桔钓沙湾、西涌。

建议行程安排：

第一天，上午从上海宾馆出发走滨河大道—罗沙公路—鹏兴路—莲十路—仙湖植物园（约 20 分钟车程），在仙湖植物园可以观赏到罕见的化石森林及3000 多种珍稀植物，让您不由地感慨大自然的沧桑变幻。在仙湖弘法寺可以烧香许愿，吃斋菜。

第二站：莲十路—鹏兴路—盐深公路（到田东市场右转）—海山路—明斯克航母（仙湖植物园至明斯克航母约 15 分钟车程），明斯克航母是前苏联第二代航空母舰基辅级成员，在此可以感受独特的军事文化。

下午走深盐路—盐坝高速—小梅沙海洋世界（明斯克到小梅沙大约 30 分钟车程），在海洋世界可观赏数百种近万条珍稀鱼类，鲸鲨馆、海贝馆等为您展示神秘的海底世界，还可以观看精彩的海洋动物表演。

晚餐可以在盐田港海鲜街享受新鲜美味的海鲜，稍作休息后可以乘海上观光巴士感受大海的浩瀚，海风的清凉，海阔天空的壮美让您心胸顿时开阔……

晚上可入住南澳大酒店，也可到有无敌海景的金沙湾大酒店入住，夜晚可到下沙滩观海景或在海边烧烤、饮酒，惬意而浪漫。

第二天上午，南西路—环岛路到桔钓沙湾，这边的海水清澈而透明，是风景迷人、人迹罕至的景区。

第二站，环岛路—南西路—西涌，这里的沙滩干净而细腻，可以在海滩上玩沙滩排球，下海游泳，抓蟹，拾贝壳。

中午到南澳水头海鲜街吃中餐，还可以在水头购买各种海特产。下午返回市内。

3. 主题游格式——欢乐满城

深圳最精彩的闪光点，尽在充满乐趣的主题公园。身临其境，惊险刺激的娱乐给你超快感的体验，风光如画给你非凡的美观享受，特色各异的民族风情给你无限惊喜，节目应接不暇，轮番上演，精彩不断。一起来吧，加入狂欢的人群，在另一个世界挥洒爱玩的天性，彻底享受自由与轻松。

乘坐欢乐干线，游览华侨城景区：看世界，世界之窗带您开心环游；玩转世界，欢乐谷把欢乐进行到底；了解中国，锦绣中华和中国民俗文化村让您大饱眼福；接触航母，明斯克航母世界让您一偿所愿；拥抱海洋，大梅沙海滨浴场风景如画。

线路参考：

第一天：东部华侨城、大梅沙海滨浴场。

第二天：锦绣中华·民俗村、世界之窗、华侨城生态广场、蛇口古炮台。

第三天：欢乐谷、欢乐干线。

（杨金辉）

案例二　和动物一起和谐生存

黄鹂鸟立在枝头欢快地叫着；鱼儿在水里优哉游哉地游着；青蛙完美转身扑通一声跳到了水里；苍鹰展开双翅在蓝天翱翔；猎豹飞快地追逐群羊……一切看上去和谐自然！学生被精彩的《动物世界》片段深深吸引，随后我播放了一组动物遭到迫害的图片。在播放的过程中，我向学生说明由于环境的恶化，人类的乱捕滥猎，各种野生动物的生存正面临着各种各样的威胁。近100年，物种灭绝的速度已超过了自然灭绝速度的100倍，每天都有100多种生物从地球上消失。而它们的灭绝会导致许多有助于农作物战胜恶劣气候的基因归于消失，甚至引起新的瘟疫，由此所造成的损失是我们永远也无法挽回的。

随后学生纷纷踊跃发言，表达自己的观点。有的说：“我们要和动物和平相处！”有的说：“如果地球上只剩下人类，说明生态平衡已经遭到破坏，最终人类还是会灭亡的，因此保护动物就是保护人类自己。”还有学生说：“有些人把稀有动物抓住后，有的被吃掉，有的被剥了皮做成了各种皮革用品，它们太可怜了，我们绝对不能肆意捕杀动物。警察叔叔要把那些乱捕杀动物的坏人抓起来。”“老师，我们应该保护环境，因为保护环境就是保护动物的家，归根结底动物就得到了保护！”……听了学生们的发言，我说：“同学们说得真好！作为学生，我们除了自己做到爱护动物、保护动物，我们还可以通过对保护动物的宣传，让身边的人都自觉地加入到保护动物的行列中来。下面我们就利用 Powerpoint 软件做一个保护动物的宣传课件吧！”

首先，我要求学生确定课件的主题和风格，于是各个小组都活跃起来，边讨论边在纸上写着画着；然后，我请他们通过互联网搜索引擎查找宣传课件所需要的图片、文字、声音、视频等素材；最后，我把设计要求和注意事项告诉学生。在完成前期工作之后，学生便迫不及待地按照自己的需求进入互联网搜索起素材来。他们在“百度搜索”里迅速输入关键字，点击“图片”或“网页”或“视频”或“新闻”的选项，找到合适的素材后又飞快地进行“拷贝”与“粘贴”或“下载”的操作。还有很多同学打开了“动物保护网”、“环保网”……他们聚精会神地阅读着网站上的信息，有时也会相互发表自己的看法，进行一些小小的讨论……

十几分钟很快过去了，学生已经按预期搜索到了自己想要的素材，并进行了一些简单的归类，此时已经有学生开始制作起课件来。他们熟练地新建一个幻灯片文档，迅速地在幻灯片上添加文本、图片、视频等素材，并进行颜色的搭配与位置的摆放。

“铃铃铃……”下课铃声响起，同学们都舍不得离开，一边讨论着一边继续创作自己的作品。他们如此地热爱动物，热爱生命，让我很是感动。

（黄珊）

案例三 走进低碳生活

“金丝猴，多么漂亮机灵！”学生们看着视频中那些可爱的金丝猴，接连不断地发出惊呼和赞叹。但接下来他们又看到：由于人类的盗猎、伐木、毁林开荒，这些仰鼻金发的金丝猴濒临灭绝了。人类对森林的乱砍滥伐导致大量的物种灭绝，仅在热带森林中每天至少就有一种物种正在消失。世界上的生物物种正在以每小时一种的速度消失，全世界约有3.4万种植物和5200多种动物濒临灭绝。孩子们的眼里流露出怜惜、难过的神情。

这堂课，我提出的研究主题是“我们如何走进低碳生活”，旨在对学生进行保护环境、保护动物和节约能源的教育。我让同学们先以小组为单位进行探讨并作记录。于是，学生们你一言我一语，纷纷讨论起来。每个小组的同学都有明确分工，轮流进行讨论记录。

经过5分钟的讨论后，各小组派代表到讲台前汇报该组的讨论结果（各小组的每个成员必须轮流作汇报展示的代表，由各小组长安排）。第一个上前汇报的小组代表绘声绘色地讲：“低碳生活，必须从我们每个人做起。我们要随手关灯，不用电时记住拔掉插头。打开冰箱时，快拿快关冰箱门。风扇、空调不用时，把风扇、空调关掉。空调温度不能调太低，保持在26度。剩菜放冰箱前要先冷却再放进冰箱。养成良好的用电习惯，我们就可以节省很多的电。”

“非常好！这个小组是从节电方面来走进低碳生活的。老师非常赞同你们组的观点。下面我们来听听另一个组的同学是如何走进低碳生活的。”我说道。

“我们组提倡节约用纸，我们的草稿纸正反面都要充分利用。少用一次性制品（木筷、纸杯、纸巾等），随身常备筷和勺。减少垃圾，进行垃圾分类，回收资源。用电子贺卡来取代送给老师、父母的纸质节日贺卡。多种树，保护森林。我们就是这样来走进低碳生活的。”

我大表赞同：“你们组提出了独到的见解。棒极了！”

“我们组建议少坐电梯，多爬爬楼梯；少买衣服，多吃素；少开车，多选择步行或者骑自行车；中火煲水；买电器时，先看该电器的能耗。”

“我们组发现学校洗手间门口的水龙头经常在滴水，有的水龙头还流出像珍珠串般的水。过去一拧，原来是可以拧紧的。所以我们建议用完水后一定要把水龙头关紧。”

……

听了学生们精彩的汇报后，我请他们通过手抄报的形式把他们对低碳生活的理解以及如何走进低碳生活的想法宣传到全校师生中间去。每个小组分工协作出一份宣传低碳生活的手抄报。接着我给每个小组5分钟时间讨论版面布局、画图、查找资料、誊写文字资料。同学们开始借助Internet 强大的搜索引擎查找自己需要的资料。只见他们很快在键盘上敲出相关网站：低碳生活、保护环境、保护动物、节约能源……接下来，每个小组的同学一起对查找到的资料进行比较、筛选，其中有一位同学作着记录，还有一位同学在 A3 白纸上布局，最后由组里画图漂亮的同学负责画图并配上相关的内容。孩子们团结协作，专心致志，精心设计着手抄报。

下课铃响了，有的小组已经完成了，还有的小组根本没注意到下课铃声，继续全神贯注地做着。我相信，低碳生活正在融入他们幼小的童心。

（曾玉屏）

案例四　那一次的偶然

“受—不—了—”终于有人忍不住大喊了出来，发生什么事了？原来，是“叮叮、当当、咚咚、嗒嗒……”20 多种乐器同时奏响，弥漫了整个奥尔夫音乐室……

那天下午，我和往常一样与学生在奥尔夫音乐教室进行打击乐训练。师生问候后，学生安静着，就连平时最淘气的“小乐器”也乖巧起来。我说：请同学们去挑选一件自己喜欢的无音高打击乐器，然后坐回原位保持安静。不一会儿，手鼓、棒铃、三角铁、卡巴萨、多音筒……每位学生手里都有一件乐器了，有的还拿了两三件乐器放在身旁准备着，“叮叮、当当、咚咚、嗒嗒……”20 多种乐器同时奏响，弥漫了整个音乐室长达数分钟，直到有学生几次喊“受—不—了—”，教室才恢复了安静。

这次我一反常态微笑着说：“同学们表演得真精彩，竟能把《受不了》一曲演绎得如此出神入化，实在是高！来，给自己拍拍手鼓励一下！”同学们懵了，掌声迟迟才响起。我说：“我准备了一个开心、好玩的游戏，不知道大家是否想试试？”顿时学生的讨论声、乐器声再次打破原先的安静。我没继续往下说，也没制止他们的讨论，这时有个学生站起来说：“林老师，是什么游戏那么好玩，快说，快说！”吊足了他们的胃口，我便先请刚才用特别快和特别慢的速度演奏三角铁的学生表演，其他同学谈感受。有的说不好听，有的说太快了，有的说太慢了，有的说敲得太用力了，有的边说边演示起来，学生各抒己见，课堂气氛格外活跃。我说：“现在请同学们自己尝试一会儿快、一会儿慢、一会儿强、一会儿弱、一会儿开始、一会儿停止的演奏方式，寻找你乐器最美的声音。”学生练习结束后，我让他们围成一个大圆，轮流演奏自己的乐器，经过观察、模仿和探讨，他们了解到，同一乐器运用不同的力度、速度来演奏，它发出的声音是不一样的；不同的乐器组合能产生新音色；美的声音离不开音色、节拍、节奏、力度、速度和情感等音乐要素。听完学生的讨论后我说："大家都说得很好！你们在无意中创作了《受不了》，是因为在创作时，不担心自己会犯错，只把自己所想的用自己喜欢的方式表达出来。即兴创作实际上没有错误，你们敢于尝试我觉得很棒。"这时，有人提问说："林老师，为什么我就觉得不好听还很吵、耳朵都受不了呢？"我笑着说："由于人的听觉承受力是有限的，加上刚开始在演奏时，我们没有合作，没有主次，没有把乐器美的声音演奏出来，只是把它敲响而且是发出难听的声音。当这些无节奏、无组织的声音组合在一起，就成了噪音。谁也受不了长时间的噪音，你们说对不对？"学生纷纷点头。

"那么如何创作好听的音乐呢？请小演员们看我的指挥来演奏。"说完，学生在我的细心引导下，通过观察、思考和合作，演奏出优美的音乐。正当大家都忙得不亦乐乎时，突然有一位学生站起来大声说："林老师，我想来试试指挥可以吗？"听到孩子的话我高兴极了，因为孩子发现了属于自己的音乐，我连忙说："现在让我们用热烈的掌声请出今天的小指挥，请小演员们准备。"在这位学生的指挥下，音乐时快时慢，时而像平静的湖面吹起微微清风；时而像奔腾的江水，气势磅礴，滔滔不绝。音乐让孩子们陶醉着、快乐着和享受着，最后一个渐强的结束把音乐的情绪推向极致。当音乐停止时，掌声再次响起。没等我说什么，就听见同学们在嚷嚷："太神奇了，好玩，好玩！""我也要做小指挥，老师选我、选我！""完美音乐的诞生，是作曲家和演奏者共同合奏的精品，现在请带上你的乐器，轻轻地转过去找你的合奏伙伴，小声讨论谁当指挥，谁来当乐手，一起合作创作完美的音乐，十分钟后分组展示。"我说。此刻，课室里少了难受的噪音，多了优美的乐音和孩子愉快的心声。

接下来，一组组的表演，一阵阵的掌声。下课前，我说："一开始的《受不了》现在回想起来怎样？"同学们异口同声地回答："难听死了。""那你们刚才的演奏呢？""好受多了"，"好听多了"，同学们回答。我说："现在来给你们刚才创作的音乐起个有趣的名字吧！""那就叫《好受多了》吧！"有同学提议说。其他同学也纷纷附和、点头表示赞同。于是，一首有趣的《好受多了》就这样诞生了。后来经过大家的反复修改，我们把它正式被编为奥尔夫器乐合奏曲《欢乐的阿里郎》的引子乐段。

那一次的偶然，让我在探究奥尔夫音乐教学的路上，增添了信心，开放了思维。它让我体会到，音乐课堂上孩子不一定很乖、很安静听讲，但贵在老师引导有方。课堂上师生互动、生生互动、学生自主参与十分重要。当课堂上某一音乐活动出现“乱”的情景时，老师要保持冷静与理智，不要强行制止，因为当学生有大胆的想法和行为表现时，也正是他们创造思维活跃开放时，我们要学会抓住时机，通过诱导来保护和维持他们的创造热情。这样往往能使课堂生成意想不到的精彩。

（林良志）

第九章

提升生命价值的开放式教育评价

开放式教育是建立在“以学习者为主体”的实践性研究基础上的，是伴随开放的社会而产生的，因此，学生评价的开放是开放式教育的重要组成部分。

小学教育是终身教育中的起步阶段，学校教师绝不能把评价作为将学生分成三六九等的标准工具，而要将评价作为帮助学生进步的推动器，这样的评价能在学生从事学业之初就为学生所喜爱和接受，并使学生在教师的帮助下不断地发展自身的个体目标，最终成为高素质的人才。学生评价的开放是通过对多元信息分析，对学生的道德品质、科学文化、劳动技能、身体心理和兴趣爱好进行整合性评价。目前西小初步形成了以学生发展为取向，以鼓励学生对其发展的过程主动负责，引导学生主动选择学习方式，以克服学习障碍为目的，师生情感互动，注重过程管理的评价方式。学生评价已经不再只局限于对记忆性知识的考核，而着眼于关注学生全面素质的培养和创造潜能的培养，珍视学生的生命价值，尊重学生的自主意愿。

一、开放式教育的评价目标

今天，素质教育是以实现全体学生全面生动的发展为目的，结合学生特定的年龄、认知水平和生活环境确定相应的目标。当我们将学生作为一个独立的人来对待时，检测目标不再是一组生硬的数字，而是对一个个充满活力的生命的关注，于是伴随而来的就是各种各样非预期的结果，在实现目标过程中就必然会产生众多发展中的问题。过程的不可确定性，使评价呈现出开放式的特征。

从学业评价的对象来看，我们研究的是个体的持续发展，因而评价也必然会表现出个性化的特点。目标是阶段性的、发展性的。按照人的需求理论，个体目标在实现过程中，人们会针对不同时期，不同的起点，不同的环境，作出相应的调整，或提升，或降低。试想，当学生初始目标设定过高，在实现过程中必定会带来极大困难，这种目标的难以达成，挫伤的是学生的意志和信心；同样，当目标设定低于个体发展水平时，人可以轻而易举地达到目标，这时的目标就又不再具有激励性，结果是使人放松对自己的要求，停滞不前。因而我们每一次对既定目标的调整必定是使目标更贴近学生的“最近发展区”。尤其是小学生，他们正处于从幼儿期到少年期的重要转折时期，蕴藏在体内尚未呈现的主体意识和由来已久对成人的依赖感，使其对自身缺少一个清醒的认识，要引导他们学会了解自己、主动发展自己，这是每个学生成长的引路人所必须要承担起来的职责。

因此，在学生接触评价之初，教师就要用行动告诉学生什么是发展性评价。教师要满怀希望地对待学生，使其相信天生我才必有用。才虽有大小，但在多元社会中每个人都有其存在的价值，正是人与生俱来的差异性，才造就了世界的和谐与平衡。我们在评价中着重探索了三种操作方法。

（一）心灵沟通法

教师将小学阶段目标，分解成若干具体的小目标，在学生发展的关键阶段，适时地提前介入目标的内容，让学生带着目标前进。在学生成功时、挫折时，教师用一个眼神传递一份关怀；双方的一个勾手，许下一个约定。教师轻轻的一次耳语，激起一份信心；微微一笑，给予学生一种鼓舞。学生在师长情感的鼓励下快乐成长。实践证明，这种方法适用于情感细腻、胆子较小的学生。

（二）榜样激励法

教师根据学生的实际情况，利用学生乐观向上的主流心态，运用榜样的力量，在学生不同的成长期，树立不同的楷模形象，适时对学生进行教育，鼓励学生超越他人，帮助学生在原有基础上，努力地跳一跳，实现跳跃性发展。这样可以使学生在生动的榜样力量激励下，从小学会以他人之长来鞭策自己不断进步，积极地促成自我主动成长。这种方法适用于自身能力较强，有相当独立性和进取心的学生。

（三）指导说理法

说理法是指通过摆事实、讲道理，提高少年儿童养成教育的认识，促进养成教育实践的一种教育方法。俗话说，道理不说不明，真理不辩不透。少年儿童的养成教育只有晓之以理，才能导之以行。

二、开放式教育的评价过程

学习的意义不在于最终获取了什么，而在于学习过程中的投入以及能力的增长，因而在学业评价中，我们淡化了终端评价，强化了过程中的形成性评价。运用形成性评价，及时修正完善每一个正在进行的教育活动，让学生明白什么样的学习生活是有利于自身发展的，让学生学会根据自己可接受的方式接受教育；让教师明白，什么样的教育方式让学生乐于进入，能促进学生的主动探究，有利于培养学生的创新精神和实践能力；让家长明白，在构建学习型家庭中，家长要扮演什么样的角色，要怎样以身示范，才能有利于培养孩子自主学习的良好习惯。

为了实现评价过程的开放，我们不独立占有评价的特权，让学生、家庭、社会参与到评价的过程中，各司其职，真实记录学生在所有时间段内的表现，从而使过程性记录的信息源成倍扩大，这种评价形式，有助于学生学做真人，持续进步。

小学生可塑性强，就如每天新升起的太阳，所以评价必须持续给予学生前进的目标。我们允许学生矫正偏差，当获得大家认同时，可以要求更改评价结果，其中包括学习情况。记录表中也可以采用补分制的形式，真实地留下其进步的轨迹。反之亦然，从而体现评价的平等性原则。这种公开记录过程，及时向个人反馈评价结果，开放评价各个环节的做法可以使特长学生扬长避短，体验成就感，让困难学生得到帮助，获得机会，恢复自信心，从而鼓励每位学生愉快地面向未来。

我们对学生进行书面考试评价时，可以采用开卷或闭卷的形式，我们还采取了问答式的口语考试、单独对话评价等形式。我们还针对不同的内容采取不同的评价方式，如在批改作业和评语中，不简单地使用“优、良、中”等，而是用一些激励性的语言，比如“精彩”、“真棒”、“你真行”、“太妙了”……对每个学生都给出最合适的评价，使他们充满自信。又如，在习作评价中为激起学生的写作兴趣，有的老师还采用一些诗句来评价，看到学生立意新、结构美的文章，就用“欲穷千里目，更上一层楼”鼓励嘉奖；对有的习作严谨程度不够，就用“千呼万唤始出来……”当然，写此类评语一定要把握分寸，让学生能从诗句中明白自己习作的优点和不足。

三、开放式教育的评价内容

分析原因，我们发现，评语产生的过程是教师的主观意志转化为思辨结果的过程，学生完全是评价的客体，处于被动的境地。评价往往也是千篇一律的教条式语言，很少有个性的内容，让人感到难以亲近。于是，作为评价对象的学生，同样可以认为，既然评语源自教师的主观，我就同样可以置之不理。教师认真地撰写评语，但认真的过程却不产生积极的效应，这不能不说是教育的悲哀。这就要求我们改变评价方式，即以开放式的评价代替原有的封闭式评价。让教师的爱体现在一个个可感知的动作、语言上，让学生生活在爱和希望之中，这样才能保持学生各种兴趣的持续增长和良好品格的逐步形成。我们要求教师从学生的情感需要出发，改变评语的评价角度，自觉将自己作为学生成长中的引导者、朋友，使评语能因人而异，体现明显的个性特征。西小在实践探索过程中基本形成了指导式评语、谈心式评语、激励式评语三种类型。

（一）指导式评语

指导式评语模式是在教师对学生了解的基础上，在学生原有的发展水平上为学生指出新的发展方向，但发展的指导性意见可以不是命令式的。教师要以商洽的口吻，让学生发自内心地接受，并形成向新目标奋斗的决心。这时的教师仿佛是一位慈爱的长者，又像是一位亲切的大姐姐在与小弟弟、小妹妹轻声耳语。这种类型评语写作的基础在于教师平时对学生细致观察，以学生最希望达成的目标为切入点，给学生指出一条实现理想的快捷途径。语气可以是启发式、磋商式。

如“××同学：想得到一把开启知识宝库的金钥匙吗？许多同学是这样做的：上课专心+作业认真+不懂就问+举手发言。你做到了吗？快朝这个方向去努力，定能得到这把金钥匙。”“你待人真诚，每次见到老师就会热情地打招呼；你关心同学，别人有需要时你都会伸出真诚的双手；你上课认真，学习努力。但你知道吗？你有一个小‘毛病’，那就是你做作业贪快，字迹潦草，要是你在完成作业的同时，把字写得更端正，那该多好啊！”这些都属于这一类型的评语。指导式评语在评语方式中最具普遍意义，它以其清晰明了的表达，给予学生明确的帮助，实现了给学生一个目标、一个方法、一个鼓励的评价目的。

（二）谈心式评语

谈心式评语方式，是通过文字性描述，将教师对学生的细致观察记录下来，展现在笔端，真实地反映学生一段时期内思想发展主流、行为特征的评语方式，我们称之为体现评语者对学生的深深关怀，以实现师生心灵间情感的沟通，让学生在娓娓动听推心置腹的谈心中，体会到教师的拳拳爱心，成为激励学生主动发展的重要力量。

这种以具体的描写和亲切的对话方式写成的评语，让学生体会到教师对学生日常生活的关注、成长的关切和悉心的指导。教师常采用以鼓励与指点相结合的写法，有助于学生增长信心，同时给学生和家长指点迷津。这种方式既尊重鼓励了学生，又对学生进行启发式教育，使评语在评价过程中产生了特殊的导向作用。

如："默默无声的你，总是踏踏实实地干着。不是拾纸屑，就是发本子，凡是小队长的工作，你总是抢先完成。每当看到你高高地举起手，大胆的发言，教师真为你高兴。抱病坚持学习，又让老师为你担心，每次看见你难受的样子，老师们真不忍心，大家知道，你是一个要强的孩子。"

又如："你活泼、热情，给老师留下了很好的印象。你是一个有进取心的女孩，有是非观，你的字越写越好，你的习作进步也不小，这些都很好。不过，你知道吗？小××，你容易受别人的影响，不善于克制，所以你的进步一直是阶段性的，时好时差。你如果能始终成为队员们的榜样，该多好啊！"

（三）激励式评语

激励式评语是通过肯定式的语句实现对学生取得成绩的欣赏，借助于有激励性的语言，给学生指出一个更高的目标，鼓励学生向更高更好的方向发展，实现超越个人已有基础的新飞跃。写作时一般教师用极具感染力的语言，尽情赞扬学生的成绩，再以充满信心的语句，对学生指出更具挑战意义的奋斗目标，激起学生强烈的向上心。

如"××同学：你就像一条丝带，小朋友们就像一颗颗珠子。只要这条丝带起到以身作则、互帮互助的好作用，这些珠子就会和丝带做好朋友，永远串在一起，就成了一串闪闪发光的珠链，好美！我希望你发挥'丝带'的作用，当好我的小帮手，行吗？"再如，"你是个聪明的孩子，脑子里总装着千千万万个为什么；你是个勇敢的孩子，即使面对针头，也一声不吭；你热爱老师，看到老师喉咙嘶哑了，你会默默地把草珊瑚含片放在老师手心；你关心同学，谁借文具你都不拒绝，难怪大家都喜欢你！如果上课发言前能先举起你的小手，老师看着多么欣慰！”这些都属于激励式评语。

评语内容改变之后，学校记录下了学生学业评价手册下发以后的真实一幕：当手册发到孩子手中，学生们不再淡然对之，几个细心学生发现全新的教师评语，兴奋地嚷开了，一时间全班同学都沉浸在喜悦的体验中，继而开始搜寻老师的视线，在师生眼光的交汇点上，评语不再是生硬的评判，而是教师智慧的结晶，学生心理的安慰。

四、开放式教育的评价策略

（一）自我评价与交互评价相结合

根据事物变化的决定因素取决于内因的哲学原理，在学生学业评价中必须要引进自我评价与学生间、师生间的交互评价，以取代传统的教师单向性评价。让学生以自我激励为起点，经历自我诊断、自我调整，最终实现自我教育，这将大大提高学生的自信和自尊。教师、家长应相信学生，了解学生。评价中引进生生、师生的交互评价很有必要，让彼此在相互发现中相互学习、相互激励，学学相长、教学相长，对促进人的发展有极大激励作用。

（二）学习主体与学习环境相结合

中国历来重视学习环境的建设，古代就有孟母三迁的故事。小学生处于人生重要的成长期，他们幼稚、好奇，易接受新鲜事物、好模仿。为营造良好学习环境，西小作了诸多实践探索。例如，通过榜样教育，让学生自发形成良好的学习习惯，仿效科学的学习方式；学校直接听取学生意见，对教师进行评价，让教师自觉改进教学方法，优化教学行为；通过“我想对您说”启发学生评议家长的学习状况，大手与小手相牵，共建学习型家庭，这样在学生、教师、家长之间形成了促进彼此改进工作与生活的信息链，相互作用，使学生在学习型环境之中学习，更有利于学生良好素质的从小养成。

（三）简单性与系统性相结合

评价的目的是为优化学习的过程，而非获得评价的结果，因而将评价过程复杂化，挤占有限的时间，有本末倒置之嫌。我们在实践中采用阶段突破，以点带面，有效延伸，使评价活动尽可能避免繁琐性，同时我们坚持关注以学生的纵向发展为主，系统地记载学生的发展道路，帮助学生乐观地与昨天比、与自己比，让学生满怀希望面向未来。

五、开放式教育的评价方式

开放式评价方式是以记录学生认知发展情况为重点，是小学生在他人帮助下，修正自我在学习过程的方式、方法、情感。

（一）学生自评

这是学生自我激励与实现自我教育的主要方法。学生在发展过程中，及时对自身成长过程的有利因素和不利因素作出思考，同时寻找指导者，这时教师的帮助不再是教师主观的行动，而是学生的内在要求。自我评价是学生发现和调整自我成长方式的重要途径。

（二）生生互评

这种评价通过学生对彼此优点与长处的发现，有利于学生自觉地在向他人学习过程中发展自我。学校在实际操作中，赋予生生互评应有的权威，一般来讲，学业评价中关于学生学习态度、能力的评定结果，均由每月一次学生互评获得。通过观察，我们发现，小学生完全可以胜任评价自我和他人的工作，同时我们更高兴地发现，童言无忌是小学生的突出优点，学生之间真诚的相互评价，促成了学生间的相互学习，也帮助学生严格地要求自己。这种借他人之长处来提高自己的能力，是现代人的必备能力，有利于促进学生全面素质的提高。

（三）观察交谈

人的发展具有个性化的特点，只有当评价工作深入人心时，评价才会产生积极的作用。在评价过程中，所有参评人员都要做细致的观察工作，对学生的点点滴滴作如实的记录，评价事实才能具有真实性，才足以说服被评价者心悦诚服地改变自己的言行。对于评价结果产生后，同样不能用简单的方法去压制人，只有通过双方细致亲密的交谈，在深度会谈中倾听彼此的想法后，达成心灵的沟通，评价才会产生改变人的神奇效果。

（四）师长参评

教育是全员性的，学生是受教育者，教师和家长更是肩负双重责任的角色，学校不能独占评价权，而置家长于被动的地位，教师与家长参与评价的时机，要以有利于学生发展为原则。师长同时参评有利于学生学做真人，从而真正走出一条“5 +2 >7”的教育模式，提高教育的效益。师长的评价做到多元化、情感化，学生就乐于亲近，评语就成了教师送给学生的一面整衣冠的镜子，而不是一次对学生强烈的威胁控制；是教育者给学生的一次成长中的指导，而不是严厉的斥责；是给学生一份信心的良机，而不是显示教育者权威的契机。

六、"学生成长记录袋"

传统教育评价中，教师作为评价的主体，学生处于评价的客体位置，评价成为教师制约学生的法宝。这种评价主体的单一性，影响到了评价结果的合理性。要使评价对学生起到积极作用，就要求信息源采集的全面、准确，要使评价信息来源呈现多元格局，评价主体也必须是多元的。全面的信息采集包括学生的学习态度、学习基础、学习环境等。评价结果要对学生成长起到正确的指导作用，首先要求信息是可靠的。要实现信息的可靠，就要求所汇集的信息来源是准确的。学生的成长是学校教育、家庭教育、社会教育共同作用的结果，所以评价参与者也必须是多元开放的。

我们以多元智能为逻辑结构设计"学生成长记录袋"。力求简约精练、覆盖主要课程、体现评价特色。具体做法如下：

第一，四个项目。（1）学生档案。包括学生个人、家庭、学校等方面的内容。如我的自画像（"嘿！这就是我"），可以贴照片也可以让学生画自画像；我爱我家（"瞧！这就是我的一家"），可以贴全家福的照片；我爱学校（"看！我的学校真不错"），可以画校园一景。每个栏目都配上精练的文字介绍。（2）多元智能。按照多元智能理论，分为八个子项目：语言智能、逻辑—数学智能、身体—运动智能、音乐智能、空间智能、人际关系智能、自我认识智能、自然观察智能。每个子项目中的内容由相关教师根据课程的特点进行设计，突出地反映学生每项智能的真实情况。（3）成长足迹。主要是对学生一学期来的思想、学习、生活等方面作一次阶段性评点，指出下阶段努力的目标。设有"我对自己说"、"同学对我说"、"爸爸妈妈对我说"、"老师对我说"等栏目。（4）心灵独白。主要是让学生以成长日记的形式对自己的思想、学习、生活等方面进行反思性剖析。考虑到低年级学生的特点，我们把成长日记定位为写几句话或写一段话，以文字和拼音为主，以其他形式为辅。

第二，四个原则。（1）主动性原则：记录袋中收集的材料，由学生、教师、家长共同完成，在教师和家长指导下，主要由学生自己选择，把主动权还给学生。(2) 形象性原则：记录袋中尽量使用直观形象的小图案、小图标，附上简明扼要的操作说明，使学生一看就懂；尽量采用贴一贴、涂一涂的方法，使记录袋便于操作。(3) 全面性原则：把学生发展的一般性目标分学科落实，教师根据学科特点设计各种表扬卡。如“背诵能手”、“口算高手”、“故事大王”、“长跑冠军”等；或设计各种小图标，如“五角星”、“小红花”、“红苹果”等，让学生自己收集、粘贴。(4) 激励性原则：“学生成长记录袋”的评价方法，以学生自评、互评为主，教师、家长参评为辅；以激励性评价、形成性评价和发展性评价为主；以突出学生的个性，发掘学生的潜能为主。

我们在具体操作过程中，结合学生学业评价手册的运用，探索形成“人人都是教育者，人人都是教育评价者”的格局，突破了评价局限在学校内的传统做法，探索形成以学生为主体、教师为指导、家长参与的机制。学生通过对自己在校情况作出评价，开始十分关心自己的行为与评价结果之间的相应关系，从而使评价起到了导向和制约学生行为的作用，也让学生明确了评价是学习生活中的重要环节，自己是评价的主人。

七、促成学生学会评价

在开放式评价中，人人都可以成为评价者，人人也可以成为被评价者。对小学生来讲，只有学会评价，才能参与到评价中去。教会学生评价的基本技能，并引导他们适时地参与评价，这是推行多元评价的基础。在培养学生评价能力的过程中，我们将重心定在了课堂教学中，让学生在评价中学会评价，在实验中形成师生、生生交互性评价，实现教学相长。

(一) 在参与中学会评价

这种参与评价的形式，是让学生主动提前介入教学。即鼓励学生在评价中发展能力，提高兴趣。这就要教师放下架子，不独享评价的特权，让学生选择最有利的时机，或成为学习的主体，或成为评价的主体。在学生学习过程中，必然会经过感知、领悟、反省几个过程，学生会对自己认识知识的程度作评价，也会针对教与学过程中的种种情况提出评价。

我们的做法就是借助教师示范性评价，吸引学生产生对评价的兴趣，领会评价原则和基本方法，然后主动参与评价；在集体性教学活动中，通过学生间充分的学习交流，相互启发，逐渐形成学生的自主学习和参与评价的能力。通过独立性自我评价，让学生在自我评价和自我矫正活动中，促进认知能力的发展，使评价成为个人学习活动的有机组成部分，也使教学活动表现出师生互动、生生互动的特征。通过教师评学，学生评教，实现教学相长，使课堂教学涌动师生双方的智慧与激情。

其中我们重点抓了“学生参与教学的充分性”指标，设立了学生求异答案出现人次，对教材、教师教学质疑人次，对教师评价学生的再评价合理性等几个具体评价指标要素。经过几个学期的培养，学生初步具有了对学习过程中存在的疑点，对教师的授课、学生的思考过程，甚至教材大胆地质疑、评价的能力。如在二年级“习作教学”中，学生对教师提供的一幅插图提出了意见，小红伞与蘑菇外形完全不一样，大灰狼不可能看不到。自然课上学生学习桥的内容时，充满渴望地问教师：“老师，您还知道关于桥的其他知识吗？世界上还有哪些著名的大桥？它的建筑特色是什么?”这样的课堂就能有效地激发学生的求知欲，促进学生自主学习。

（二）在教学中学会评价

西小把实现教学相长的突破口定在课堂教学上，以学生对教师评价的反评价为抓手，培养学生求真知和多元求异的思维能力。为此我们建立了新型课堂教学十大评价标准，其中强调教学时间分配的合理性；学生学习的兴趣性；教学过程中学生参与的充分性；学生良好习惯培养的有效性；课堂师生关系的民主性；学生对事物判断的选择性；学生之间的合作性；学生口头与动手能力培养的可见性；学生对基础知识的理解与接受性；学生思维发展与创造性。

语文课上，教师对一个学生的朗读表示肯定，就会有另一个学生提出：“他读得有些问题。我比他读得更好。”

科学课上，关于浮力实验，学生细心地发现老师对物体加以外力时，没有将物体压到容器底部，实验结果不可信，于是科学的操作就在师生互评中产生。

音乐课上，对于学生表演，师生共同评价，相互修改、出点子。在师生相互评价、互补纠正中，学生提高了体验艺术、表现艺术的能力。

实践课上，在探究植物果实如何传后代时，学生通过网络，自己寻找资料，再对收集的资料进行归类整理，在教师不断激励中，相互评议，学生在极大的兴趣中寻求知识发生发展的过程，最后终于获得了符合科学规律的结论，从而让每个学生体会到成功的喜悦。

课堂教学在师生互动中，闪现智慧的火花，从而优化了外部评价环境，使学生体验到教师和周围学生对自己的关注和尊重，民主的课堂教学开始展现。

（三）在评价中学会评价

小学生处于步入人生的起始阶段，评价要从学会评价自己开始，只有对自己了解了才能为自己寻找到最有利于自身发展的方式和空间。在对自己综合素质的评价中，学生通过对指标内容的学习，了解社会对小学生的基本要求；通过对个人活动的记录，让学生明白什么是持之以恒；通过对自己一段时期经历的反思，让学生明白，成长就是在不断改进中进步的，人的成长是没有止境的。这种通过学生自我评价所产生的效益，要比让一个成人告诉孩子该怎么做所产生的效益多得多。因此让学生学会评价，首先应从评价自我开始。

小学生进校学习，最让他们感到兴奋的是相遇众多同龄伙伴。学生们在与同伴交往的过程中，逐步形成了合作能力、交际能力等多种社会生存能力。同时，我们还要创造条件让学生在与人相处中形成初步正确的评判标准，这就要从评价他人入手，在评价他人的活动中，我们引导学生评价同学，学会发现他人，诱发学生观察分析他人的意识和愿望；引导学生评价教师，培养不唯书、不唯上的胆量，使学校教育真正实现培养学生的创造能力和实践能力；引导学生评价家长，实现小手牵大手，共建家庭文明。实践证明，学生之间的相互评价形成了学生间正确的是非标准，有利于形成良好的班风；学生对教师的教学质疑，有利于形成教师民主、平等的教学观，促进教师加强业务研究，优化教育艺术；学生对家长的评价，有利于家长严于律己，促进家长自觉做终身学习的模范，不少家长就是在孩子的督促下不断地进步的。

八、案例

案例一　让孩子放飞心灵的翅膀

昨天下午放学后，我去了A同学家家访。他是一个父母亲都不在身边的典型的留守儿童。在学校，他虽然学习成绩不大好，但很听老师的话，他性格温和，很少违反纪律，对于交给他的一些班级事务，他都能认真完成。可是，经过昨天与他爷爷奶奶和姑姑的交谈，我才看到了另一个与学校表现截然相反的他，在家里谁的话也不听，经常顶嘴，脾气暴躁，动不动就发火，谁也不怕。

从他爷爷的口述中，我知道了一些他家里的情况。四年前，父亲用摩托车载着他和妈妈在西乡立交遭遇了一次严重的车祸，当时他和父亲安然无恙，而受伤严重的妈妈在医院里整整昏迷了四十天才醒过来，之后就神志不清。家里已经为他母亲治病花去了二十多万。从那以后，他的学习生活几乎都由爸爸、爷爷奶奶照顾着。听到这里，我心里说不出是种什么滋味，一个刚刚十岁的孩子，却要承受家庭的这种变故，可见他的内心有多痛。他一向是个听话懂事的孩子，可因为这件事，他有时甚至以发脾气来表现自己对家庭变故的不满。他从此看不起自己的妈妈，认为她不能像其他同学的妈妈一样来照顾自己，不能和自己进行心灵的沟通与交流，少了很多本该有的母子故事。

四年了，他一直就这样生活着。而从这学期开始，他的父亲在外地工作，一个月难得回来一次，姑姑现在跟他生活在一起，照顾着他的学习。可是，据了解，他并不领姑姑的情，不听她的话，跟家里所有人作对。回家喜欢看电视、看动画片、玩电脑游戏，有时喜欢到楼下跟同学玩其他游戏，当奶奶不给他零花钱时就会大发脾气。

家访结束我离开时，他奶奶特意送我到楼下，又跟我私下里聊了十多分钟，才讲出了这些真心话。希望我能帮助他，改一改他的脾气。我真的感到很惊讶，因为在学校他是多么的听话，文静，在家里却是判若两人。

我想，也许他本身心里很压抑，对家庭现状有许多的不满，也许他非常羡慕别人有一个正常的母亲，可以跟他交流，辅导他的学习，周末带他出去玩……而这些是他不敢奢望的呀。他看不起妈妈，看不起爷爷奶奶，说他们没文化，也许有一些自暴自弃吧。

孩子这么小，可心灵上承受的却如此沉重。我想，作为一名教育工作者，我有义务帮他走出心灵的困境。结合平时所学到的有关家庭教育指导方面的知识，我采取了以下措施。

1. 用正确评价树立孩子的信心

针对家访情况，我完全可以批评他，但我很快打消了这个念头，因为我知道：处于儿童期的学生，其内心世界的自我评价意识迅速增强，独立意识强烈，这种现象本身是一种进步，应给予肯定。因此，平时在学校，只要能捕捉到一点 A 同学的进步，我都对他给予肯定，并引导他自己学会评价自己，以便让他从内心深处知晓自己的优、缺点和长、短处，从而有效地扬长避短。我深知，像A这样在学校和家里判若两人的学生，老师更要加强对他们自我评价的心理指导，让他们及时发现自己的优、缺点和长、短处，并对他们的点滴进步大力地宣传表扬，以帮助他们树立信心。他在家对长辈的那些无礼，实际上是一种不自信的表现。

2. 用关怀帮助弥补亲情的缺失

我特别安排了一个学习成绩好的同学和他坐，并时常提醒他上课认真听讲及时完成作业。他如果有不懂的地方我会仔细地教他。课后还鼓动同学们主动跟他玩。我想，只要用心地去做，时间可以见证成绩。在学校和家里都得到了关爱、温暖的A同学，渐渐地不再像以前那样了。他的父亲又专门为他请了家教，每到周末便去补习基础知识。平时放学后，我还特意给他讲解当天没听懂的知识。于是，他的成绩逐渐有了起色，由原来的二三十分进步到五六十分。第二学期期末考试，他的语文成绩达到了九十分。他的生活、学习习惯也渐渐朝好的方向转变。可见，人的一种行为成了习惯，自觉性也就养成了。

3. 用锻炼机会呵护自卑的心理

无论是在课内还是课外，我都经常给他一些锻炼的机会，比如上课时鼓励他积极举手发言。一旦发现他跃跃欲试的样子，我就会把一些较为简单的问题让他回答。在班级的活动中，我就把他和那些比较乐于助人、善于沟通的同学分在一组。这样他渐渐和同学亲近了。每次与A谈话后，我就会时刻注意他的变化，哪怕只有那么微乎其微的一点点，但在我看来，都是一次惊喜，毕竟他在变化着。更让人想不到的是，在一次我与他的谈话中，他主动向我讲述了他内心的种种想法，而我也为此感到由衷的高兴。在以后的日子里，班里的一些活动，我总是尽量安排他多参与一些，并且让一些同学帮他策划和准备。同时，我也跟他家里经常保持沟通，及时反映他的表现情况，并做好跟踪记录。现在，他的变化也相当大，特别是班里新转来一名同学时，他主动要求跟他坐在一起，后来他们还成了很好的朋友。这让我感到十分欣慰。

在当今物质化的生活里，我们深感孩子心理健康重要性。它需要我们全身心的付出和良好的做人态度来为孩子的心灵以培育和感化。为了孩子的健康成长，我们应该更加关注孩子心灵的需要，让他们张开心灵的翅膀自由地飞翔。

（周锦）

案例二　静待花开

静待花儿朵朵开，不让一个学生游离于集体之外，教师应该有“当别人想依赖，我正在靠近”的教育睿智。

曾经有个从西小其他班转入我班的男孩，他人未到，我却早已耳闻其大名：他在以前的班级里不肯做作业，爱无事生非，更让人无法理解的是喜欢乱动他人的东西，一遇到心仪的还要据为己有，可他在父母面前却能表现得很乖巧，常让家长产生教师有诬陷孩子的错觉……

当家长带着孩子出现在我面前时，我脱口而出：“呀！多帅的男孩子！”“你的数学老师说真得舍不得你走呢！”“我很高兴能得到这样聪明的学生，老师欢迎你！”……一刹那间，孩子那透亮的眼神告诉我：真诚增添了彼此的信任，真爱激发了他的斗志。

开学后，这孩子中午在学校用完餐后就在教室休息，刚开始那一个多星期，不是张三说丢笔了，就是李四说掉修正液了，甚至还有人悄悄地告诉我说那孩子翻别人的书包……我把他叫到身边，微笑着夸他字写得工整、漂亮（这是真的），这段时间作业也完成得很好，希望他再接再厉，同时，也诚恳地希望他能帮老师一个忙（这时那孩子有点惘然，想不到老师会用这样的态度和语气）：老师想请他中午时分管理教室财物和到校较早的同学，说着，我把一片钥匙郑重地交到他手心里，并强调进出教室要锁好门，以免别班的孩子进来“捣乱”……

突然“升官”的他抑制不住激动的心情，转身奔向座位，被他撞到的同学莫名其妙地盯着他。趁这机会，我连忙教导他应该怎样对自己的过失负责，他很真诚地向同学表达了歉意。与此同时，我对全班同学宣布：×××同学被老师任命为本班中午的值日班长，请大家支持他，监督他。顿时，一阵持久的掌声响起来了。不知道是谁温暖了谁？谁靠近了谁？

于是，我会隔三差五地找他详细了解他“当官”过程中自认为最得意的事，及时引导他要严于律己后才能去正人；而后，我也会装做若无其事地去突然袭击，一句唠叨，一声叮咛，一个轻轻地颔首，一次会意的眼神，我都会注满“深情”，让他感到老师的信任，进而激情满怀地投入到为集体的服务工作中去。而每到班队会，我又会大张旗鼓地表扬那些表现突出的学生，此时此刻，那孩子会坐得很端正，因为他要无愧于老师的赞许，同学的认同……

自从那孩子来我班后，我从未跟家长提起过他的不良习惯，更别说斥责家长的管教无方，但当孩子表现得较好时，我便利用“校讯通”多次告诉家长：“你孩子做了值日班长后，班级被他管理得井井有条。”“今天校领导表扬我班了，是您养育了这么优秀的孩子，老师感谢您！”……一句句发自肺腑的赞美让家长也心潮澎湃，被烘托得精神百倍，进而使孩子更优秀，认知、心灵也更健康。集体的队伍不但没有失去一个学生，反而让家长这支生力军使集体更加强大。

静待花开的日子是温馨而诗意的，如果，一名教师被一个原来最顽劣的孩子称为“亲人”的时候，我想，那一定是万紫千红的春天来了。

（贺云）

案例三 自省的空间

一天下午的语文活动课，我刚走到教室的窗口，就听到教室里有桌椅的摔倒声，同学们的惊呼声，还有班干部的劝阻声。我立即意识到：不妙，班里出乱子了。我三步并做两步赶到教室。看到我的出现，刚才还是“波涛汹涌”的教室马上“风平浪静”了，两位扭打在一起的学生也立即“偃旗息鼓”，但双方都还是拧着脖子怒目圆瞪。我一看这情形，双方的火气还不小。于是我平静地对同学们说：“请同学们抓紧时间创作手抄报，张华、胡小东（化名）到静思斋。”

到静思斋后，张华、胡小东都感到满腹委屈。当我让他俩分别叙说打架的经过时，双方还是怨气冲天，不断争辩，试图把责任都推给对方。在他们的辩解中我了解到事情的大概。张华、胡小东是前后座，张华喜欢把后背靠在胡小东的桌子上。这次在他背靠胡小东的桌子时，把胡小东的书碰掉了。胡小东早就心怀不满，一看自己的书掉地上了，更是气不打一处来，对着张华的背就是一记重拳，这无疑是“太岁”头上动土，于是就有了我看到的一幕。我根据他们各自的诉说，认为他们双方都有责任。由于双方都在气头上，谁也不肯认错。现在处理这个问题的关键就是想办法让他们认识到自己的错。我明白，这时无论批评谁，谁心里都不会服气，而且可能我说得越多，教育效果会越差。于是，只对他俩说：“我知道你们两个都很委屈，老师能理解。现在我只能让你们想想整个事件中哪些地方自己做得不够好，想好了说给我听。”张华、胡小东开始认为我会对他们进行轮番“轰炸”，没想到老师这么理解他们，心情也开始平静下来。

借此机会，我悄悄离开静思斋，到教室里巡视活动课情况，并故意多待了一会儿。当我再次来到静思斋时，张华主动说他不该靠胡小东的桌子，影响他人学习。胡小东见张华态度诚恳，也赶忙说："老师，我确实做得不对，再怎么着我也不该动手打人，请你原谅。"我一看火候到了，就用商量的语气问："你们说今天的事情怎么处理?"这时胡小东走到张华面前说："真对不起，我不该动手打人，请你原谅。"张华也忙说："我也不对，也请你原谅。"一场纠纷就这样化解了。在整个处理过程中，我几乎没有什么说教和评判。

通过这件事，我意识到：学生高尚品德的形成和发展有赖于教师的引导和学生的自我教育。自我教育是学生终身发展的需要，作为教师，我们要充分发挥学生在教育中的主体作用，唤醒学生自我教育的需要，为他们搭建参与自我教育的平台，让他们在自我教育实践中健康成长。

（王朝辉）

案例四 你先想一想，我们等你

上午第一节课没课，于是我开始批阅起作文来。这次作文的题目是《老师，我想对你说》。改到小婷的文章时，我怔住了。她在作文里这样说："老师，我想对你说，我最怕上课时你对我发动突然袭击了。我知道，您向我提问是为了培养我的思考能力和表达能力，是为我好。可是您知道吗？有些题我其实会回答，但因为我很胆小，所以发言像蚊子叫，于是您很不满意地叫我坐下，转脸让别的同学回答，我后来再也不敢主动发言了；有时我是真的'卡了壳'，此时您总会对我皱眉头，有时甚至奚落我：'你可真是徐庶进曹营呀！'同学们都哈哈大笑。您知道吗？我当时有多难堪……"

看到这里，我真的有一种芒刺在背的感觉，汗直往外冒。的确，我对孩子们太苛刻了，总觉得孩子回答不出问题就应该毫不留情地批评教育，却从来没有为孩子们着想过，我并没有完全把孩子看成是一个有尊严的人。当孩子回答问题声音小，我应该鼓励才对，怎么能剥夺她回答的机会转而去问别的同学呢？当孩子再三思索仍不知如何回答时，我为什么不能对孩子说"你先坐下想一想"，我明明知道这是一句很好的组织课堂教学的语言，很委婉，很人性化，不仅可以保护孩子的自尊心，而且能及时调控课堂，可我就是要去讽刺她，真是不应该呀。

第三节课是我的语文课。相似的情形又出现了。“季羡林为什么说他思念祖国和母亲时的感受是既凄凉又甜蜜呢?”小婷举手了，我于是叫了她。很显然，她明白问题的答案，可是由于她系统组织语言文字的能力不是很强，表述的过程中有时断断续续，有时支离破碎，我听了半天，也没听明白。其他同学见状都喊起来：“老师，我来。”“老师，我来。”我看看小婷，她先是一脸尴尬，过了一会儿，她居然有一种如释重负的感觉，我想：她可能是觉得自己不用动脑回答了，于是就有了一种放弃后的“解放”，我如果真的把机会让给别人，那她就失去了一次锻炼的机会，甚至养成一种惰性。对，我不能让她停止思考。于是我笑着对同学们说：“我们等等她，给她一个思考的时间好吗?”小婷发现自己还是需要回答问题，又陷入了紧张的思考。

教室里安静下来，大家都静静地等待着。一分钟，两分钟……小婷终于把她想表达的意思说了出来。同学们都高兴地为她鼓掌，她很意外，也很兴奋，小脸通红地坐下去了……

（张颖）

案例五　怎么读出“万里船”？

我去其他年级听课，老师上的内容是《绝句》。执教者尊重学生的主体地位，根据古诗的情境，巧妙设计教学方法，引领学生穿越时空与诗人、诗作对话，浓浓的诗情流淌在课堂之中。听课的老师都频频点头，为老师叫好。

在朗读“门泊东吴万里船”这句时，学生总是朗读不到位，于是老师对孩子的朗读开始了个别指导。一女生特别斯文，小声读完之后，老师说：“唉，你开的是十里船。”听到老师的评价，孩子们刚开始愣了，想了想终于明白了，小手如雨后春笋般冒出来，有的孩子甚至顾不上举手，就“老师，我！我！”地喊起来。于是孩子们一个个都站起来投入地读，老师有时说：“好，你开的是百里船了。”有时说：“你的船有五百里啦。”课堂上好不热闹，老师们也显得很高兴。我旁边坐着一个胖乎乎的男生，他一开始并没有举手，而是认真地在座位上练习，过了一会儿，他信心十足地把手举起来：“老师，我会读。”于是老师叫了他，只见他摇头晃脑地读起来：“门——泊——东吴——万——里——船。”他把“万”字读得特别重，还拉长了声音来读。读后他一脸得意地望着老师，等着大家的评价。老师向他竖起大拇指，说："你读得不错，这艘船来自于八千里以外的地方。"别的同学都羡慕地看着他，但男孩却有些失落，坐下后皱着眉头说："怎么读才是万里船呢?"他转脸看着我，似乎是希望我能帮助他。可我一时也愣住了："是呀，到底该怎样读出万里船呢?"

我认为，诗人杜甫创作《绝句》时是"情动而辞发"，那么我们应该引导学生反复吟诵，体味感情，并适当地作一些朗读技巧的点拨和示范。但这位老师这样的朗读评价却更多的是停留在技术层面，学生并没有被文本唤起内心的情感波动，于是缺乏情感引导的朗读就成了矫揉造作的机械模仿。老师的评价虽然富有挑逗性，充满了诱惑，但却没有实效。学生之所以人人都很激动地要求朗读，其实只是为了和别人比试，为了超过别人，以便得到老师和同学的肯定。至于怎样读，为什么要这样读，孩子们并不知道。当老师调侃地评价学生只读出了"十里船""百里船""五百里船"的时候，孩子们心里要么是一种冷水浇头的感觉，要么就是像那个胖乎乎的男孩子一般百思不得其解："怎么读才是万里船呢?"

（张颖）

案例六　做"花生"还是"苹果"

《落花生》一课是许地山的作品，主要讲父亲告诉我们做人的道理，做人就要像花生一样不求外表美丽，做个有实用的人。在上课前我做好了充分的准备，但课堂上仍然发生了意想不到的情况。

我首先按预设的步骤进行教学，有条不紊，教学效果也很好。接下来进入本课的教学重点。

"同学们，下面请大家把你认为含义最深的句子画下来，并想想父亲赞美了花生怎样的品质。"话音刚落，教室里顿时安静下来，同学们开始忙碌起来，有的在书上做着标注，有的在静静思考。

"老师，我画的是这一部分'花生的价钱便宜，谁都可以买来吃，谁都喜欢吃。这就是花生的好处'，我觉得父亲的话告诉孩子们花生是大家都喜欢的果实，而且便宜，比较容易获得，大众化，这就是花生的好处。"一个学生站起来回答。

"很棒!"我赞许地点点头，"但是不是更应该从父亲的话里想一想，赞美了花生怎样的品质?"

顿时，如林的小手树满了教室，有许多孩子恨不得立即站起来回答问题，将手使劲往上伸。“老师，我画的是‘花生的好处很多，有一样最可贵，它的果实埋在地里，不像桃子、石榴、苹果那样，把鲜红嫩绿的果实高高挂在枝头上，使人一见就生爱慕之心。你们看他矮矮地长在地上，等到成熟了，也不能立刻分辨出来他有没有果实，必须挖起来才知道’，我觉得这里赞美了花生朴实无华的品质，不像苹果、桃那样炫耀自己。”

“你理解得真好!”我对这个同学竖起了大拇指。

同学们更踊跃了，好多同学“我、我、我”地叫成一片。

又一个同学站起来回答：“老师，我画的是‘你们要像花生，他虽然不好看，可是很有用，不是外表好看而没有实用的东西。’我觉得这里赞美了花生虽然外表不好看，但很实用，我们要像花生一样不追求外表美，要实用。”

我刚要表扬这个孩子。这时，一个同学突然站了起来：“老师，我觉得他们说的不对，苹果、桃子有什么不好？他们既好看，又好吃，我觉得他们比花生要好。做个既体面又实用的人不是很好吗?”

教室里一下子安静下来，我也猛地一震，我没想到孩子竟会有这样的想法。可是教参上不也是说本文主要赞美花生的实用、默默无闻、不是只讲体面的吗?

这时，又有几个同学嚷：“老师，我也是觉得花生不如苹果和桃子，他们既体面又实用。我最爱吃了!”

“没想到竟然发生了这种事，多少年来都是赞美花生的默默无闻，怎么这里又成了苹果和桃子好呢？怎么办?”我暗暗问自己，“但是大家说的也对啊，苹果和桃子就是既好看又好吃的食品，这没有什么不对啊！这可怎样引导呢?”

我又想：先像花生那样做一个实用的人，然后再做到既体面又实用，不是更好吗?

于是，我对大家说：“刚才这些同学说的也不错。苹果和桃子确实既好看又好吃，但是我们做人不能像苹果和桃子那样‘炫耀自己’，我们首先要做花生那样实用而不求外表，然后做到既讲体面，又对别人有好处。”

孩子们都很赞成我的观点。接下来，我问孩子们，你身边有没有像花生或桃子、苹果这样的人呢？孩子们七嘴八舌地议论开了。

涛涛说：“有，我们班的小龙就是像花生一样的人，他很朴素，但是他每次都会主动帮助同学，上次有个同学生病呕吐了，别的同学都捂着鼻子，而他立即拿起拖把干了起来。我觉得他做人很棒。”

韵子说：“我觉得小宝做人既像花生一样实用，又像苹果一样体面，她很注重自己的外表，衣着整洁，漂亮，给人清新、大方的感觉。她平时待人也很热情，与同学相处也很融洽，同学们都很喜欢她。”

孩子们的回答，让我感受到他们认识“花生”和“苹果”的同时，对做人的道理有了更进一步的认识。

（贺轶辉）

第十章

追求美好生活的开放式教育文化

当代学校教育文化应该是开放的、民主的。一个时代的教育既是特定的文化现象，也是一种具体的教育实践活动。在这个前提下，学校文化创新应着眼于学校组织价值观念的转换，重造学校教育的使命。从文化学的角度讲，城市是区别于农村的一种社会形态，而开放式教育、培养现代城市人则需要一种内在的文化品质，这一品质的内涵是由它的社会意识和精神体系构成的。衡量一个人是否是城市人，是否是一个合格的现代城市人，主要是考察其内在的文化素养。

一、开放式教育的文化品质

开放式教育塑造的现代城市人除了应该牢固树立“城市意识、规则意识、公共意识、文明意识、卫生意识和参与意识”等六种意识以外，还要坚守“诚信为本、保护环境、开拓进取、遵守规则、艰苦奋斗、奉献爱心、团结协作、品牌效益、追求卓越”等九种文化品质。

“六种意识”和“九种品质”是对现代城市人内在文明素质修养的基本要求。对小学生而言，我们要在完成他们的社会化过程中有目的、有步骤、有计划地将之具体化，并通过系列教育活动的有效影响，使这些意义和精神变成他们的文化内涵，表现为行为习惯。

（一）诚信为本

诚信精神是现代文明城市精神的核心，是现代城市人生存的必要品质。城市经济是市场经济，在市场经济相当发达的社会，恪守诚信规则是赢得市场的基础。因此，作为现代城市人必须具备诚信精神。没有诚信，就没有市场；没有市场就没有城市生存与发展的前提。以全球为市场的商品经济，它的游戏规则是一种对人类的爱和诚信的转换，对人类的爱应该成为一种约束并以此规范自己，体现了生命个体对人类及其未来的诚信。每一座城市，诚信精神决定了它的文化品质和地位，决定它的经济影响力范围和可持续发展的潜力，诚信代表着精品。没有诚信的精品不可能持久，没有诚信，也就没有市场规则。社会的规则千千万万，只有在每个公民都自觉遵守诚信规则时，规则才能被普遍化和现实化，使规则成为空气般的存在；诚信是合作的基础，没有诚信就没有合作。没有诚信的合作既不可靠也不能持久；没有诚信的城市，就不会有大气。大气源于诚信，城市因为诚信才有大气。没有诚信的城市就会滋生欺诈和背信弃义，一个城市的大气取决于市民的诚信。所有这些，要求我们每一个现代城市人都必须牢固树立诚信精神。

（二）保护环境

保护环境是出于对生命和人类社会的尊重，是生命价值的自律和他律的结合。环保是社会的要求，是未来的需要。作为一个生命个体，生存环境要求我们把个人的一言一行与社会和人类的未来相联系，这种联系除了法律规范以外，更多地依赖于我们的自觉。现代社会的环保取决于社会全体成员的自律、鼓励和回报。如果环保得不到认可和回报，即使是最美好的生存环境都难以持久，甚至会受到严重的污染。在今天以人为本的社会，如果没有环保精神，也就没有城市的发展。城市之所以能够发展，就是以最优美自然的环境生产出最安全卫生的商品，就是以和谐的人文环境，为人们安心、健康的发展提供有效实现生命价值的发展条件。同时，我们还必须明白，环境包括自然环境、人文环境、经济环境、政治环境、社会环境，等等，这些都是紧密相连的，其中自然环境、人文环境至关重要。作为一个有修养的现代城市人，应该有环境保护的自觉性，以科学发展观的博大心怀，关爱自然资源；应该加强精神卫生意识，自觉培养良好的文明习惯。

（三）开拓进取

全球化的市场经济竞争，说到底是人才竞争。在世界各国，城市带动农村的发展，是一个普遍的社会发展路径。城市是知识经济的策源地，也是创新人才和高素质劳动者的聚集地，人力资源的优势主要聚集在城市，这是一个不可否认的事实，因此一座城市是否具有活力，是否永远保持领先地位，关键在于这座城市是否具有开拓进取精神。

在某种意义上讲，深圳的快速发展是因为它具有一般城市所没有的开拓进取精神。现代高新技术落地在深圳就会变成新的产品，新的产品很快形成一种新的产业，从而带动一个新的市场。深圳的资源优势是人才，是创新型人才的大量汇聚，因为有了他们，这座城市的经济发展才在知识经济大潮中独领风骚。同时，深圳也聚集有大量文化程度不高的体力劳动者，他们离乡背井，在这里求生存、求发展，也是凭着一股开拓创新的热情。深圳发展了，它成为一座经济高度发达、首座没有农村的现代城市，但未来的深圳人是坐享其成，还是继续拼搏进取？这是我们必须深刻思考的问题。作为任何一座城市的合格成员，在当今社会都必须培养和保持与时俱进的进取精神。我们践行开发性教育培养现代城市人，必须把培育开拓进取的精神放在主要位置。

（四）遵守规则

遵守规则作为现代城市人生活与生产的基本要求，必须成为一种文明素养。在高度的都市化社会里，人口的密集度越来越高，往往一个社区，一个街道的居民数量，就能超过一个农业大县的总人口。在城市里的人们，衣食住行都要遵守共同生存与发展的基本规则。如生活用水用电必须注意节约和安全，否则就会出现停电停水；生活垃圾必须按照规定处理，否则就会影响卫生环境；道路行走必须遵照交通规则，否则就会出现严重堵塞甚至交通事故；居民生活秩序必须维护安静环境，否则整个社区就会混乱不堪。

在实际生活和生产中，就学、就业、就医等，都必须遵守城市管理规则，住房建筑、公共设施、道路规划、通讯网络、人口分布等都要纳入统一规划，因此，每一个生活在大都市的城市人都应该遵守城市管理秩序，遵守行动规则。每一个人都必须牢固树立遵守规则意识，并积极主动维护，这是现代城市人精神品质的具体表现。

（五）艰苦奋斗

科技创新、经营管理、文化教育、体力劳动都是劳动。要尊重劳动，尊重知识，尊重人才，尊重创造。复杂劳动与简单劳动在收入分配上应该有所区别，但是差距不可太过悬殊。富裕了更要爱惜劳动果实，坚决反对挥霍浪费，生活奢靡。因为我国人口资源比例，决定了西方式高消费不合国情。我们提倡理性的适度消费，不丢弃勤劳节俭、艰苦奋斗的好传统。

世界上任何一个民族的崛起和国家的昌盛，无不经过长期的艰苦奋斗。我们的党和政府都十分强调勤俭节约、艰苦奋斗，这一传统是我们的“传家宝”。社会主义并不提倡苦行僧主义，但有志气、有抱负的城市人一定要“先忧后乐”，艰苦奋斗，走共同富裕的道路。

（六）奉献爱心

作为一座城市中的市民，需要建立共情意识，需要养成奉献爱心的文明素养。从某种意义上讲，这是一个市民社会的基本特征。市民社会给予市民一种社会责任，今天我们所强调、倡导的人人关心社会、关心他人的精神，其本质就是体现了一种社会责任。那么如何培养市民的社会责任？我认为应当以爱心为基础。一个能够爱他人、爱社会的人才有可能会对社会承担责任。这样的人才能是有法律意识、有道德意识、有理想、有信仰的人。

奉献爱心所要展示的不仅是人与人、人与自然的一种关系，还有人与社会的关系。一个文明的城市人应该是充满微笑的，生活在这个城市的每一个人，甚至是匆匆的过客都要为这个城市的微笑喝彩。让所有的人都能感受到这个城市充满了微笑，充满了人情，充满了欢乐，充满了激情。我们在生活中经常可以看到这样的例子，在电梯中，人们对不熟识的人往往是不打招呼，不与其交流的，而在世界其他国家大都市只要你踏入电梯就能听到“您好”的招呼，或是一个充满爱心的微笑，而在我们这座城市目前还无法做到。我们应该让所有的人感到这个城市是可亲近的，这个城市的人是可亲、可敬的。人人奉献爱心，这座城市就会充满阳光，充满快乐，充满活力。

（七）团结协作

和谐社会建设需要人人共同努力，和谐精神正在逐步形成十分丰富的内涵。我们要建设和谐社会，必须构建和谐社区、和谐街道、和谐邻里、和谐家庭，必须处理好人与自然、人与社会、人与他人、人与心性的关系。因此，现代城市人首先要学会尊重自然，关心社会，热爱他人，善待生命。其次，现代城市人要学会合作，学会双赢或多赢，要培育感恩之心，怀有感恩之情，行感恩之举，在关注本市建设和发展的同时，也要关注全国、服务全国，要发扬团结合作的精神，将服务全国的意识铸入现代城市人的文明品质之中。总之，受人尊敬的城市人应该是大气的城市人、善于合作的城市人、胸怀宽广的城市人、海纳百川的城市人，是为国家和民族的兴旺发达作出更大贡献的城市人。

（八）品牌效益

品牌与效益是一对孪生姐妹。一座发达的城市总是与它的品牌产业、品牌商品所产生的经济效益相关，没有效益就没有发展；同时品牌学校、品牌文化、品牌建筑、品牌服务等，是一座发达城市不可或缺的要素。现代城市人应该牢固树立精品意识，培育品牌精神，以自己的汗水、才华和诚实守信的品格去创造品牌，弘扬品牌。

在现代城市，追求生活质量，追求品牌，追求效益，是一种开拓进取精神的体现。人们在购物时，不论物品的大小，无不希望得到更好的、更有品位的东西。“己所不欲，勿施于人”。在城市日益走向精品世界的今天，我们不仅希望得到精品，而且更应该创造品牌。品牌是一种智慧，一种财富，一种精神，一种核心竞争力，一种不可抗拒的吸引力，一种无处不在的影响力。作为现代城市人，我们应该从小学生开始加强培育，不仅要满足最好，而且要追求更好。

（九）追求卓越

追求品牌就必须争创一流。争创一流应成为发达城市的最高精神境界和精神风貌。创一流不是一句口号，而必须扎扎实实地提高城市科技水准，提高经济文化基础，提高市民的文明水准和参与国际社会经济交流的能力，提高组织能力、决策能力和工作魄力。城市人干任何事情都要讲新、特、优，干一项，成一项，像个样，形成现代城市的精神财富和独特的作风。只有这样，才是全体市民所追求的、世界所期望的精神目标。

城市文明生态的人文因子是基于时代背景发挥其应有功效的，因而它具有一种时代精神。这种时代精神就是与时俱进、开拓创新、追求卓越。时代精神很重要的一点是表现在与时俱进的主动性、发展性上。一个城市要发展，就必须要有发展的眼光、创新的思维、无畏的勇气，要在城市的管理体制、规划建设、物质设施上以破浪之势在剧烈的国际竞争中实现超常规、跨越式的发展，只有这样才能持续走在时代的前列。

二、开放式学校文化建设创新

没有文化，便没有学校；没有优秀的文化，也不会有卓越的学校。任何学校，没有文化就没有存在价值；学校的文化价值存在才是学校的根本价值存在。因此，要认识一所学校，一定要认识学校的文化；要研究一所学校，也一定要研究学校的文化。学校文化才是最值得关注的因素，也是最值得品味的东西。

（一）培育“以人为本”的学习文化

人是一个完整、独特、具有人格独立性、个性化和创造性的个体，学校文化应强调对人的尊重，对人的信任，而不是把人作为一种工具和手段。我们倡导的“工作学习化、学习工作化”就是建立在“以人为本”的基础上，激励教师从内在动力入手，具有主动学习的意愿，具备“自我学习”的能力。学校努力创建一个重知识、重人才、重学习的学校组织机制。同时，学校还建立了教师学有所用、学用结合的机制，使教师在用中体会所学，在用中发挥所学，满足教师自我提高、自我实现的高层需求。

（二）构建民主、公平、高效的制度文化

学校制度建设是很重要的，但制度建设的与时俱进、不断完善更为重要。学校制度建设要能体现学校的文化品位、办学水平和价值取向。所以，我们编制了学校《方圆广视角》，从决策层、管理层、执行层等诸多方面建立了民主、公平、高效的制度，并着眼于学校的文化内涵，不断提高每个人的文化修养，营造良好的文化氛围。通过制度保护师生的权益，明晰各自的责任；通过制度认同学校倡导的价值取向，构建和谐的校园文化环境；通过制度提高工作效率，确保公平、公正原则，树立良好的校园风尚。

（三）树立健康向上的行为文化

苏霍姆林斯基曾说：学校好比一种精致的乐器，他奏出一种人的和谐的旋律，使之影响每一个学生的心灵，一旦要奏出这样的旋律，必须把乐器的音调准，而这种乐器是靠教师、教育者的人格来调音的。学生是怎样来看教师的，他们在教师身上看见和发现了什么，每一个教育者和整个教师集体在学生面前表现了人的品质的哪个方面，能够迫使学生去检点自己，思考自己的行为和管住自己的那种力量，首先就是教育者的人格，他的思想信念，他的精神生活的丰富性，他的道德面貌的完美性。苏霍姆林斯基的这一论述表明，教师只有在思想上、道德品质上、教风学风上，以身作则，率先垂范，才能真正做到为人师表，教书育人。因此，我们重点从教风、学风入手，大力提倡“教者儒雅、以研为乐”、笃学敬业、教书育人的精神，推进素质教育的积极性和责任感，不断提高教师的专业素养。切实加强学风建设，着力培育和营造崇尚学术、追求卓越、勤学求实、敬业创新的治学氛围。总之，行为文化是师生员工在学校教育、科研、学习、生活及娱乐活动中所表现出的精神状态、行为操守和文化品位，它是学校作风、精神状态和人际关系的动态体现，也是学校精神、价值观和办学理念的动态反应。

（四）营造开放诗意的校园环境文化

学校是一种特殊的环境，它既是一个“小社会”，又高于社会现实。因此，学校必须重视建设优良的环境文化，使学校独特的空气真正产生熏陶学生的效果，让整个校园环境起到潜移默化的育人作用。当然，优良的学校校园环境文化不是自发形成的，它是靠一代又一代的学校师生精心营造和刻意维护的。校园环境包括硬环境和软环境。硬环境包括教学、科研、生活环境和教育、文化、体育等基础设施，软环境指校内的学术氛围、育人氛围、舆论氛围等。校园环境的优劣直接影响着师生员工的情绪和学习、工作的效率。近年来，我们特别重视校园人文景观的建设与保护，学校的“文化一条街”、“童心园”、“智慧园”、“绿色长廊”、“国际长廊”、“涂鸦角”等在校园文化活动中的渗透和体现，营造了具有创新意识、开放意识的学习氛围，符合教书育人的特点和要求。尤其是学校各类文体活动场馆，如图书馆、陶艺馆、科技馆、棋艺馆、书法堂、童话屋、古筝坊、静思斋、心灵放飞空间、电子声乐队室、奥尔夫音乐中心以及校园电视台，无处尽显不以人为本，无处不以育人为本。这些硬件软件增强了校园的文化含量，强化了校园文化的道德养成功能，提高了学校文化品位。校园文化活动既是环境，又是载体，为学生创造了思考、探索社会大环境的氛围和条件。我们通过组织学生参加各种校园文化活动，促进了学生全面发展。通过开展各种学生社团活动，培养学生为人处世、待人接物的良好意识和行为习惯，提升文明素养。通过开展学术科技活动和社会实践活动，培养学生的科研意识、创新精神和实践能力。我们通过开展各类特色鲜明、参与面广的文化、体育、艺术活动，丰富学生的文化生活，提升学生的文化艺术素质。

（五）校本发展蕴涵学校的特色文化

学校要形成鲜明的文化没有校本发展就是一句空话；学校发展没有特色，所谓的校本发展也就无质量可言。办学特色的形成是校本发展水平的重要标志。记得一次去香港进行教育考察，拔萃女书院的校长说：“你们大陆来的校长都会问我们学校的特色是什么。”“那您是怎样回答的呢?”我问。“我说，我们学校的特色是学生懂礼貌。”多好的回答啊！现在很多学校把特色定位在具体的项目上，比如说足球、跆拳道、管弦乐队、京剧团等，这是低水平的特色，实际上就是学生兴趣班或特长班。高水平的学校特色总是通过鲜明的学校文化表现出来的。学校文化的形成是一个长期的积淀过程，是在这一过程中对学校传统文化的继承、对先进教育文化的吸纳和基于发展需要的创新。学校的优良传统、资源优势和人文底蕴，是学校文化建设中最重要的宝贵财富。我们身处改革开放的前沿深圳，更应当在多元文化背景上思考自身的文化建设，丰富自身，推动学校文化的进步。总之，文化是学校的土壤，文化是学校的根基，文化是学校的源泉，文化是学校的力量，文化是学校的成果。

一所缺少“文化”的学校，必然少了欢歌笑语；一所缺少“文化”的学校，学生断然不会成为教育的主体；一所缺少“文化”的学校，教师一定享受不到教育的幸福；一所缺少“文化”的学校，其发展肯定失去了生命活力。基于这样的思考，我们努力打造一所有“特色文化”的学校：校园整洁美丽，充满人文气息；教师风度翩翩，温文尔雅；学生仪表大方，知书达理。整个学校都充满了和谐向上的发展张力。

1. **管理文化**

学校在宏观管理上坚持“四以”教育理念，以“科学领航、人文奠基、思想解放、行为规范”为工作思路，形成“事事有人管、人人都管事；管人靠考核、管事靠效益”的管理方略。在学校管理队伍上，打造“学习型、合作型、智慧型”管理团队，鼓励每一位管理干部积极进取、科学发展；在教师管理上，倡导“道德自律，工作自励”；懂得“没有智慧的爱是无知的爱，没有能力的爱是盲目的爱”；追求“把简单的事情做精致就是不简单，把平凡的事情做完美就是不平凡”。在德育管理上，继续实施“八个一”，大力开展“感恩教育”。5 月 10 日母亲节前夕，学校举行“感恩母亲·祝福母亲”签名活动。学校还在西乡会堂举办了“不要让爱你的人失望”感恩教育主题演讲会，让学校师生和家长受到一次强烈的心灵震撼，接受了一次终生难忘的感恩教育洗礼。

2. **课程文化**

我们把建设多元的校本课程，作为推进新课程改革的重要内容。在贯彻落实国家课程计划的同时，大力开展校本课程建设，逐步形成了以“学科活动课”、“国学”、“陶艺”为特色的多元的校本课程。语、数、英等学科每周开展一次校本学科活动课教学，学生喜欢，效果显著。坚持以“诵读古诗文，学做儒雅人”为主题，积极开展“国学风雅颂”教育行动，周一到周五每天下午 2：10 至 2：30 是全校学生经典诵读时间。我还对《国学风雅颂·西小365》进行了重新编写，再版的诵读本得到区教育局吉毅书记高度赞赏。吉书记还鼓励我们编写出更高水平的国学教育系列教材，为我区开展国学教育的学校提供借鉴。

3. 课堂文化

全面实施素质教育，全面提高教学质量是我们的永恒主题。我们着力建设新课程背景下“乐学求思”的文化课堂，真正落实“学者如渴、以思为悦”的学风。要求每个教师形成初步的“课前静、课中活、课后实”的基本课堂文化，精彩演绎“课始情生、课中情浓、课后情未了”的高级课堂文化。营造科组互助氛围，定时间、定地点、定主题、定主讲者的教研组活动扎实有效。

4. 读书文化

我一直倡导：让读书成为习惯，生活因读书而精彩；让学习成为工作，生命因学习而成功；让读书成为一种文化，校园因读书而美丽。倡导教师博览群书，与书为伴，与书对话，与书同行，通过读书提高自身的教育理论修养。2011年2月28日下午，以“精神闪光·思想常青”为主题的新春读书汇报会如期举行，宋瑞等20位教师代表分别汇报了阅读《哈佛家训》《窗边的小豆豆》《世说新语》《孩子们，你们好》等书籍的感悟与收获。我当时这样评价这次读书汇报活动：老师们读出了书的真谛，品出了书的韵味，悟出了书的意义，修炼了育人教书的本领，促进了“书香校园”建设。我建议大家：读书是要带着目的、带着思考、有的放矢、全身心投入，就是当今流行的说法“全息”读书，即手到、心到、身到。手到：读书须动笔，坚持记笔记；心到：就是“研究性”阅读，读而不思犹如观而不察，如此就是“读书死、死读书”；身到：把读书学习与工作创新结合起来。有的人读了很多书，却没有智慧，智商很高，情商很低。读书与工作两张皮，不能学以致用，不能知识迁移，这样的阅读是没有价值的。

5. 讲堂文化

“西海讲堂”是西小近年来校本培训实践中搭建的教师展示平台，是西小教师交流教学思想、培养教育情愫、提升教育智慧的神圣殿堂，也是全校教师积极向往和充满幸福感的圣地。我们倡导新的“讲堂”理念——问题即专题、教学即研究、成长即成果；强调“讲堂”的目的——解决教师自己的问题、真实的问题和实际的问题。每次推荐5～10个教师代表为讲堂专题的主讲人。多年来“西海讲堂”举办多次讲座和报告会，“教师内驱力发展”、“铸造学校文化精神”、“让团徽在奉献中闪光”、“班主任专业化发展经验谈”等专题感人至深，历历在目。我们还把“西海讲堂”作为专家引领的平台，把最前沿的信息、独到的见解、鲜明的观点、实用的做法呈现在教师面前，拓展教师视野，引领教师快速成长。

6. **闲暇文化**

积极支持和鼓励学校工会、办公室、年级组、学科组等部门组织教师开展丰富多彩的活动，如团员演讲比赛、教师美术书法摄影作品展、校长“篮球杯”、歌咏联欢会、“每周一歌”、交谊舞欣赏与培训等。学校六个年级组每周有一个年级组织开展“轻松驿站”活动。各年级组长精心组织，每次活动都要张贴海报，邀请其他年级组的老师参加；每次活动都有鲜明的主题，有专门的主持人，内容丰富、形式多样，深受教师喜爱。

三、铸就开放式学校教师精神特区

学校精神文化源于一所学校发展历程中的先进文化积淀和先进文化发展方向的结合，在实践上，它是人员素质和先进制度的高度统一，是学校在长期的教育实践中积淀的最富典型意义的精神特征，它与学校独特的历史、地理、文化环境密切相关，是学校整体面貌、水平、特色以及凝聚力、感召力和生命力的体现，是全体师生员工共同的价值追求，是引导学校走向、塑造学校品格之根本。

长期以来，教育界被人们认为是社会的最后一片净土，教师被誉为是最纯洁的人。但是，随着市场经济大潮的推进，我国的社会结构、经济结构以及职业结构都发生了急剧的变化，伴随而来的是全体社会成员的道德观念、心理状态及行为表现呈现多元化发展走势。教师的职业道德、理想信念、价值标准、行为取向也不可避免地遭遇困惑与挑战。尤其是广东沿海珠三角经济特区以“淘金”为目标的功利主义商业文化价值观占主导地位，使得不少教师的信仰与个性缺失，精神生活单调，日常生活空洞，职业倦怠滋生。

记得现代教育家蔡元培先生曾说过：要有良好的社会，必先有良好的个人；要有良好的个人，必先有良好的教育。如此推而广之，那就是，要有良好的教育，必先有高尚的教师。

（一）自觉守护心灵梦想，做终身学习的示范者

如何让教师构筑精神围墙、抵御不正之风，向往高尚、纯净心灵，自觉守护心灵梦想、坚守教育这块圣洁的净土？我认为，首先是要认真学习教育部新颁布的《中小学教师职业道德规范》，因为新规范体现了教师职业特点对师德的本质要求和时代特征，要让我们每一位教师都体会到、认识到"爱国守法"是根本；"爱岗敬业"是核心；"关爱学生"是灵魂；"教书育人"是天职；"为人师表"是准则；"终身学习"是动力。"新六条"为我们"怎样做一名高素质的教师"进一步明确了方向，使我们找到了依托。其次是要牢固树立"为自己的履历工作"的道德理念；大力倡导"道德自律、工作自励"；"行为自觉、责任自觉"；形成"教者儒雅、以研为乐"的教师风范。

学习并践行"新六条"的关键更在于教师自身内在的心灵守护。每一个教师需对照"规范"自我审视：一是职业生存层。当教师如果纯粹为了谋生，目光没有超出饭碗的边缘，那么注定一生平庸。我以为，教师可以平凡但绝不能平庸。二是专业发展层。当教师不仅为了谋生，还要主动追求专业发展，尊重学生，以身立教，具有较高层次的职业精神，那么，就可以称得上是一个享受职业生涯的儒雅者、研究者、幸福者。三是事业理想层。这是我们毕生的追求，这些教师是一座"精神之山"，是一泓"师能之源"，像苏霍姆林斯基、陶行知、斯霞等就是这样的职业精神典范；像霍懋珍、魏书生、李吉林等许多教师都是在用行动诠释师德、师能的真正内涵。

现代社会是一个学习化的社会，不学习就会被淘汰。深圳坚持了十年的"读书月"活动家喻户晓，在全国引起强烈反响。它是以经济冠名的特区在文化上的坚守，是私人阅读空间社会化的延伸，也是提升市民气质和城市尊严的潜移默化。作为深圳教师，更要在此有所作为。我们不仅要认真学习胡锦涛总书记和温家宝总理的讲话精神，还要加强学习专业的显性知识和隐性知识，拓展教育外的阅读领域。我们要变"督促别人读书的人"成为"自己喜爱读书的人"。读书可以提升人的本质，提升人的生活质量。通俗地说，读书是最好的美容剂，人再化妆、再打扮都是要衰老的，唯有一样可以让人的精神永葆青春，那就是读书。

我们不仅通过读书丰富自己的生命，更重要的是丰富学生的生命。我们不仅要给今天的学生做出学习的示范，我们还要为学生的明天打下学习

的基础。我们要与书为伴、与书对话、与书同行。在书中，增长一些个人的思想；在书中，凝聚一些创新的个性。倘若一个教师，没有属于自己的教育思想，没有属于自己的教育创新，只有人云亦云和普通从众，那就只能永远在低水平的重复中空耗一生。

当然，由于教师的工作非常紧张，时间非常有限，几乎把生命的主要时间都用在了教学中，用在了课堂上，用在了备课中，用在了对学生的辅导中，已经没有多少时间接触这个飞速发展的世界。所以，教师这个最需要知识更新的行业，弄得不好很有可能变成最保守的行业。为此，我组织教师阅读《敬业》《执行力》等书，举办读书笔记展，检查学习效果。每月一次的“生日送书”成了当月过生日教师的美好期待。尤其是我提出的“读书的女人最美”，它不仅是一句口号，更多的是一种理念、一种行为、一种生活方式，也是我们“终身学习”的永恒追求。读书，改变了教师的精神气质；学习，陶冶了教师的道德品性。我们还组织教师学英语、看经典话剧、聆听高雅朗诵，促进教师的知识学习走向社会化、生活化与现代化。我还鼓励教师完成人生三部曲：读书、教书、写书。事实上，在一个社会发展得好的人，一定是一个不断学习的人；在一个工作岗位上发挥重要作用的人，一定是一个不断学习的人。常说，教师职业倦怠了，教师师德低下了，最深厚的根源就是不再学习了，不再读书了。让读书成为我们教师的习惯，生活因读书而精彩；让学习成为我们教师的风范，生命因学习而成功。一个强大的民族，一个有文化的民族，一个优雅的民族，一定是一个会读书的民族。

（二）坚守职业道德底线，做师德建设的主体者

校长作为学校的法人代表，自然是学校师德建设的“第一责任人”，理所当然要模范履行师德建设的职责。为了帮助教师成为师德建设的主体者，我从教师生命整体发展和人的价值视角审视教师成长，坚持在校长眼里“教师第一”的理念，重点突出榜样激励，树立教师心中的教育偶像，评选“师德模范”；“寻找身边的榜样”；选拔“做最好的自己”的校园形象大使；授予模范班级“共产党员示范岗”称号；出版《师德写真》，编辑《中外教育名言集锦》；组织开展“师德师风建设年”等活动。在开学典礼上，我带领一百多名教师在鲜红的国旗下向二千多名学生以及家长代表作“师德宣誓”，让广大教师争做一名“有方向感、有责任感、有进取感、有亲和感、有约束感”的教师。我们还提倡“四心引领”，即让教师心情舒畅地来校工作与学习；让教师心平气和地处理工作中的矛盾与问题；让教师心存高远地规划专业发展与人生设计（我是谁？我在哪里？我的总体状况如何？我的总体环境如何？我要到哪里去？我能到哪里去?）；让教师心存善意地看待他人的言行。

现代社会，知识生产发生了根本变革。知识结构性权威越来越少，智慧型、睿智型的实践专家越来越多。尤其在广东这样一个改革开放的前沿阵地，我们的教师不能只会死干，没有方向感；也不能只会跟着别人干，没有创新感；我们只有站直了身子，强大了心灵，才能成为俯瞰教育教学的人，才能在研究的状态下教书育人、演绎精彩人生。

（三）文化铸造精神特区，做职业生涯的幸福者

韩愈早就说过：师者，所以传道授业解惑也。传道，不仅传学问之道，更要传为人之道；授业，不仅授为学之业，更要授精神之业；解惑，不仅解知识之惑，更要解人生之惑。要做到这些，校长必须是一个文化校长，教师必须首先是一个文化人，学校必须是一个文化广场。基于这样的认识，我们践行“开放式教育”，塑造开放的学校文化，建立规范的道德行为，让教师享受职业的幸福。试想，一个不能从工作中获得幸福感、获得成就感的教师怎么可能热爱学生、热爱这份职业呢？

作为一名人民教师，我们要矢志不渝，坚定信念：选择当教师就选择了奉献，选择教育就选择了高尚的生活。那么，如何打造教师的精神特区呢？

1. 崇尚科学的精神

当今社会，不仅科学技术是第一生产力，作为未来的劳动大军，新一代的现代城市人，必须具有与现代社会发展相适应的科学素养，要养成学生基本的科学素养，首先要牢固树立崇尚科学的精神。

我们在认真学习我国“全民科学素质行动计划纲要”和美国“2061计划”的基础上，根据西小提出的“培养现代城市人”的教育理念，我们力求做好三个方面的工作。一是在全校开辟科学普及园地，做到由浅入深地重点介绍现代科学的基本知识，培养学生热爱科学、学习科学、认识科学和探索科学的兴趣；二是引导学生认识科学发明创造、科学创新对于推进社会文明进步的重要性，激发学生科学探索、技术发明的热情；三是要求教师在各科教学中，掌握基本的科学研究方法，学会探究，学会质疑，学会联想，注重科学思维能力的训练，以培养良好的科学思维品质。

2. **坚定执行的精神**

培养坚定的执行力，是打造一所学校坚定不移、雷厉风行、令行禁止的管理能力所必需的特征。执行力的培养，对于形成良好的校风、教风、学风，对于提高学校的管理水平与教育质量至关重要。

我们要求学校管理层，以身作则，对学校既定的方案、计划、目标与任务，在管理上狠抓落实，善于将理想变成计划，将计划付诸行动，将行动变成效率，做到“言必行、行必果”；对教师要求身教重于言教，道德自律、工作自励，坚定不移地完成各项任务，对每一个学生、每一节课、每一次作业批改和辅导，都要做到位，都要追求高质量；我们把培养坚定执行的精神，作为现代城市人基本素质的重要体现与客观要求，对学生的学习、生活各个方面加强行为训练，做到今天的事情今天做完，今天的学习今天消化，每天在进步，每天在成长。

3. **团结协作的精神**

市场经济、知识经济与科技的紧密结合，社会组织分工、生产与分配方式的进步，要求人们必须学会与人合作。学校的教育与教学是一种教师团队的集体行为，它不仅要求所有的教师在教育理念、教育内容、教育原则、教育行为、评价标准等多方面保持统一，而且要取得一定的教育效果，必须依靠教师集体之间每一个人、每一个环节的有机配合。

在具体做法上，我们一是结合日常的教育教学，强调教师必须通过教育科研、班级建设与管理、教书育人等具体活动加强团结协作；二是结合教育教学中师生互动的性质与特点，加强互动过程中师生团结协作精神的培养，使教育者与受教育者之间产生稳定合作。我们要求每一个教师在教育教学过程中，充分尊重每一个学生，相信每一个学生，针对每一个学生的个性特征采取适宜的教育方法，让学生养成良好的处世情感、处世态度，心平气和地对待自身利益与集体、与他人相矛盾的问题，在处理各种矛盾的行为中提高沟通、协调能力；同时要求每一个学生服从学校教师正确的教育要求，在各项活动中学会尊重每一位教师的辛勤劳动。

4. **乐于奉献的精神**

人总是生活在社会、群体的利益关系之中，奉献和索取也总是人们活动的主要内容。“己所不欲，勿施于人”，“欲取之必先予之”。现代社会的互惠共赢，共同发展，必须建立在乐于奉献的精神上。

我们必须明确教育就是服务，教师就是奉献。教育工作不是一种与实际报酬对等的工作，这种工作性质决不支持也不可能让每一个教师向政府、向人民、向学校、向家长讨价还价。另一方面，由于教育工作是培养人的工作，是造福于民的崇高事业，是关系千千万万家庭的子孙后代幸福的希望工程。因此，我们必须明白和理解，社会、政府、家庭、学生对教师的期望是苛刻的。教师应该学会接受来自不同渠道的批评，学会“舍己忘我”、“舍己利人”，即在满足各种教育期待的努力中，超越自己，完善自己、发展自己。

5. 勇争第一的精神

我认为“勇争第一”的精神就是深圳人的精神。深圳已创造了许许多多全国经济社会发展与实践创新第一的纪录。“勇争第一”的精神就是现代城市人敢于领先、敢于创造、敢于探索的精神。

在培养“勇争第一”精神的过程中，我们牢牢把握三个基本原则。一是创新性原则。所谓第一，就是首创，就是敢于做前人没有做过的事情。“勇争第一”精神的培养，实质是对创新意识、创新精神、创新能力的培养。二是科学性原则。要领先一步，必须掌握科学知识，坚持科学态度，采用科学方法，追求科学结果。“第一”不仅是速度，更重要的是质量，是水平，只有经得住科学检验、经得住实践检验的“第一”才是真正的第一、持久的第一。三是务实性原则。“勇争第一”的精神，它不是口号，而是行动。西小积极参与全国、全省、全市、全区同类学校的各种竞赛，让师生体验这种过程的艰难，锻炼他们的胆识和能力，并且根据参赛的结果，认真总结经验教训，认真学习他人的长处，认真探索创新的奥秘，改进我们的思想方法和行动方式，提高竞争能力。

教师的职业，我一直认为有三种境界：生存、责任、幸福。教师也是人，首先是满足自己基本的生存需要而从事这个职业。教师更是一个有爱心有责任心的人，为自己担负责任，为他人担负责任。这是我们行业的光荣。然而，幸福是人生的主旋律。职业幸福应该是教师精神世界的核心。教师一切的追求都是对于教育幸福的追求。我们传统的校长、教师甘守清贫，“蜡炬成灰泪始干”，总给人一副苦行僧形象。我们现代的校长、教师应该把工作当成一种无比的快乐，把教育当成一种至高无上的享受，从内到外地充满幸福感、透出愉悦感。面对一个充满欲望的时代、一个喧嚣的城市，面对别人的辉煌、他人的成就，我们坚守自己的心灵，坚守人生的真诚，崇尚精神第一，幸福第一，让我们自己、让所有的学生都过上一种健康智慧、自主发展的生活，体验生命的和谐与尊严，享受人性的舒展与自由，在这块丰饶的土地上，以“爱”为壤，挥洒智慧，传承文明，播种生命，带给所有孩子欢乐、幸福和安宁。

我们不缺教学生应试的教师，缺的是有思想的教师；我们不缺有责任的教师，缺的是有教育情怀的教师。我们是教师，是一个大写的人，是一个能够影响学生健康发展的人，是一个永远让学生记住并学习的人。人生是追求理想的一种运动，而理想主义者就是从事未来的事业、设计未来的人。教育就应该由我们每一位理想主义者去完成。

四、开放式文化培育文化人

学校文化素养的形成不是一朝一夕的事，它要用文化的方式来改变或解决文化的问题，提升文化的内涵。文化赋予一切活动以生命和意义，文化的缺失就意味着生命的贬值与枯萎，这就需要有个“润物细无声”的过程，有个持之以恒的过程。真正意义上的开放式教育实际上就是一个文化过程。开放式教育一旦失去文化，所剩的也只是知识的灌输、技能的训练和应试的准备，那么，我们的开放式教育就不是美好的令人向往的教育。因此，我们始终坚持营造文化、培育文化、追求美好的文化生活。学校文化形成了，我们的开放式教育就成功了。而学校文化形成的核心，集中表现在学校队伍建设的文化素养上，具体表现在教师的精神面貌上，表现在教师的专业发展内驱力上。

（一）用文化塑造有文化的管理者

学校的决策层也是学校的管理者，是学校集体领导的核心，这个群体的人有没有文化将直接影响教师团队的文化，直接反映学校文化品质的高低。因此，我们着力塑造有文化的管理者。那么有文化的管理者应具备怎样的品质呢?

1. 有领袖的气质

一个学校管理者包括中层干部就是学校的领袖，至少在其领导的部门范围里他就是领袖，领袖就应该有领袖的气质。2004 年，西小诞生了“领袖训练营”。最初是少先队的一个社团组织，旨在培养学生领袖。后来发展到对管理干部的培训。目的是让每一个管理者都具备领袖气质。即人不能识之我能识之，这是一种见识；人不敢为之我则为之，这是一种魄力；人不能为之我则为之，这是一种智慧：人不肯为之我则为之，这是一种信念；人不能忍之我则忍之，这是一种气度。

2. **有开阔的视界**

一个人的视野有多大，他的舞台就有多宽，视界能决定我们的作为。“读万卷书、行万里路。”就是开阔视野的一种方式。学会与高端人才对话，用心交往有学养、有品位的朋友，从多方面、多角度获得我们需要的信息。视野开阔了，品位自然就高了，文化含量就增强了。在立意高的同时将管理重心下移，低重心操作，低重心实施，保证各项工作真正落实到位，保证学校文化行为的“润物细无声”。

3. **有表率的力量**

学校管理者都应具备率先垂范的意识，具有表率的力量，不是说“你们给我干”，而是敢于并能够说“你们跟我干，你们向我看齐”，无论多么繁杂的事情都带头去落实，以无声的号令、以自己的行动去带动和影响大家。长此以往，威信树立了，表率的力量也逐渐形成了。

（二）用文化培育有文化的教师

在人们心目中，教师算是有文化的人，也应该是有文化的人，因为，现在的教师都是大学毕业生，大学毕业生就是知识分子，就是文化人。然而，我们的教师都是文化人吗？的确，有很多教师都是有爱心、有责任感的优秀教师，他们在自己的岗位上表现出很高的文化素养，但是我们也十分遗憾地看到，有些教师由于各种各样的原因，心理出现了问题，感情碰到了麻烦，教学无法适从，遭遇家长的投诉，受到社会的指责……究其原因，就是教师文化素养出了问题，就是有知识没文化，有文凭没学品，有学历没学力。那么，怎样的教师才是真正有文化的教师呢？

1. **有高尚的人品**

20世纪最伟大的大提琴家卡萨尔斯在回答关于如何成为一名优秀的大提琴家的问题时说：先成为一名优秀的、大写的人，然后成为一名优秀的、大写的音乐人，再然后就成为一名优秀的大提琴家。按照这个逻辑我们可以推出：教师先要成为一名大写的“人”，必须具有高尚的人品，然后才能成为一名优秀的教师。

2. **有优质的课堂**

真正有较高文化品位的教师，不仅能上出一节好课，而且是能够上出一个学期的好课、一年的好课、三年的好课、一辈子的好课。现在有些教师，能上低年级的课，却不能上高年级的课，高年级的课上得好的教师却不能上好低、中年级的课。我们要求教师每天都上“优质的课”，是给教师提出了更高的要求。

3. 有本真的爱心

“没有爱就没有教育。”这似乎成了每一个教师的共识。我们在一个硕大的石头上刻上了一个赫然醒目的“爱”字，教师每天必见之，意在警示大家；把对学生的爱落实到方方面面，落实到每一个细微之处，做到凡有学生的地方，就有教师在；凡有学生的活动，就有教师的身影。教师心中不仅要有教学质量，更要有孩子的健康成长。决不能以牺牲学生的身心健康来换取高分，以摧残孩子的心灵为代价，剥夺孩子们快乐幸福的童年。我们所有的教育行为都必须饱含对学生最本真的爱，都必须符合学生的人格心理，都必须对学生的未来负责，这才是真正有文化的教师。

（三）用文化建设有文化的团队

1. 有共同的理想愿景

所谓有文化的团队都有一个共同的理想愿景。我们有自己教育宣言——小学教育是人生幸福的基石，是民族幼苗的保姆，是国家命脉的根本。我们共同描绘了一个理想的蓝图，就是从文化的层面把我们的学校打造成“校长悦心、教师欢心、学生开心、家长称心、政府放心”的“五心”现代学校。

2. 有共同的价值取向

一支有文化的团队，一定有共同的价值观。我们的价值观是“为自己的履历工作，为学生的未来奠基”。我们的价值取向在于：不在乎学生是否有高分，但一定在乎学生是否有教养；不在乎教师是否有高学历，但一定在乎教师是否有高学养；不在乎学校是否有现代化的硬件设备，但一定在乎学校是否有文化。我们希望我们的学生在西小是优秀的，希望我们的学生走向优秀的中学，希望我们的学生考上优秀的大学并继续优秀，希望我们的学生终身学习、一生可持续发展。

3. 有共同的奋斗精神

一支团队共同的奋斗精神，首先来自于校长的奋斗精神、执著意念和人格魅力。我总是以高昂的热情感染师生，以不懈的努力引领师生，以不竭的动力鼓舞师生，使每一个管理者率先垂范，使每一个教师争先恐后忘我工作，使我们团队的每一个人都崇尚“团队的成就就是我的成就”。

五、以书为伴的教育人生

2007年4月的一个周末，我在成都讲课，按照惯例最后留一刻钟的时间辩论。一个校长问："张校长，你从一个普通教师成长为特级教师，从一个教研员转型为'知名'校长，主要是哪些因素铸就的?"我真诚地说："我之所以有现在这样的状态，关键是我沿着自己规划的人生轨迹'读书—教书—写书'三部曲成长自己。可以说，我的职业生涯以书为证。"

（一）读书为我涂上了人生的底色，也让我毅然选择了当教师

读书其实就是与作者约会，幸福着他们的幸福，悲伤着他们的悲伤。记得我小学五年级就读高尔基的《母亲》，随之读了一系列的苏联小说，包括《乡村女教师》。从此，在幼小的心灵埋下了这样的种子：人生不能虚度年华、不能蹉跎岁月，而要有所作为，甚至为人类而奋斗、而牺牲。应该说，书为我涂上了人生的底色，也使我毅然选择了当教师，以后的不懈努力就是为了证明自己的人生价值。现在想起来，那真是一段身处天堂般的日子。

20世纪80年代初，我实现了自己梦寐以求的理想，当上了一名光荣的人民教师。那时没有现在名目繁多的教学参考、教学设计，一毛七分钱一本的《给教师的一百条建议》成了我教育教学路上的明灯，苏霍姆林斯基成为我心目中最伟大的教育偶像。之后，赞可夫、夸美纽斯、布鲁纳、陶行知、蔡元培等知名教育家的书与我朝夕相处，度过了一个个黑夜和黎明。我甚至幻想自己能成为中国的苏霍姆林斯基、当代的陶行知。我也常常反躬自问：植物不用读书，动物不用读书，人为什么要读书？原来读书就是让人明理、激情、导行啊！后来，我成了当地小有名气的语文教师，28岁当上了地级市语文教研员。我也深深体会到：读书是人生最合算的投资，是不可缺失的人生方式。

（二）其他人可以不读书，但校长、老师不能不读书

不同的年龄阶段，不同的环境背景，不同的理解感悟，对书的要求和选择是不同的。尤其是资讯相当发达的今天，书海无边，选择为上。选择几本、精读几本一流的书，才能聚集最有价值的信息，汇总、消化、整合、记忆，才能造就一流的思想、一流的哲理。书是人的精神支柱，再大的困惑，再大的挫折，再大的郁闷，捧上一本书，走进书的世界，就能领

略“春暖花开”，就能感到快乐幸福。不管是风雨之夜还是孤独时光，打开一本美妙的书，就会心存感激，就会让一切喧嚣归于平静。

一次到一个相对落后地区给近两百人的校长班做培训，课前做了一个小测试。“一年内，能完整地读一本书的校长请举手。”结果寥寥无几，让人震惊。据不完全统计，中国每年出版各类图书不下 30 万种，户均消费图书仅 1.75 本，属世界人均阅读图书最少的国家之一。是啊，校长、教师确实很忙，但这个知识群体都不读书，谈何文明、文化之邦？任何人不读书，校长、老师都不能不读书啊！这使我想起 2008 年的春节，我的朋友刚好出版了一本新作《教育的陷阱》。大年三十之夜，我情不自禁地啃读起来，居然也情不自禁地全然不顾他似乎在享受年夜的美好团聚，大发短信谈自己的感悟：“深圳在改革开放的 30 年里，缔造了不少世界级的企业家，诞生了不少有个性的文化人，为什么没有树立国家级的特立独行的教育家?!”云云。时隔几天，我们相约继续探讨，我才知道，那年春节晚会，小沈阳一夜之间走红了。

（三）读书要带着目的，有的放矢，坚持手到、心到、身到

当校长的八个年头，阅读的速度在不断加快，由过去的一般阅读 200 字/分，快速到 300～500 字/分，有时只挑选 20% 的精华。身为校长的确是有太多的会议需要参加，太多的检查需要迎接，太多的难题需要求解……但绝不能以此为借口与书绝缘。我们不仅要读教育类的专业书，更要读文化类、哲理类的书，还要读企业类的书。读了《华为的世界》才领悟任正非为什么要培养狼性人才；看了《张瑞敏如是说》才明白他的用人之术；《第五项修炼》《卓有成效的管理者》《在第二级台阶上散步》等，对我一个搞业务的人来说无疑拓展了管理之路。我还不定期地跟老师们分享《世界是平的》《曾国藩：成大事的三种力量》，引领教师提升自己因时而变的自驱力、义无反顾的执行力、拓展大局的领导力；阅读《向解放军学习》，弘扬“三大纪律八项注意”的精气神……只有广泛阅读、汲取文明、丰富学养，才能成为真正意义上的文化人；只有博览群书、博闻广识，才能永葆思维的青春活力。

不可否认，计算机的空前普及，催生了我们新的阅读习惯，由此造就了快餐式的娱乐文化。而要求已经习惯电视、网络屏幕的人阅读印刷媒体会使其感到不适甚至痛苦。因为，书籍是与负责理智思考的左脑交流，需要全神贯注。而电视、网络是与常处于休眠状态右脑交流，不需要太多思考。为了迎合人们短暂的注意力，电视节目、网络传媒往往抛弃深度，让人走向肤浅。因此，我常感惶恐，我们一直以来习惯上的阅读可能被抛弃。尽管我依旧执著地在黄昏的灯光下，懒懒地躺在床上，拿着一本精美的印刷书籍，去享受印刷文字的快乐。但是，我真的很担心，这幅动人的画面随时有可能像古董一样消失，让我们留恋。而我们的孩子呢？我们又怎么能理直气壮地去指责他们呢？

（四）当校长要写两本书，一本是无字之书，另一本是有字之书

2010 年 6 月 4 日，我上了一堂“开放式阅读教学”展示课，目的是构建一种以“写”为核心的语文课堂模式。《人民教育》杂志社教学版余慧娟主任由衷感慨：“听张校长的课真是一种享受，不愧是特级教师。”我想，这有源于大量的阅读滋养，才能在课堂上及时捕捉信息，敏锐作出反应，渗透教学思想。八年前，我提出“读书的女人最美”这一响亮的口号。并告诫自己：四十岁以前的容貌是父母给的，四十岁以后就要自己负责。毫不谦虚地说，大凡见过我的人，很难相信我有一个 1.84 米、大学毕业就读英国伦敦政经学院研究生的儿子。这也许正是读书能丰盈自己、美丽自己的真实写照吧！

阅读使人渊博，写作使人严谨。我常说，当校长要写两本书。一本是无字之书，就是你经营的学校呈现的成果方式；另一本就是有字之书，就是校长教育思想和管理智慧的梳理、提炼、升华与传播，它是校长重要的物质表现。近年来，我先后出版了《教育智慧与学校创新》《开放式教育》《开放式习作教学》《开放式活动课程》等书籍。同时还鼓励教师出书立传。只有做得好，才能写得好。这应是每一个教育工作者人生追求的最高境界。

六、缤纷读书路，美丽西小人

我提出“读书的女人最美”的理念至今已有八年。八年来，我带领我的团队把它精心打造成了学校书香文化品牌。回望过去，感慨良多，遂赋诗一首《缤纷读书路，美丽西小人》，留作学校第七届“读书的女人最美”文艺晚会教师集体朗诵表演的脚本。

当岁月悄然转动不息的年轮
当“读书的女人最美”的欢歌再次响起

回溯你流光溢彩的读书历程
重温你一路走来的铿锵歌声
八年，一幅缤纷绚丽的画卷
八年，一路飘满墨香的旅行
八年，一首温暖心灵的乐曲

回首2003，“读书的女人最美”闪亮登场
如晨光中含苞待放的花蕾
娇艳中含有几分羞涩
又似星星之火点点燎原
点燃每个西小人心中的火焰

从此，西小的老师——
在知识海洋里畅游
在高尚情操里陶醉
在曲折故事里迷恋
在深邃哲思里升飞
从此，西小的老师——
把知识写在脸上
把智慧刻在心扉
把温柔酿成美酒
把妩媚化作高贵

今天——
当你走进西小
迎面扑来的不仅是笑语、阳光
还有处处弥漫的浓浓书香
每一级台阶，每一块橱窗
都是一本沉甸甸的字典
每一面墙壁，每一处角落
都是一部活生生的教材

瞧——
“西海讲堂”，堂堂精彩
“西海论坛”，坛坛醇香
“西海分享”，场场感动
这里有专家的引领，有一线的心声
这里有高端的思考，有会心的交流
这里有飞扬的激情，有绽放的梦想

西小的老师
朝着“知识博大胸怀，智慧奠基未来”修炼成长
看——
讲台上老师们演绎着“幸福人生”
工作着，成长着，快乐着
有“勇争第一”的拼搏精神
有“看庭前花开花落，望天上云卷云舒”的从容淡定
举手间洋溢儒雅之气
心底里装满仁爱之情
向着“课堂精彩，人生就精彩”的理想迈进

老师美丽，孩子精彩
爱读书的行为随处可见
教室、书吧、阳光中，大树下，花园里
一个个如饥似渴的身影，一幅幅美丽动人的画卷
“有活力，有情趣，有德行，有智慧，有气质”的现代城市人
从过去的梦想变成今天的现实

如今“读书的女人最美”如飘香的玫瑰
散发着醉人的芬芳
八年一瞬，逝者如斯
时间的车轮在跫跫足音里渐行渐远
往事的回忆在冉冉时光中褪色消隐

但我们不会忘记
热情关心我们的各级领导
是你们的鼓励让我们有信心永不放弃
我们不能忘记
默默支持我们的家长
是你们的信任让我们的步伐矫健坚定
我们深信
"读书的女人最美"会如一坛美酒愈酿愈醇
我们深信
不管岁月如何更迭
西海书香校园犹如一颗明珠熠熠生辉

来吧，亲爱的朋友
今晚，你的笑脸比繁星还要璀璨
让我们翩翩起舞，尽情歌唱
来吧，亲爱的伙伴
今晚，你的容颜比烟花还要绚烂
让今宵成为你我回味无穷的故事经典

七、文化之旅札记三篇

（一）雪　之　悟

2008 年，太多不平凡的事情发生；2008 年，太多不如意的情绪困扰。这让我们对 2009 年有更多的期待和向往，更让我们需要学会珍爱自己、善待自己。所以，新年伊始，我决定给自己送一份礼物——一场心灵的轻松之旅。既是对繁忙工作的瞬间逃离，也是对都市生活的短暂放弃。抛开那些在狭小空间想不清的事情、想不明的问题，到广阔天地寻觅生命深处的那份平和，在广袤的大自然的拥抱下赢得新的智慧和勇气。

几经思考，我选择了浩瀚林海、万顷冰雪的中国雪乡，那个空灵隽永，洁白无瑕，用雪堆出的童话世界。2009 年 1 月 19 日下午，我登上了飞往哈尔滨的航班，去找北、找冷、找美妙；去找纯、找静、找自然……

所谓雪乡，其实是位于黑龙江省牡丹江市管辖的海林县长汀镇的双峰林场。它坐落于黑龙江第一高峰（海拔1686余米）的老秃顶子山脚下，受贝加尔湖冷空气和日本海暖潮气流交汇的影响，形成了独特的冰雪景观。毫不夸张地说，它完全可以与欧洲的阿尔卑斯山媲美，也绝不会亚于日本北海道的白雪风光。

1月21日中午，我终于置身于向往的中国雪乡了。此刻，我和白雪如期相约。瑞雪飘飘，飞雪迎宾，像是慰藉一路疲惫的旅人之心。好一派北国风光啊！踏一脚，引我进入了梦幻般的世界，铿锵的足音消失在玉树琼花的妩媚间。放眼望去，拥着层层叠叠的皑皑白雪，百余户的居民区犹如一座座相连的“雪屋”，房舍、物具的积雪可达1米多厚，其形状像似奔马、卧兔、神龟、巨蘑……千姿百态，仿佛是天上的朵朵白云飘落，无不散发着雪的神韵。迎着凛冽的寒香，我贪婪地吮吸着注满雪野清新的空气，寻觅人生的真谛。我在雪场里的一座全木质的小木楼住下，窗外的积雪与屋内的窗台齐平，房屋里的温度很高，可以只穿一件薄薄的毛衣，一点也感觉不到一墙之隔的室外就是冰天雪地、银装素裹。

听说更震撼人心的景观，还是雪乡后面的一座羊草山，不可不游。稍息片刻，我跟着登山队，坐着摩托车，向羊草山进发。一路上，我看到了北国最高的山峰，最密的林海，最厚的积雪，最洁净透明的阳光，最淳朴的伐木工人生活。突然间，湿润的感觉盈满眼眶和心底。与其说登上了巍峨的羊草山顶，还不如说是到了白雪公主的世界。黑龙江的第一山峰把我高高举起，使我满眼是白雪的温馨，令人赏心悦目，难以言状。我忽然觉得，人类本身属于自然，受制于自然法则，即使一个彻底的城市享乐主义者，她的内心深处仍然有一种回归自然和谐的呼唤。城市里热闹欲望的满足，必然以自然恬静的欲望消失为代价，满足势不可挡，消失也势不可挡，这份情结或许源于我长年的南方都市生活。此时此刻，我像雪海生灵、仪态万方的白雪孩子纵情地赏雪、戏雪，被柔软的朴素覆盖着，就像把头深深埋进母亲的怀抱里，每一步都和可爱的生命相遇，想哭就哭，想笑就笑，大自然的空旷和简约给我以无穷无尽的想象和心灵舒展。顷刻间，我的眼前没有了琳琅满目的商品，没有了五彩缤纷的广告，没有了鳞次栉比的摩天大楼，没有了宽阔平坦的水泥马路，没有了举止开放的红男绿女，也没有了不可遏制的无穷欲望，只有流动的松涛轰鸣、雄浑的苍翠葱郁，只有漫天的晶莹剔透、舞动的婀娜身躯，只有冬雪漫林间，滋润在心田，只有婴儿般清清的双眸和纯真的生命。在这样纯净的山乡中，人的心里没有了忙乱，没有了焦虑，没有了邪恶，获得了生命的自然欲望，内心平静。人的灵魂在这个世界得到了净化，在尘世的人情网中滋生的所有烦恼得到了洗涤，获得了彻底的“精神自由”。无意间，我看见雪中一棵小草，它就像人生一个细节，有道不尽的美丽传说。人在雪中，就像一生光与影的组合，幻化无穷。这是天地的宁静之美、纯洁之美、壮丽之美！这是人间宁静平和的珍稀，它与世界的喧嚣与骚动形成鲜明的对比。让我不由自主地感慨：珍惜这世上难得的纯洁吧，你就像我苦中累中寻找的剔透的纯美的生命伴侣，是我追求的永远的精神故乡啊！

雪乡的夜景更为静谧美丽，淳朴的雪乡人在自家门前挂起了大红灯笼，洁白如玉的白雪在大红灯笼的照耀下熠熠生辉。山乡一盏一盏的红灯，点燃的是乡亲们对生活的无限热望。农家的热炕上流动着平和的呼吸，一家人围着火炉谈天说地，品尝着烫好的杯杯甘醇的热酒，品尝着生活的美意。我心中默念着：“天上云卷云舒是风儿自由的双翼，大地雪情雪韵是雪乡人的足食丰衣。”是啊！在黄河以北，能看见雪并不是什么稀罕的事，但能让雪与人极为亲近，并且悦人以万千之美的地方，并不多见。但在中国雪乡，我不仅亲身领略了雪韵，而且深切感受到了与雪为伴、以雪为生的林场人和皑皑白雪之间，那种纯粹而真挚、悠闲而又惬意的情感。瑞雪飘飘，传来了丰年的气味，雪乡的梦乡充满着橘红色的暖意。而我生活的地方，如同生活在路上，每天都在出发。十余年来，与繁忙相伴，与紧张为伍。人坐在车上，心浮在空中。此刻，远离城市的人潮车阵，享受这样的宁静颇为感动，并真正体会到了罗素的“参差多态，乃世界之本源”的境界。今夜，我是不是降生在隔世的童话里？雪乡的一夜，是我生命年轮中新的印迹！

雪山静默，雪岭无语，万物静待，雪乡的第一缕晨曦，折射出新的一个雪乡和你同醒同起。又是一个雪花纷飞的清晨，雪打木屋的声音像是灵魂的洗礼，掬一捧白雪拂去心中的尘埃。用白雪做船，用雪松做帆吧，载我的心航行在万顷雪浪里，摒弃熙熙攘攘、斤斤计较、名利角逐，放逐已倦的疲惫身躯，返璞归真，去拥抱纯美，拥抱洁净，因为只有洁白，才能绽放出五彩的绚丽。宁静的雪乡啊，谢谢你！我还会和你相遇，在今后无数的平凡的日子中遥望你，献上我的注目礼。无论这个世界多么物欲横流浑浊不清，我都要像你一样诗意地栖居！深情地再喊一声，雪乡，有你的存在，我一路欢歌，向幸福奔去！

（二）青岛印象

2009离我们而去，2010新年的太阳照耀着我们踏上了山东的旅程。休闲出智慧。观泰山石刻，游灵岩寺，在自然的“乐山”中，是否忘却了一年劳碌带来的疲惫?！上曲阜，悟孔子，在宁静的“读人”中，是否获得了重新思考教育的希望？青岛，那个曾经吸引过不少中华文艺界呼风唤雨的人物的地方，今天，还仅仅是一个美丽的旅游胜地吗？还会不会是闻一多当年兴致勃勃赶去想感受一点文化味，却感到某种寂寞与荒凉的地方？

十六年前，我第一次去青岛，就是受了他们强烈的吸引……沈从文带着梦想风尘仆仆地去了，他居住在福山路3号，出门不远就是大海。他将自己的居所题名为“窄而霉斋”，足见还是有些不尽如人意，只是他当时并不关注的一个女学生李云鹤，即后来红极中国一时的江青，竟然说自己年轻时最喜欢的教师就是沈从文。也许是我从小在湘西长大，而津津乐道的小说《边城》，便是沈从文酝酿构思于青岛，着手写作于北京的，就不得不感慨这是一个让人产生灵感的地方。诗人陈梦家描摹辉煌踏上了乐观之路；萧军、萧红一身落魄地赶去，只是渴望有一片立身之地，过一种比较安定的生活，从容地写作，然而，最让他们值得纪念的是两人动人的故事，可以诗为证：“身离死别两浮沉，玉洁冰壶一片心！缘聚缘分原自幻，花开花谢罔怅神。珠残镜破应难卜，雨走云行取次分。尽有伯牙琴韵在，高山流水那堪闻。”尤其是当年泰斗大牌教授、首席文艺批评家梁实秋是在青岛完成的《莎士比亚全集》翻译，相继出版《哈姆雷特》《李尔王》《奥赛罗》等梁译作品，度过了他一生中十分惬意、难忘的四年时光。人的一生如有一个时段能安神休闲，看看风景，读读闲书，会会朋友，那也是值得庆幸的事啊。如郁达夫青岛情结，在旅居的一个多月日子里，符合了他的思想实际，“第一当收敛精神，第二当整理思想，第三才是游山玩水”。求一个“精神的解放”。当然，避暑地的闲居让他感到厌倦了。我想，郁达夫所厌倦的恐怕不是青岛的山和水。至于老舍在青岛三年，虽然迎来了他一生中创作中的旺盛期之一，可是，他的辉煌却没有留给青岛，带着京腔京味儿十足的《骆驼祥子》等作品并不属于“青岛文学”。他身在青岛，心却在北平，成了匆匆过客，过客匆匆。

如果说，闻一多、梁实秋、老舍们的青岛是一种客居，他们的到来成为一个时期青岛文化的热门话题，使得以商业为主体的青岛文化厚重起来，具有点文人化的特点，只是遗憾毕竟时间太短暂了，不能足以改变青岛文化，没有使这种知识分子文化沉淀下来，形成青岛文化的有机组成部分；郁达夫、沈从文、胡适们的青岛就是一种度假，船靠岸了，静静地停泊，过几天离港远航了，似乎没有哪一只船可以永远停在这里，这对一座城市来说，就会觉得缺少故事，缺乏叙述的可能性。而我呢，充其量是一个还不算地道的普普通通的游客，只是被青岛本土的存在而吸引，要写出一个鲜活的富有跃动精神的青岛形象，或者抒写一个我所能看到的、我理解与感悟的青岛简直是不可能的。况且此次的驻足，已没有了第一次的冲动，我能把握的、能亲身体验的，诸如欧式的建筑，尤其是德国、日本文化的侵入，使得它从一开始就带上了浓厚的殖民文化的特征。

这一次，让我更不能忘怀的还是青岛的文化符号——栈桥。严迪在《青岛的栈桥》一诗中是这样吟咏的："栈桥还是栈桥/是被海水洗净的名字/是被云朵擦亮的名字/是被五湖四海推崇的名字/多少双天各一方的脚/搁浅于此。"的确如此，栈桥，成了青岛的一个符号，一个城市文化的符号，也成为青岛人精神文化的凝聚。据史料记载，栈桥始建于1892年。1891年，登州镇总兵章高元奉调率兵移驻青岛，他先在青岛村修建总兵衙门，然后在前海处搭建起一条铁木结构，以木铺面长约200米的简易码头，以便供海军装卸军用物资，取名栈桥。1897年，德军占领青岛后，为了运输从欧洲而来的军用物资，又对栈桥进行了扩建，将桥身延长至350米，北段改为石砌筑基，水泥铺面。从栈桥的初期建设来看，它的实用性带有明显的军事化特点。随着时代的变迁，栈桥的实用功能逐渐淡出，取而代之的是其具有象征意义的文化功能。它以物质的形式把海与地联结起来，使得栈桥的延伸就是大海向城市的延伸，使得人们通过一条栈道真正投身于大海，与大海融为一体。这时，你会不由自主地感慨，海的力量与神秘，海的浩瀚与无穷。与其说栈桥是从陆地慢慢地伸向大海，不如说是大海的精神通过栈桥一点一点提升起来，成为青岛这座城市的精神体现，成为青岛人的骄傲。一座城市从商业物质走向人文精神才是真正的蜕变。正是这样，栈桥不仅成了市民精神的一种寄托，更是成为前来青岛旅游的客人观光的第一目的地。

对我来说，青岛仍然是清晰中带有模糊，向往中带有茫然。第一次走进这座城市是源于文人的召唤。对于一个长年生活在内陆的人来说，看到青岛的海、青岛的建筑、青岛的栈桥，“碧海蓝天，绿树红瓦”，都会受到一种强烈的震撼。如今，已经移居海边城市的我，希望感受的不仅仅是它自然的气息，应该是一种区别于其他海滨城市的特有意味。我想，梁实秋的《忆青岛》似乎道出了其中的奥妙，他在文中写道：

“我曾梦想，如果有一日，可以安然退休，总要找一个比较舒适安逸的地点去作居住。我不是不知道随遇而安的道理。

树下一卷诗，
一壶酒，一条面包——
荒漠中还有你我在身边歌——
啊，荒漠也就是天堂！
这只是说说罢了。

荒漠不可能长久的变成天堂。我不存在幻想，只想找一个比较能长久的居之安的所在。”

（三）凤凰记忆

雨淅淅沥沥地下着，这正是我所喜爱的。也许是“在雪中想起的是爱你的人，在雨中想起的是你爱的人”这句话曾让我心动。此刻，手中撑着的雨伞仿佛成了累赘。收了它，该有多好，让这润透了古镇千年历史的小精灵把我紧紧拥抱，吻遍我的每一寸肌肤。哦，我的天使，带着不可抗拒的亲切让我痴迷，让我忘返。我的头发在细雨中缀满了晶莹的小水珠，密的成串儿地连着，不须多加修饰，乍一望去，也如带上了苗家姑娘的银头冠。身上的衣服已被细雨滋润透了，轻悄悄地贴在肌肤上，把古镇的亲昵静静地传递到我周身的每一处。

雨中的凤凰别有一番韵味，它隐于其中独享一份宁静。我终于绕过小巷，踏上了虹桥。抚摸虹桥上的每一根廊柱，仿佛触摸到古镇那厚重的历史。凭廊远眺，烟雨朦胧，江面上一层轻烟袅袅，那塔、那翘檐、那小舟、那吊脚楼……在雾中相映生辉，宛若天仙垂画，日复一日陪伴着沱江。沱江，犹如凤凰古城的琴弦，千百年来，老镇里曾有多少风流人物用它拨出苗汉的沉重，弹响苗汉的新歌谣。一座南长城，一本厚重的历史曲谱；一座新城，一本凤凰的时代新曲。民国内阁总理熊稀龄，文学巨匠沈从文，国画名豪黄永玉……他们讲述着这座老城的故事，讲述着这座古镇的民风，泼绘着这座湘西苗情的纯朴和那多情的山、柔情的水……是啊，这就是凤凰的老城，这就是凤凰的古镇。走在小巷天街，古，无处不在；古，无时不歌。古城古迹，古风古韵，古色古香……小巷的每一处都能让你感受到历史的颤动，文风的奔涌。凤凰的美，只有自己用双眼去发现，用灵魂去感悟。那游客不绝的南长城，已不再闻见苗汉刀戈相见的硝烟，它像一位历经沧桑的老人，默默地见证着历史。

今天的沱江两岸，已是鳞次栉比的吊脚楼与庭院共墙合璧，苗、汉、土、回同舟共渡和睦相处。无论你走在哪里都能看到，笑，在这座古城里荡漾；幸福，已把这座古镇浸泡得酥酥的、甜甜的、美美的。古城的美在自然中，在天人和谐中。雨还在下着，爽爽的、凉凉的，一层层的珠帘仿佛要将整座凤凰城悄悄地掩映、静静地收藏。

我在雨中继续前行，唯恐快门声惊醒了凤凰的梦。没有了思想，没有了烦恼，痴痴的，傻傻的，心完全被一种舒展和惬意所捕获，就像这不断漫延的薄雾充盈着……弥漫着……

阑珊映沱江，
扶摇飘沧桑。
古巷听笙乐，
纸船醉凤凰。

八、教师随感四篇

（一）从书法看中国文化

儿时开始便对书法有种特殊的感情，暑假偶得清闲，逛书城看到一本《从书法看中国文化》的书，突然眼前一亮，因为对书法的爱好，对这样的标题觉得很是新颖，在这之前没看到过单从书法方面谈中国文化的书籍，所以带回家一口气拜读完。《从书法看中国文化》一书，是韩家鳌老师编写的，旨在向青少年及外国朋友透过书法这扇窗了解中国文化的一本捷径之作。

中国书法是中国传统艺术的瑰宝，在中国悠久的文化历史长河中，它独树一帜，异彩纷呈，是中华民族优秀的文化遗产中不可缺少的部分。我就书中的一个部分——书法与人文的“字如其人”来谈谈自己的一点体会。

在我很小的时候，祖父便对我的书写要求很高。他常激励我：“字如其人乃古训，胸怀正气之人写字自然端正，胸怀大志之人写字自然大气，奸恶佞邪之人写字自然如鬼画符。”这句话深深地印在我的脑海里，成为儿时的我孜孜不倦描红、临摹的动力。多年后，每每提笔练字时，当时的情景便浮现在眼前，难道从一个人的字迹真的就可以看出一个人的精神品质和道德操守吗?

中华民族是一个充满感性的民族，写字本是一种传达信息、交流情感的手段，中国人却把它发展成书法，上升到艺术的层面，并赋以美好的理想，把一个人的字迹直接与该人的人品联系起来，即通常所说的“字如其人”。在古代就早已有字如其人、识人不如相字之说。西汉文学家扬雄就曾说：“书，心者也。心画形而人之邪正分焉。”可见通过字迹来分析人品的好坏古已有之。

谈到最完美地诠释“字如其人”者，就不得不提两个人。一个是唐代大书法家颜真卿。历史上著名的忠臣，他官至尚书，为官清正、不畏强暴，把伟大的人格融入雄迈遒劲的书法之中。其所创“颜体”端庄雄伟、遒劲有力，自始至终均用正锋，宛如其人一样刚正不阿、铁骨铮铮。他的代表作之一《颜勤礼碑》，之所以成为后人临习、效仿的范本，我想不仅是学习他的字，更是通过他的字来学习他那种高风亮节的品质吧；另外一个是北宋末年的皇帝宋徽宗赵佶，此君政治昏庸，惑于道术，却是艺事超群，书画兼精。在书法上，自创“瘦金书”，笔致清朗，点画瘦劲俊美，飘飘乎宛若仙风道骨，不食人间烟火，这和他追求道教，一心成仙，有着极大的关系。以上两人的道德品质、价值取向和所写的字很好地结合起来，具有很强的代表性，真正印证“字如其人”“书为心画”的讲法。

但一个人的内心想法和人性优劣就真的能够从字迹中看出来吗？未必尽然，有例为证。历史上几个著名的大奸臣，蔡京、秦桧、严嵩等人几乎都有一手好字。“苏黄米蔡”四家中的蔡，原指的是蔡京，只是后人耻于蔡京人品，才用当时另外一个书法家蔡襄替代，其实蔡襄的书法造诣与蔡京相比还是略逊一筹的，蔡京的字笔力强劲醇厚，深得晋法；其实，秦桧的字也皆非凡流，据说我们现在所写的宋体还是秦桧所创。而严嵩的字更是漂亮，曾为贡院题“至公堂”三字。后改朝换代到乾隆即位时，因为是奸臣所写，乾隆很不高兴，想把它换掉。便命令满朝书法好手写这三个字，他自己也写了很多次。最后，自己的御笔和满朝文臣所书，都不如严嵩，只好作罢。因此看来书法作为一种技艺，与人的书写技巧、审美情趣有关，而与人品则没有直接关系，大奸大恶之人也能写出好字，所谓“书为心画”只是人们美好的愿望而已。

在辩证地看待“字如其人”后，我们也不能完全否定字迹的作用。心理学家研究发现，字迹与人的性格和心理素质还是有一定联系。性格直的人写字的笔画都很直硬，而处事圆滑的人写的字也是弯笔较多，转折处多以弧形带过。性格张扬的人写的字如天马行空，放荡不羁，而内敛的人写的字则严谨认真。性情刚强的人一笔一画都显得干净利落、方正坚硬，而性情软弱的人，则字体就相对无力，柔弱很多。

“字如其人”并非尽然，但是写得一手好字的人，肯定在观察力、模仿力、记忆力、自信心、大局观与审美观上，高人一筹。虽说随着社会的发展，电脑的广泛应用，很多人写东西已经不再提笔写字了，但写得一手好字仍有好处。它可以直接体现出一个人性格、心理素质、文化修养和底蕴。也许将来某一天，你参加单位的岗位竞聘。当你递上打印得整整齐齐的履历表时，却被要求必须提供一份手写的材料。别奇怪，因为考官们要对你的笔迹进行分析，以便能更多地了解你的性格和心理状况。

（李冬亮）

（二）风　　景

临近岁末，心情颇感烦闷，焦躁。

当朋友看到我 QQ 上的心情留言，百思不得其解，纷纷问我为何“焦虑”，我却被这挥之不去的莫名的心绪困扰，不可名状，若有所思，也若有所失。

好友叶子成了我心情宣泄的第一个接招者。时逢周末，忽然接到叶子的电话：“买葡萄酿酒去吧？”声音低沉、沙哑。我欣然应许。

走进西乡的农批市场，正值中午时分。空气中果香飘飘，也夹杂着缕缕水果腐烂发酵后的酒味。看不见昔日的热闹，空荡的四周越发显得萧条、冷清。许多水果已经下市，后来发现买回来的葡萄也是在冰库里冻了许久的，心中庆幸好在自己没买太多。

虽是腊冬，但深圳的气候让我常常忘记冬意的存在。白花花的太阳依旧炽热，逼眼。走近跟随叶子多年的粘满泥星的小车，费了好大劲才把车门打开。我扑打着透进车窗内阳光里漂浮的灰尘，越发觉得这连坐垫也发硬的小车无不在展示着它的疲惫与沧桑，以及那些流逝的岁月。

车子在路上缓慢地行驶，漫无目的。当拐到一路口时，我们都忽然想到了一个更好的去处。

远离了城市的喧嚣，也隔断了尘世的纷扰，车窗外的景致令我心旷神怡。淡蓝色的天空中，被风吹过的浮云逐渐淡薄，逐渐透明。空气中弥漫着清清浅浅的幽香。长草摇曳，山石沉默。微风拂过丛林，有如天堂里缥缈的歌声；茂密的苇丛与空旷的远山遥遥相望，凝视成一幅温暖、永恒的图画；苍茫的天幕与飘红的落叶散发出楚楚动人的诗情。鸟雀被我们惊得飞远了。

来到了终点草莓园。远远望去一大片绿色的草莓地。草莓苗上挂满了草莓，有羞涩的躲在叶子底下的，有躬身在地上的……借着阳光的明艳，千般娇媚，形态各异，单独却不孤独。每颗草莓似在等候着前来采摘它的主人。

踩在松软清新的草莓地里，心间油然而生一种兴奋的快感，在叶间悄悄地传递。大人们在地里寻找着草莓，孩子们在一旁欢呼着，跳跃着。

拎着一袋子称好的草莓，来到了农妇指向的那口井边。水井的周围布满了青苔，打水的桶子用一根长长的绳索吊着，这让我回忆起小时候打水的那一幕：大人们很有节奏地晃动着绳子，非常熟练地把打上来的水哗哗的倒进大桶里，小孩子是不允许靠近水井的，只能远远地望着，心里在揣测着井底的深度，待到大人走远时，偷偷地跑到井边，把头探向幽深的井底，大喊几声，然后对着自己的影子变换着各式的鬼脸……

略显肥胖的叶子探着腰，很努力地晃动着水桶，可怎么也舀不着水。我说，打水不是靠蛮力，要懂技巧。凭着小时候观察大人打水的经验，我接过桶子，反过来往井底一扣，满满一桶水被缓缓的提上来了。一颗颗红红的草莓跳进了桶里，在水面上轻轻地荡漾着。

草莓肉质鲜美，味道酸甜适口。

农妇说，来摘草莓的人多数是大人带着孩子的，他们不喜欢市场上买来的。只要是自己采摘的，哪怕摘烂了，他们也觉得新鲜。主要是想在地里享受这种采摘的乐趣。有经验的人，多会选择周四周五上午来，那时候的草莓最多且旺盛。

叶子说，这块地种草莓最好，无厂房废气污染，远离了公路的灰尘和嘈杂，周围环境优美，一般人都是来旅游观赏风景而找到这里的。这么美的景色，也能给摘草莓的人带来愉悦的心情……

临走时，农妇对叶子说："经常过来走走，别忘了带上你的小孩!"我哑然失笑，边走边重复着农妇的那句话。叶子望着我，很诡异地说："下次我一定把柯姐的孩子带过来冒充一下。"

沿着来时的路途返回，车窗外的景致慢慢地向后退去，远处的天空、山、树木……在视野里逐渐迷离，而我却走不出那片风景。

其实，当我们对生活深感平淡乏味的时候，我们可以从这些美丽的景色中获得许多的安慰，只是忙碌奔波的人们和混沌迷茫的我都淡漠了这份闲情，错过了许多美丽的风景。我们都应该到外面慢慢走走，去看看老树，看看落花，聊聊树叶，聊聊人生……

原来，并不是没有看景的时间，只是遗失了看景的心情。

（姚晓红）

（三）生活和三餐

生活就像我们食堂早餐的包子，你永远猜不出下一个包子是什么馅儿的。

本姑娘挺爱吃包子，鲜香的叉烧包，清香的蔬菜包，咸香的酸菜包，甜香的豆沙包，以及生煎包、小笼包、汤包，还有在南昌大学南区门口卖的梅干菜包，大学吃了 4 年，各式各样的我都喜欢，糖包莲蓉包则不喜欢。早上看到食堂的包子我就会拿一个，第一次吃，看样子我以为是肉包，一咬，莲蓉包。第二次，我以为是莲蓉包，一咬，咸菜包。第三次，我以为是咸菜包，一咬，糖包。第四次，我以为是糖包，一咬，居然来了个椰丝包。这下我彻底无语了。每次吃包子都跟猜谜语买彩票似的，咬之前在想，今天会中到什么包呢？生活有很多很多的意外，有可能让你大跌眼镜，有可能会给你惊喜，你永远不知道下一个包子是什么馅儿。

生活就像我们食堂的午餐品种，多得让你不知道选什么，但是你始终只能吃得下最喜欢的那几样。

食堂的午餐是自助的，多到十余种，南北风味，鲜香咸辣，鸡鸭鱼肉，海味山珍，供选择的还真不少。一开始，每样都想尝点，结果发现完全吃不下那么多，现在就是挑最喜欢的三四样，夹一点点吃。生活也有很多选择，但是往往只能从几样至爱中挑选几样或者一样。说来不怕大家笑话，我很小的时候，在写全国小学生都写过的作文“我的理想”时，我真有认真思考过我的理想，我想过当律师，为冤屈的普通百姓伸张正义；想过做景德镇市市长，带领我们的千年瓷文化走向下一个辉煌；想过做外交官，在地球村飞来飞去，博闻广见；甚至想过制造月球飞船，到广寒宫看看是不是真的有个嫦娥姐姐。我们现在的生活除了父母外，所有都是我们选择的结果。但是既有选择，必有放弃，不能实现自己全部的理想，就选择最实际的几样或一样努力去追求，去实现！

生活就像我的晚餐，寂寞但温馨。

不得不承认，晚餐是最让我头疼的。本来我也可以在食堂搞定，可是吃三餐食堂不是我的风格。一下班，就回去买点菜，自己动手做个家常菜。一个人的晚餐是寂寞的，有时候吃着吃着，泪就流了下来。但是我挺喜欢吃自己做的菜，跟外面的快餐比，又干净又便宜还没有味精。生活也是寂寞的，狂欢的日子只是少数的少数，大部分时间，大部分人还是在家里安静地过完一天。但是这样的生活才是真实且温馨的，和自己的爱人、家人在一起吃晚饭、收拾碗筷、看电视，谈谈一天的生活和奇闻逸事，一天的辛苦就完全散去了。

我的三餐，我的日子，我的青春，我的浪漫，我可爱的生活！

（程锦屏）

（四）找回遗失的天性

又一次踏上了北归的路。

迎着寒气，也不觉得有半点的冷意——家乡的草木，是那样的亲切。毕竟一年没有回去了——在那只有春天的都市里，哪里能找到这股寒意当中的温情与亲切呢！

两天扎实的穿梭，疲劳却没有销蚀我想回一趟学校的念头，那可是我奋斗了12年的热土！尽管天气干冷，寒气直往骨子里钻，却止不住前行的脚步——那儿，有我永远消融不了的足迹；那儿，有我亲切真挚的战友；那儿，有和我一般高矮的永远不能忘却的学子们！

中学早已经变了大样！小学，还是那么古朴。正值下课，三五个穿得棉花包似的，分不清是男孩还是女孩的，一阵子狂跑，冲向了学校的小卖部。没多久，每个人手里，举着的都是一根荡着白汽的羊肉串，津津有味地吃着——全然不顾及一个陌生人的存在！真的好馋！想到这儿，我不由得想起自己小时候，那份顽皮，那份淘气……心底里，早已哑然失笑……

小道的右边，是一棵橙子树。我无法抹去那刻在心底里、萦绕在树头的记忆。女儿小的时候，站在树底下，仰望，仰望，然后，捡起石块，抡起胳膊，猛地砸过去……掉下来啦，掉下来啦！下边早已欢声一片！掰开，舔一口，酸得要命！竟然还眯缝着眼，说比超市里的阳光脐橙还好吃！惹得其他孩子围过来，不管是大的还是小的，全都抢开了，只留下一抹永远都不褪色的灿烂童年。

今日的橙子树，早已不见了果实累累，只有最高处，还偶有零星点缀。是那群和女儿一样的淘气的杰作吧？我扑哧一声，差点笑出声来。

“哎哟！”我的脚猛地被人踩了，身子还被撞得晃悠。哪个冒失鬼？是几个捉迷藏的孩子，燕子般轻捷，一下子消失在竹林里；远处，不管是荷塘边还是芭蕉叶下，人头攒动，不管是小男生还是小女生，都一样的无拘无束。而老师们，不管是俊俏的姑娘，还是慈祥的长者，都站在楼道上，要么被孩子们围着，甜甜地说笑；要么凭栏远眺，轻歌低吟；还有的禁不住诱惑，干脆下来，加入到玩耍的行列……

又一阵冷风吹了过来，我差点忘记自己早已不太适应家乡的寒气。可是，这课间十分钟，这童心意趣，这孩童般的老师，却又勾起了我无限的思绪……

有次到省会城市参观访问，见到孩子也是在课间。那时，先是六七个孩子双手撑地，然后双脚一摆，极容易动作也极优美地竖了起来；然后，几十个孩子都一个一个地摆过去。好厉害，非同一般，果然有特色！当时，我就这么赞叹着！再细细瞧过去，除了这些，学生还玩什么呢？没有了神奇的橙子树，没有了幽雅的竹子林，更没有那种甜甜的而又不带掩饰的笑容，唯有装饰得精美的教学楼，要求严格而极其威严的师长！而这，正是我们，不经意间，守住了孩子，却遗失了孩子的天性！

想到这，我打了个寒战——扪心自问，愧疚，自责……一个一个地涌上心头。我，从童年里走来，是我的老师让我们张扬着顽性，保留着劣性，彰显着个性。到深圳的六年间，我真的就小心地呵护了孩子们的那份天真，留存了那份淘气，宽容了那份顽皮？不用反思，也不要深究，早已汗颜！

我，还得找回那份遗失的天性，不能让自己，更不能让孩子留下一份沉重的遗憾。

（姚建武）

附一
专题报告现场答辩十问

一、你们学校的办学理念和办学方向是什么呢？能否解读一下你们学校的“一训三风”？

答：“理念”其实是一个哲学概念，我理解的办学理念，顾名思义，就是理想和信念。西小确立的办学理念：以愉快成就学业，以知识博大胸怀，以创新激活生命，以智慧奠基未来——为学生创造一个愉快、开放、自由发展的环境，使他们乐于学习，学有所成；把传统文化与现代文明有机结合，使学生获得有用知识，提升人文素养；激发学生的主体意识和科学思维，培养学生的创新精神和创造能力；引领学生用智慧规划人生，用智慧实现理想。

我们的办学方向是把学生培养成“具有国际视野的现代城市人”；把学校办成“校长悦心、教师欢心、学生开心、家长称心、政府放心”，具有“管理科学化、德育人性化、课程多元化、培训立体化”的“五心”、“四化”特色学校。

校训：自主、扬善、慎独、躬行——教育，贵在教人立志、立德、立身、立业。“自主”，是立志之源，让学生从小学会自己做主，敢为人先；“扬善”，是立德之魂，要与人为善，扬善扶幼，做真诚善良的人；“慎独”，是立身之本，做到自律坦荡，守住行为准则，守住精神家园；“躬行”，是立业之基，将知识转化为能力，将理想付诸行动，敢于实践，善于实践。激励全体师生笃学创新，修身养性，自强不息，共创辉煌。

校风：为人求真，为学求实——真，是自然的灵魂；实，是人性的光芒。教师以真教人，学生学做真人；教师脚踏实地做学问，学生实事求是寻真理。

教风：教者儒雅，以研为乐——教者，是儒者，方正清雅，谦虚平和，具有绅士风度和高雅气质，知识渊博，循循善诱，引领孩子去追寻心中的梦想；教者，是研者，勤学善思，笔耕不辍，似蜂采花酿蜜，如蚕食桑吐丝，纵是满腹经纶，依旧谦恭研读；教者，是乐者，钟爱教育，甘于寂寞，甘于清贫，把生命融入事业，幸福、快乐、美丽。

学风：学者如渴，以思为悦——学者，视知识为甘泉，如饥似渴地学习，虽知学海无涯，却能泛舟前行；学者，以思辨为乐趣，养成良好的思维习惯，在思中获得成功，在思中享受愉悦。

二、你能给我们说一下你心目中的“现代城市人”应该是什么样的吗？

答：一座城市不管是原有的土著居民还是新增的人口，都需要接受现代城市人教育，从根本上造就现代城市人的品质。在人群中我们不难发现，有的人接受过良好的教育，气质高雅、彬彬有礼。而有的人一看就品位低下，言行粗糙。每个人的身上并没有挂着标签，“我是城市人”、“他是农村人”，但为什么一眼就能从表面上分辨其差异呢？这主要是外在透出的一种形象气质。记得九十年代末期，我刚调来深圳，一次去市里参加教学观摩活动，碰巧有一伙教师迟到了，坐在我后面的大概是罗湖或福田的教师，就当堂议论：“你看他们那个样子不是宝安的就是龙岗的。”我来自关外宝安真有说不出的滋味儿。也暗下决心，在我力所能及的范围内改变现状。当时，我只是一个语文教研员，我就想老师们今后一定要处处注意形象，走出去、走上观摩比赛讲台，一定不能让别人一眼就看出你来自何方。2003 年，我有幸通过全国公开招考，以笔试、面试第一名的成绩走上了西乡中心小学校长的岗位，确立了“用开放式教育培养现代城市人”的目标。我心目中的城市人，从外延上说，它包括“城市教师、城市学生、城市家长”，从内涵上说就是“有德行、有智慧、有活力、有情趣、有气质的都市文化人”。文化素养不是单纯的学历指标，而是指那些生活在现代城市社会中富有高尚德行、知识智慧、行动活力、生活情趣、儒雅气质的都市文化人，他们还应该具备“城市意识、规则意识、公共意识、文明意识、卫生意识、参与意识”这六种意识，还要坚守“诚信为本、保护环境、开拓进取、遵守规则、艰苦奋斗、奉献爱心、团结协作、品牌效益、追求卓越”等九种文化品质。我相信，随着深圳市的快速发展，现代城市人的文化素质一定会纳入深圳市新的城市文明发展指数体系。

“六种意识”和“九种品质”是对现代城市人内在文明素质修养的基本要求。对小学生而言，我们要在完成他们的社会化过程中有目的、有步骤、有计划地将之具体化，并通过一系列教育活动的有效影响，使这些意义和精神变成他们的文化内涵，具体表现为行为习惯。

三、“教育是生活的改造，也是社会的改造。”你觉得教育这个职业对你的生活有哪些改造，你的教育对社会有哪些改造呢？

答：美国著名教育家杜威曾提出“教育即生活”、“教育即社会”的理念。我国著名教育家陶行知秉承了这一思想，并明确提出“教育就是生活改造，就是社会改造”。我作为一个已从事了 30 个年头的教育工作者，在教人、化人的同时，更多的是被教育本身感动了、感化了、改造了。因此，也有了我的人生三部曲，即“读书、教书、写书”。我是六十年代的独生子女，当时实属罕见，但我毅然选择了当教师，期间有改行去团委、去妇联的机会，也曾去教育电视台干了一年。最终还是离不开三尺讲台、离不开一支粉笔。记得 87 年我刚生完孩子，也就仅仅休息了一个月就主动上班，那种对学生的牵挂是难以名状的。现在想起来都为自己感动。不知这算不算是对我生活的改造。当今是一个物欲横流的时代，教师的职业道德、理想信念、价值标准、行为取向也不可避免地遭遇困惑与挑战。尤其是广东沿海珠三角经济特区以“淘金”为目标的功利主义商业文化价值观占主导地位，使得不少教师的信仰与个性缺失，精神生活单调，日常生活空洞，职业倦怠产生。而我确信自己还是在自觉守护心灵梦想，做终身学习的示范者，读书写书成了我生活的主旋律；坚守职业道德底线，做教学改革的主体参与者，让自己的生命价值在讲台上闪光；铸造学校精神特区，感受职业生涯的幸福，感受教育人生的快乐。

教育好比是火，火到的地方，必使这地方感受其热，热到极点，便要起火。所谓“星星之火，可以燎原”。这就是教育的力量。当然，教育又好比是冰，冰到的地方，必使这地方感受其冷，冷到极点，便要结冰。可见教育也可以使人“冷到心头冰到魂”。其实，教育和改造社会是一件事，改造社会不从教育入手，便不能改造人的内心；不能改造人的内心，便不是彻底地改造社会。由此，如果教育不包含改造社会的使命，便没有目的、没有意义、没有生气。我一直倡导“教育一个学生、带动一个家庭、辐射一个社区”，就是对人的改造，对社会的改造。我们开展“访千家”活动，“亲子活动”，评选书香家庭，评选“优秀爸爸”、“优秀妈妈”；我们走进社区进行感恩教育、环境教育、法制教育，带学生到社区利用空白墙体，绘制环保节能图画，美化社区环境等。这应该都算是对社会的改造吧。

四、你当初是怎样想着在教师专业化建设的道路上艰辛探索，建立起了教师专业成长的“三三制”呢？

答：来深圳之前，我在湖南怀化教科院一直从事语文教学研究工作。其实希望教师从教书匠转向研究型，是一个很漫长的过程。调到深圳在宝安教育科学研究培训中心又做了三年的专职培训教师，感觉宝安教师队伍参差不齐，专业化水平不高，很难适应新课程改革的要求。而一个地域的教育发展水平很大程度上取决于教师的专业发展水平。因为，再理想的教育追求都需要教师去实现。在那个时候我就已经萌芽了教师专业成长的“三三制”并形成了一定的理论框架。来西小后，当时的教师队伍现状更不容乐观，年龄结构、学历结构、专业结构等都是学校进一步发展的瓶颈。况且，我又不是委任校长，是主动选择、接受挑战来的。如果没有一支业务精湛、素质精良的教师队伍，我描绘的学校发展蓝图就将付诸东流，甚至会影响竞争上岗选聘制度的深入推行。后来，立体化的教师培训“三三制”得到了充分的践行，实践证明，也取得了意想不到的效果。我区小学教师两次“新课程、新理念”教学大赛，西小获奖人次最多，获奖级别最高。现在，老师们都很清楚自己是在“入格”、“升格”还是“风格”；是在“外环”、“中环”还是在“内环”；是需要“学习”、“实践”，还是需要“展示”。

五、在这个开放式教育的年代，现在很多人平常也读很多的书，但是为什么总是看不到开放视野中的自己呢，也不能体会到开放的完美，你平常读书时都特别注意哪些重要的东西呢？

答：很高兴您能把这个年代称为“开放式教育”的年代，2003 年，我就提出了开放式教育的设想。因为开放的城市需要开放的教育，开放的社会必须实施开放式教育。然而，的确有不少人在开放的年代里，视野是狭隘的，内心是苍白的，行为是封闭的，或者说嘴里说着“开放”，其实，心灵和胸怀并不开放，更体会不到像您所说的，开放的完美。

我们进行了八年的研究和实践，开放观点、开放管理、开放课程、开放课堂、开放手段、开放评价、开放情怀，让教育走向开放，让学校走向开放，让教师走向开放，让学生走向开放，尝到了甜头，取得了效益。我个人也收获了荣誉、收获了经验、收获了反思。

再回到您提到的读书问题，我想，博览群书对我的人生，对我倡导和践行开放式教育都起到了很好的引领作用。我的体会是：首先，读书为我涂上了人生底色。记得我小学五年级就读高尔基的《母亲》，随之读了一系列的苏联小说，包括《乡村女教师》。从此选择了当教师，在幼小的心灵埋下了这样的种子：人生不能虚度年华、不能蹉跎岁月，而要有所作为，甚至为人类而奋斗、牺牲。我想，以后的不懈努力就是书的力量所致。

其次是读书和交朋友很相似，有的人看谁都顺眼，看谁都是朋友，结果一个真正的朋友也没有，而我所到之处总有看不惯的人，当然，人家也许也看不惯我。犹如对书，自然就产生了选择性，能够感染、影响自己的，能够超越、升华自己的，能够击中、激活自己的，就是首选。选择几本、精读几本一流的书，才能造就一流的思想、一流的哲理。当下，不少人读书的功利性很强，可投资赚钱的，赶紧去买“炒股赢家”等，可养颜益寿的，手里攥着“养生之道”之类。

最后想说读书要带着目的，有的放矢，坚持手到、心到、身到。我们不仅要读教育类的专业书，更要读文化类、哲理类的书，还要读企业类的书。读了《华为的世界》才领悟任正非为什么要培养狼性人才；看了《张瑞敏如是说》才明白他的用人之术；《第五项修炼》《卓有成效的管理者》《在第二级台阶上散步》，等等，对我一个搞业务的人来说无疑拓展了管理之路。我还不定期的跟老师们分享《世界是平的》《曾国藩：成大事的三种力量》，引领教师提升自己因时而变的自驱力、义无反顾的执行力、拓展大局的领导力，阅读《向解放军学习》，弘扬“三大纪律八项注意”的精气神……只有广泛阅读、汲取文明、丰富学养，才能成为真正意义上的文化人；只有博览群书、博闻广识，才能永葆思维的青春活力。坚持手到：读书须动笔，坚持记笔记。也许是从小养成的良好习惯，我读书常喜欢摘录，写随笔，当校长几年下来，大大小小的笔记本满满的写了 14 本，数十万字。甚至交代儿子，一旦我有什么意外，让它们与我结伴而行。坚持心到：应该强调的是研究性阅读，读而不思犹如观而不察，如此就是“读书死、死读书”，说的都是别人的话，做的都是人家的主张，缺乏独到的思考，独创的见解。坚持身到：就是把读书学习与工作创新结合起来。有的人读了很多书，却没有智慧，智商很高，情商很低。如果读书与工作两张皮，不能学以致用，不能知识迁移，这样的阅读是没有价值、没有意义的。

六、你办公室悬挂着的“怀云鹰之志，做莽牛之耕”，我想这个不仅是对你的一种鞭策，更是给你人生的一个定位吧，那你对自己人生的具体定位是什么呢？

答：竞争上岗之前我从未当过校长，记得当时北京来的一个专家当场质疑我：“你从没当过校长，凭什么来竞争校长？”问题的尖锐和一针见血可想而知。我当即回答：“过去的经验也许正是今天教育改革的阻碍。创新比经验更重要……”尽管我有幸上任了，但并不是所有人都看好的。在我到任之际，当时主管宝安教育的博士副区长陈广源亲自送来了这幅字：“怀云鹰之志，做莽牛之耕。”这是多大的鼓励和鞭策啊！它也从此成了我的座右铭和人生的信条。现在每每看到它，都感受到一种无声的语言、无形的力量。并以此对自己进行认识定位：像云中之鹰立意高远，博大胸怀，为教育理想的乌托邦行而上；像大地莽牛脚踏实地、俯首甘为，为师生的幸福人生行而下。

七、你有教科所工作的经历，对你从事校长工作有什么益处？

答：今年是我从教30个年头，再回首，我把最灿烂最宝贵的青春年华都献给了三尺讲台。当了整整十年的中小学语文教师和班主任，曾经带过一个“探索中小学衔接教学实验”班，从小学一年级一直送到初三毕业，由此在湖南怀化产生了一定的影响。1991年8月，怀化地区教委把我调到怀化地区教科所，负责全区12个县（市）的小学语文和思想品德的教科研工作。我着手建立了地、县（市）、学校三级教研网络，主持开展了国家级课题“注音识字，提前阅读”实验、省级课题“协同教学”实验等12项富有创新的实验课题，有些实验成果在湖南省推广，并荣获全省第三届教改教研成果奖，我本人也被评为“全国小学语文优秀教研员”。1997年初，我来到深圳宝安沙井教研室担任副主任，主抓教科研工作；2000年8月，我被调到宝安区教育科学研究培训中心担任小学语文专职培训教师，倡导并组织探索了“研训一体”的教师培训模式，收到显著成效。屈指算来，我从事专职教科研及教师培训工作整整12年。12年的磨砺，使我“科学的思维、严谨的态度、求实的作风、创新的精神”这一鲜明个性更加突出，对我后来从事学校校长工作大有裨益。

2003年秋我走马上任西乡中心小学校长，9月1日开学日，当我看到学生及家长的邋遢着装和无组织无纪律的自由散漫时，我首先想到的是，要改变这些不合格的准城市人，作为校长的我责无旁贷。改变什么？怎样改变？……一连串的问题摆在面前。问题即课题，对于像我这样的长期从事教科研工作的老兵来说，我们总是带着一种透视的眼光审视问题的。后来经过反复思考，我提出了“培养现代城市人”这一极具针对性和现实性的培养目标，倡导通过践行“开放教育”来逐步达成这一目标，于是“培养现代城市人——开放教育实践与研究”这一课题便应运而生，并被深圳市教育科学规划办确定为“十五”重点课题。2009年这一课题圆满结题，我们在结题报告中，对该课题的可持续性和发展性进行了科学阐述，将“培养现代城市人”修订为“培养具有国际视野的现代城市人”，即强调“国际人”内涵和“教育国际化”；根据概念的内涵与外延成反比关系，我们将“开放教育”修订为“开放式教育”，概念外延的缩小更加凸显课题的个性化和可操作性。目前，“培养具有国际视野的现代城市人——开放式教育实践与研究”已成为西小推进教育改革、实施素质教育的校本总课题。在这一总课题下派生出的“开放式语文教学”（分为开放式习作教学、开放式阅读教学、开放式语文活动教学等三大板块）已被教育部确定为国家级重点课题，并在2011年4月正式开题。在“开放式语文教学”课题实验的引领下，数学、英语、科学、艺术、体育等学科的“开放式教学”实践与研究正蓬勃开展。与此同时，学校的“开放式管理”、“开放式德育”等课题研究也一直稳步推进。我想，再经过四年的探索，我们践行的“开放式教育”一定会达至一个新的境地。

在西小8年来的校长工作历程，可以说是我人生中最为华丽的一段真真切切的教育科研探究史，其间，有疑惑和迷茫，有冥思和躬行，更有快乐和幸福。总之，12年的教科研历练，成就我完成了向科研型校长的蜕变；8年的校长平台，支持我借以科研的魅力书写着开放式教育的华章。

八、你不仅是文化教育界的代表，更是所有知性女同志的代表。我们知道你为了建设高品质的学校文化，要求作为校长的你自己要有高水准的文化素质，那这么多年来，你是怎样坚持做到每日提升，成为“文化校长”呢？

答：过奖了！我只是一个普普通通的女性校长。从一定意义上讲，学校文化就是管理者的文化。也可以说，校长，不仅仅是一个管理者，他（她）是学校文化的符号，是学校先进教育文化的标识，是应该让学校增值的人。有什么样的校长，就有什么样的学校文化。我一直坚持铸造学校文化的精神特区，那么，我自己首先应该成为一个“文化校长。”

这么多年来，我一直坚守“学而后知不足，学而后施于人”，养成了读书、写作、思考的好习惯。我每天坚持清晨听新闻，中午午睡时间读报纸，晚上看书，一小时两小时不等，节假日闲暇时间写作，比如说春节就是我最好的写作时间，今年这个十一长假，我把自己封闭在家初步完成了最近要出版的一部二十七万字的书稿。说实话，每天如果不读报、不看书、不写作，我会觉得很惶恐，很对不起自己。我从教不久，年轻的时候就给自己规定，每年要在国家级刊物上发表三篇文章，我做到了，并超过预期。有人怀疑会写的不一定会教，不一定会干。但我以为只有干的精彩才会说得精彩、写得精彩。一次偶尔在家睡了一天，毫无意义，感觉很郁闷，发信息告诉我的一个朋友，她居然回复我：“睡觉就是最大的收获。”其实我知道她在安慰我。我即使外出休闲旅行，也免不了写点游记、杂文、随感，也为自己找点借口，“休闲出智慧”嘛！最近我常想：我们离人生的起点已经很遥远了，但离终点又还有一段距离，如何保持高昂的激情，敏锐的智慧，强健的体魄，做学校师生的精神领袖，说实话，我有无形的压力感和紧迫感。

当然，一个“文化校长”要具备的文化素养是多方面的。尤其是小学校长，要起到“润物细无声”的教育效果不是一朝一夕的事。从外在形象气质、服饰感染的熏陶，到内在精神品质、慎独躬行的养成，任重而道远。可喜的是，我已经看到了学校的变化，教师的变化，学生的变化和家长的变化。一次，一个六年级的男孩子，用很欣赏的语言跟我说：“校长，您今天穿着这条连衣裙气质可好了，我要用我今年的压岁钱给我妈妈也买一条。”是啊，其实每个人都生活在自己的衣服里，衣着方式最能表达一个人的生活态度。张爱玲曾经说：“人们选择怎样的物质生活，其实是他们内心精神生活的外在投射。”

九、你既要当校长，又要上课，还要出去讲座，读书、写书，你的时间是怎样分配的，会不会经常感到忙乱，感到疲惫？

答：这些年来，作为一校之长，我既要履行校长职责，又要完成在中国教育学会，中央教育科学研究所，广东省教育厅及市、区教育局等单位兼职的教师培训任务；并且一直坚持在一线上课，上课内容以语文活动课为主，也经常会根据老师们的要求，为他们执教诸如阅读教学、习作教学、古诗教学等不同类型的示范课；同时我还要严格执行自己设计的读书、写书计划。忙是肯定的，不累也肯定是假的。

那么，我是如何做到忙而不乱，疲而不惫的呢？

第一，有计划不忙乱。也就是说做什么事都要先计划好，大到人生规划、学校发展规划，小到做一个讲座、读一篇文章，都要提前谋划好。但往往是“计划没有变化快”，比如说，本来是计划上午上一节语文公开课的，但区委组织部点名要我上午参加一个座谈会，怎么办？那就只能先参加座谈会，再重新计划上公开课的时间。这种情况虽然打乱了原先的计划，但对于“上公开课”却一直处于计划之中，所以也不至于造成手忙脚乱的无序状态。一直以来，我特别强调人生计划。对于人生计划的设计，一定要认清环境，了解自我，慎选目标，坚持力行。我们不仅要设计好自己人生的长期计划，更要制订出一个又一个近期计划，并且脚踏实地去执行这一个个近期计划，做到今日之事今日毕。只要你能够按照计划一步步地扎实把握今天，那么，明天肯定就能走向成功。

第二，有信念不疲惫。我们选择了教育这一高尚职业，就必须具有明确而崇高的职业信念和理想目标，并做到始终如一，明辨是非，立场坚定，不为利所惑，不为名所累。我们学校把“为和谐社会培养具有国际视野的现代城市人”作为办学宗旨，这一宗旨也是我坚定的职业信念和理想目标。为了向这一目标挺进，再大的困难和挫折，再多的劳累和疲惫，都是一种机遇和挑战，都是一种愉悦和光荣。这么多年来，我没有请过事假，病了硬撑着坚持上班是常事，也没有迟到、早退过，更多的是老师们下班了，我还在学校工作，经常是工作到晚上十点后才下班回家。利用双休日、节假日回校加班，就更是家常便饭了。我这样做，一方面因为我要做的事情确实很多，另一方面，我也是为了在考勤方面为老师们作出表率。我经常讲，有追求有信念的人往往能够获得成功，是因为他们在闲暇时间里也在努力学习，努力奋斗。对于我来说，读书、写书是我闲暇时间的两大主要功课，这么多年来我一直坚持着。最近几年我一年一本专著，也得益于我对闲暇时间的合理经营和持之以恒。

除了上面两点，要真正做到忙而不乱，疲而不惫，我以为具有一个健康身体和阳光心态也是十分重要的。有人曾经问我是什么秘籍让我始终保持着良好形象和昂扬激情的，我半开玩笑地告诉他："少吃少睡多读书。"对于阳光心态的修炼，我想起论语中讲到颜回的一个故事。孔子夸他的学生："贤哉，回也。一箪食，一瓢饮，在陋巷。人不堪其忧，回也不改其乐。贤哉，回也。"颜回令人感动的地方，并不是他的忍耐，而是他的这种生活态度。在所有人都对这种贫苦生活进行抱怨的时候，颜回却始终保持乐观的心态。只有真正的贤者，才能不被物质生活所累，才能始终保持心境的那份恬淡与安宁。人人都想过上幸福快乐的生活，而幸福快乐只是一种感觉，与贫富无关，同内心相连。我们的眼睛，总是看外界太多，看内心太少。所以，我们应该学会在工作和生活中寻找快乐，更何况，我们从事的是太阳底下最光辉的职业，每天与我们相伴的是花一样的孩子。

十、你在教育生涯上的成就和你的切身经历一定有必然的联系吧，那你能跟我说说你之前印象最深刻的一些经历吗？

答：人的一生总有些难以忘怀的记忆，总有些影响自己的"重要他人"。很多人曾问我，是什么力量让你常常保持一种旺盛的精力和对教育的执著精神。我想那一定是全国第一任妇女部长、革命先烈向警予的英魂牵绕着我。

1964年，我出生长沙，三岁那年随母亲来到湘西怀化溆浦，也就是向警予的故乡。庆幸的是我的童年是在向警予的故居长大的。现在回忆起来，我早早地就住上了四合院式的别墅。依傍溆水河畔，也就是屈原笔下的"入溆浦兮"，足以证明这里山清水秀、人杰地灵。我从小就被警予的故事耳濡目染。向警予1895年出身于在当地的一个大地主家庭，排行老九，也叫"九姑"。从小就反对封建旧势力，抵抗父母包办婚姻，就读当时人称"女革命家的摇篮"——周南女校，就此认识了毛泽东、蔡畅和蔡和森。后来在法国勤工俭学时与蔡和森结为夫妻，拍的结婚照就是两个人手捧《资本论》。回国后与毛泽东主席等一道献身革命。1928年，由于叛徒出卖，在武汉被捕，5月1日，被五马分尸、英勇就义。之前，向警予曾回家乡创办了全国第一所男女混合学校，并亲自挨家挨户劝女子"放脚上学"，也是这个学校的第一任校长、首批教师。后来我上小学就读于此，就在警予故居不远，即现在的"警予学校"。记得小时候，当地部队想占据我们学校的操场，我们曾举着标语、牌子上街游行申讨。我们上小学时还在河边挑沙担土，扩大操场。当年警予提出的校训"自治心、公共心"延续至今，深入我心；警予亲自作词、作曲的校歌，我到今天都不能忘怀。"美哉，卢山之下溆水滨，西小巍巍矗立在其前，我一堂姐妹相爱相亲，大家有努力奋斗的精神。看，现在已是男女平等，天然的淘汰触目惊心，愿同学做好准备，为我女界啊大放光明。"当年师生唱的《运动歌》"运动运动运动乐，哪怕天寒哪怕地冻，各把精神来振作，筋骨强，血脉活，要使身体都活泼，运动运动运动乐”也传诵至今。我1981年毕业分到一所中学任教。一年后，我主动提出回母校教小学，一教就是八年，从小学一直教到初中毕业。这期间，我还自费到武汉墓地专程拜祭向警予。不知是英魂的召唤还是童年的追随。如今的警予故居早已成了“向警予烈士纪念馆”，前中共中央总书记胡耀邦同志还亲自题写牌匾并为向警予铜像揭幕。

离开警予故乡已二十年了，中国发生了翻天覆地的变化，但警予的精神一直激励着我，像一颗种子在心中发芽、开花、结果。2008年清明节之际，我曾回母校，为警予学校教师上培训课，并亲自制作鲜花在警予铜像前默哀。警予精神更是激励着警予师生，当我得知学校兴建的一栋教学楼，因资金不够，是每个教师捐赠五万元才得以竣工时，我又一次被震撼了。不由自主地想起毛泽东主席高度评价向警予的一生：“要学习大革命时代牺牲了的模范妇女领袖、女共产党员向警予。她为妇女解放、为劳动大众解放、为共产主义事业奋斗了一生。”警予的精神已经深入警予人的灵魂了。2009年，警予学校被评为全国教育工作先进单位是当之无愧的。我当年在校时的老校长李惠秀为了警予学子终身未嫁，被评为全国劳动模范、全国五讲四美先进个人。这里还成长了全国优秀班主任、全国优秀辅导员、全国优秀教师。

2009年12月4日的《宝安日报》“天下新闻”专栏报道了“向警予：为妇女解放奋斗的一生”。我倍感亲切，并将报纸珍藏。我想：它将伴随我永远前行。

附二

《特区教育》：用开放式教育"培养现代城市人"

用"开放式教育"培养现代城市人

——专访2009深圳市"十佳"优秀校长张云鹰

特区教育记者　韩保

记　者：是什么触动你开始思考"培养城市人"的培养目标的？

张云鹰：2003年10月30日，深圳市委、市政府作出了《关于加快宝安龙岗两区城市化进程的意见》的决定。2004年7月1日，深圳市宝安区宣布启动推进城市化计划，迈出了具有历史意义的城市化步伐。从2004年7月底开始，进入具体实施阶段，包括撤镇、村委会改建街道办、社区委员会挂牌、资产清查工作等，由此深圳成为全国首个"无农村城市"。一瞬间，农民在深圳消失，随之而来的是"新城市人"的问题。

尽管如此，对于我们这些在深圳从事基础教育工作的人来说，学校城市化任务更加艰巨。一方面，深圳城市化的社会进步与发展使我们感到高兴和振奋；另一方面，我们也因为看到这些一夜变为新市民的农村人和大量城市编外的外来民工们普遍存在着"城市是城市人的城市，不是乡下人的城市"的心理认同，深深感到学校向城市化转型的重大责任。

萌动培养现代城市人的想法，缘起于2003年9月1日开学日现场情景的视觉冲击。这一天，我作为走马上任的新校长，早早地来到学校，满怀喜悦地准备举行开学典礼。但是，我一到现场便立刻懵了：很多家长都不注意自己的着装，有的穿着拖鞋，有的穿着睡衣，还有的竟然穿着短裤；而学生的衣服也参差不齐，如长袖上衣配短裤，衣服扣子系错了位，邋邋遢遢的大有人在。一些家长和孩子在校门口出出进进，目中无人，怡然自得……

不知何故，这种被人们早已司空见惯的情景却深深地刺激了我，并激起我心灵的震动。我离开学校做专职教研员和专职培训教师12年之久，的确很少关注过课堂外的校风校貌。当天夜晚，我辗转难眠，思绪万千。第二天，我向学校教职工谈了我的初步想法，即在农村学校向城市化转型期，必须树立"培养城市人"的教育目标。在随后的几年实践探索中，我们逐步形成了以培养"现代城市人"为目标的"开放式教育"理念体系。

记　者：作为开放式教育的重要指标，“培养现代城市人”这个目标该怎样理解？

张云鹰：所谓“城市人”，是指有活力、有公德、有智慧、有情趣、有气质的都市文化人。具体说，现代城市人应该具备城市责任意识、规则意识、公共意识、文明意识、卫生意识和参与意识等六种意识，落实在行为上，表现为良好的教养和文明的习惯。我们认为，社会在发展，人的素质必须相应得到提高，文明步伐紧紧跟进。在城市化不断加快的进程中，尤其是经济先发达地区，应该根据社会发展自觉调整、深化素质教育的内容，为新生代提供有效的教育服务。

我们提出“培养现代城市人”的教育，是新社会形态背景下的“开放式教育”，它既是一种思想、一种理论，又是一种课程、一种活动。它是从满足和谐社会建设、学生身心发展需要的整合观点出发，将开放教育目标指向培养和谐的、具有国际视野和现代科学文化素质的城市人。总之，我们希望通过“教育一个学生，带动一个家庭，辐射一个社区”，构建起学校、家庭、社区三位一体的多维教育体系，将素质教育落实到各个层面。

记　者：怎么理解“开放式教育”的内涵？

张云鹰：我们对开放式教育界定为：教育信息空间和沟通渠道多元化，教育功能作用纵深化，教育方法多样化，教育技术手段科学化，教育评价个性化，师生关系民主化。开放式教育是公平的，是面向全体学生的，是学生主体自主选择性的。西小“开放式教育”的内涵主要体现在如下五个方面。

第一，“开放式教育”是培养全面和谐发展的人的教育。受传统观念和应试教育的影响，我国基础教育长期存在着重智育轻德育，重课堂教学忽视社会实践，重考试成绩忽视对学生创新和实践能力的培养，重教师的主导作用忽视学生的主体地位，使学生课业负担重，学习压力大，严重影响了身心健康发展，难以适应社会发展的需要和自身发展的需求。为了消除这种不和谐的教育现象，我们关注学生的全面发展，确立了新课改的三维课程目标，除了传授知识和能力外，“过程与方法”、“情感、态度与价值观”也成为重要的课程目标。我们坚持“以学生发展为本”的课程理念，鼓励学生合作与交往，重视师生之间、生生之间、教师与教师之间的多向互动、合作交流，从而呈现出良好的课堂生态和课程文化。

第二，“开放式教育”是公平的教育。要培养适应社会并能促进社会发展的人，就要求学校改变“孤岛”式的办学方式，探索全社会共同关心教育的运作机制，即学校、社会、家庭全面参与教育；在教育过程中，冲破英才学生在发展中的优先地位，构建人本、开放、公正、丰富的教育学习环境，让每个学生都享有公平的受教育权利和发展的机会，让学生遨游在信息的海洋中，及时感受最新信息对人知识结构、能力要求的冲击，把学生培养成为开放社会所需要的高素质的创新人才。

第三，“开放式教育”是促进人的个性健康发展的教育。

第四，“开放式教育”是促进教师发展的教育。教师是学校办学的主体，教师在实现和谐教育中担当着重要角色，只有教师的发展才能促进学生的发展。西小给教师提供更多的培训、进修、交流、分享以及展示自我的机会，大力支持和倡导教师的校本教研和课题研究，使更多的教师由经验型转变为反思型、研究型，促进教师的专业发展，以丰富教师的精神世界，提升教师的生活质量。

第五，“开放式教育”是学生主体自主选择的教育。可以说，没有学生主体的自主选择，就没有开放式教育，也就没有学生的发展。学生不是接受人类间接经验的容器，教育是服务于学生未来发展的事业。这必然要求，学校为学生提供多元的、开放的知识世界，让学习主体能进行自主选择式的开放学习。我们着力于优化学生的学习环境，通过外部客观文化的影响，让学生的学习内容适度超前，通过自主选择习得能力并获得生动发展，体验到学习的快乐，使自己进入积极主动的学习状态中，在增加知识积累的同时提升综合能力。

记　者：在你的倡导下，西乡中心小学的开放式教育正在进行着实践探索，能给我们介绍一下“开放式教育”的西小模式吗？

张云鹰：构建一所“向世界开放、为人类服务的终身学校”，是当今世界教育的共同追求。2004 年春，我们开始实施开放式教育。西小的开放式教育，不是简单地向学生传授社会知识，而是要在培养学生基本的探究能力基础上，建立一种开放的教育模式。这种教育模式不仅包括开放的教育方式、课程、教学方法和手段，还包括我们的生活态度、思维方式和价值取向。

作为一所小学，鉴于自身的研究水平和时间相对有限，我们将“培养现代城市人——开放式教育实践与研究”课题实验与学校整体改革在五个方面有机结合：(1) 学校整体改革研究与推进素质教育实验相结合，努力解决素质教育推进过程中的具体问题；(2) 探索课堂教学开放的有效途径与课程改革相结合，架通学科知识与社会生存需要的桥梁；(3) 开放学校管理，实现教育资源的大“融资”，即与社区社会教育资源、家庭教育资源融合，形成学校与社会、家庭多向人才流、物质流、信息交互流；(4) 开放学生的学习方式，改变学习策略，拓宽学习时空，优化学生信息环境，让学生切实感受到信息时代特征；(5) 教育改革与师资队伍建设相结合，以切实改变教师传统教育观念，习以为常的教育行为、评价方式，倡导和谐、民主、开放的教风。

在开放式教育的实践中，我们将教育的观念、管理、德育、课程、手段和评价六个方面的开放式和科学性有机结合，逐步形成了“开放式教育”的西小教育模式。以课程的开放式为例：

我们构建了多元化的课程开放，对活动课程进行了建设与创新，为学生自主、合作、探究性学习，丰富了载体，搭建了平台，实现了学科课程与活动课程的有机整合，调整、补充和改造了现有的课程和教材。我们主编有《国学“风雅颂”西小365》《正蒙宝典》《绿色家园》《少儿心理健康教育读本》《心桥》《家庭教育指导》

《写字》等校本教材，以及《西海学报》《西海论坛》《西海浪花》《西海艺萃》“一报三刊”，不仅深受师生喜爱、家长称赞，而且在宣传学校、对外交流方面发挥了积极的作用。尤其是《西海论坛》《西海浪花》封面人物、优秀科组的介绍引起了师生的极大兴趣，并得到很好反响。

我们还实施了个性化的课堂教学，针对传统教学的封闭性，着力提倡现代教学的开放式，充分发展学生的个性，让开放式教学把课堂变“大”，把教学重心从“教”位移到“学”上，给学生真正的学习自由，使学生在各自的学习基础上得到充分发展，使教学内容生活化，教学过程游戏化，教学关系民主化。如我们的自主式的课堂开放教学，它是指学生在教师的科学指导下，通过能动的创造性学习活动，实现自主发展的教学实践活动。自主式课堂教学策略强调学生不但要重视学校课内学习，同时还要强调学生课余的自主选择性学习；不但要重视学习书本知识，同时还要强化对社会、生活实践的学习；通过自主学习，使文化知识内化为人文素质，使技能转化为能力素质，并通过实践的锻炼升华为综合素质。再比如体验式的课堂开放教学，学校课程成功地由“制度课程”转变为“体验课程”，课程与教学的价值取向由“工具理性”转变为“直接兴趣”，课程与教学研究的重心则置于理解活生生的教学情境之中。在课堂情境中，教师的主导性充分发挥的过程即是教师“创作”课程事件或“创生”课程的过程。在课堂情境中，当学生的主体性充分发挥的时候，当学生积极参与到课程创生过程中的时候，学生实际上也在“创作”课程事件。在与课程事件的相互作用中，在完成任务的过程中，学生创生自己的课程，以其独有的方式建构意义。

记　者：听说你就任西小校长之前，经历丰富，作为一名成功的校长，你觉得你的经历与你的成功有必然的联系吗？

张云鹰：我认为，我过去的工作经历是我能走到今天的重要原因所在。我刚毕业时，分在一所中学教初二语文，感觉学生根本达不到初中生的语文水平，这跟小学的基础有必然联系。送完这届初中生，我主动提出去小学从教，带了一个从小学一年级到初三毕业的教学班。当时，我带的五年级学生直接接受六年级的毕业考试。考试成绩公布后，我这个班的成绩在整个湖南省怀化地区高居第一。我用了八年时间，完成了九年义务教育的教学任务，在当时引起了轰动，很多业内人士和家长联名呼吁要推广我的教学模式。

后来，我到了湖南省怀化地区教科所（现怀化市教科院），做了一名专职的语文教学研究人员，从此脱离了学校的一线讲台，开始了我的教育教学研究经历，直到我就任西乡中心小学校长。在专职研究教育教学这段时间内，我先后在湖南怀化地区教科所、深圳宝安教科培中心潜心研究了九年，还担任了三年的专职培训教师。这段研究工作的后期，结合以前我在一线当教师的经历，我时常有种这样的感觉：教育的研究者在教育的象牙塔里，没有走出去，对学生与教师交往过程的鲜活性捕捉不到，缺乏发现一线教育教学问题的机会；与之相反，长期担任一线教学的教师理论水平不高，有大量的现象和问题能够发现，但是不能深入地进行探究并解决。这种现象，实际上形成了教育理论和实践两张皮的弊病。

我自己在经历了“实践—理论”的轮回之后，迫切想要在这个环节之后重新回到实践的平台，形成“实践—理论—实践”的循环，也为我自己长时间的研究寻求一个实施的舞台。于是，在2003年8月，我通过竞聘，来到西乡中心小学做了校长，开始具体实施我的一些想法。在此之前，我从未担任过学校的校长，我甚至没有当过学校的中层干部。我清楚地记得，在竞聘答辩的最后环节上，一位评委给我一个很有压力的问题：“你从未担任过学校校长，甚至从来没有在学校担任过中层干部，缺乏经验积累，你如何解决这个问题?”我当时的回答是：第一，创新比经验更有效更重要，而且，学校对创新的要求更迫切；第二，过去的经验也许正是今天现代教育改革的阻碍。我的回答彻底征服了评委，也引起了现场的满堂喝彩。2008年，由国家教育部组织、人民教育出版社出版的我的专著《教育智慧与学校创新》（被列入中国特级教师文库）正印证了我当年的回答。

记　者：最后一个问题，对教师这个职业，你是怎样理解的?

张云鹰：我认为，教师的专业成长有三部曲：读书、教书、写书，这也应该成为我们教师的追求。

我自己从事过一线教学站过讲台，现在仍然站在讲台上，对我来说，做一辈子教育人，做一辈子教师，在教学与研究的道路上，发挥一个校长的“首席教师”和“精神领袖”的作用，让教师受益，让学生受益，这是我毕生的理想。或许，这就是我作为一名教师对教育事业永远的憧憬。

（选自《特区教育》2010年第2期）

附三
《南方日报》：西乡中心小学扬帆“开放式教育”之海

西乡中心小学扬帆“开放式教育”之海

南方日报记者　黄伟

“开放式教育，一个时代的命题！”在教育日益走向城市化、现代化、国际化的今天，现代城市人的培养必须面向开放式的转型社会。近年来，崛起于深圳农村城市化进程中的西乡中心小学一直致力于这一命题探索和实践，全面实施观念、管理、德育、课程、手段和评价的开放，并延展至校园空间、教育目标和情怀视野的开放，成为深圳教育的一抹亮色。

“开放有助于尊重差异，使人变得宽容；开放使人消除偏见，学会鉴别；开放使教育在景仰、吸纳人类共同文化、科技与物质财富的基础上，给无助的心灵带来希望，给幼稚的双手带来力量。没有开放，就没有自由、自信、自省、自察的精神世界。”西乡中心小学校长张云鹰如是说。

站在先贤之肩：观念和管理开放。开放教育思想在中国的历史源远流长，可上溯至先秦诸子百家。荀子曾言：“不闻不若闻之，闻之不若见之，见之不若知之，知之不若行之，学至于行而止矣。”言辞中既重视感性认识向理性认识的提升，又重视理性的“知”向实践的“行”的转化。

中国教育改革的先驱陶行知主张把教育的范围扩大，把笼中的小鸟回归自然，放到天空中去，任它自由翱翔。

“我们在先贤的理论基础之上进行思考、实践，得出了自己的结论。开放式教育包含教育信息空间和沟通渠道多元化，教育功能作用纵深化，教育方法多样化，教育技术手段科学化，教育评价个性化，师生关系民主化。”西乡中心小学校长张云鹰说。

开放式教育首在观念开放，树立起开放的教育质量观。学校对开放式教育质量的定位为开发学生的潜能，改变学生的现状，激发学生的兴趣，焕发学生的活力，体现学生的价值，具体从学会做人、学会学习、目标控制、调控程序、随机反馈、提供条件等六个层面实施。

如果说观念开放是一个大前提，管理开放则是一个强有力的保障。众所周知，传统的学校管理有一定的封闭性，而现代学校管理则强调开放式。因为学校教育是全社会的事业，必然要与社会的物质、能量和信息多种关系交互，以维持学校发展的动态平衡和有序性。

通过依靠教师办学、管理和教师指导学生自我管理，西乡中心小学形成了内部管理的开放机制。如学校每周的值日小卫士，通过学生的表率作用影响群体，每年的少代会提案，学生以小主人的身份向学校提出改变自己生存环境的合理化建议。

管理开放的另一内涵为引导社会力量参与学校管理，加强学校教育与家庭教育、社会教育的衔接、沟通，激发学校教育的活力。为此，学校首先为家长参与学校管理创设良好条件，建立起班级、年级、学校三级家长委员会；成立“开放式教育指导委员会”，把社会名流，企事业单位负责人请进学校，化社会资源为教育资源；建立社区联系网络和实践基地，组织学生下社区当小宣传员。

“学校开放管理流程需要优化，来自环境、社会方面的信息输入学校，我们进行分析、筛选、提炼，然后提出教育目标，最后付诸实施。”张云鹰说。

探寻破题之策：课程和手段开放。开放式教育的研究与探索的深入，必然会带来学校课程和课堂的开放。相对于传统的封闭式课程和课堂，西乡中心小学把开放式的课程与课堂教学定位在多元化、个性化和综合化三个特征上，使教学着眼于学生的个性需求和终身发展。

多元化的课程开放体现在活动课程建设、创新和研究性课程策略两个层次。相对于系统的学科知识而言，活动课程的特点在于动手去“做”，在于手脑并用。学校在积累众多研究经验和教学实例的基础上，以语文、数学、英语三科为主阵地，开发出《国学“风雅颂”西小365》《正蒙宝典》《绿色家园》等校本教材，尤值一提的是教育科学出版社出版的张云鹰校长的两本专著，即《开放式习作教学》和《开放式活动课程》，构建起校本课程的基本框架。

研究性课程策略更多地关注学生“会学”的能力。常以个人或小组合作方式进行研究，注重发展学生的探究精神与创新精神。以“西乡河污染”课题研究为例，在教师引导下，学生利用课余时间去图书馆、逛书店、上网查资料，了解污染成因，探讨解决之道，最后发出环保倡议。

西乡中心小学的实践表明，体现个性化的开放式课堂教学能够适应儿童学习需求，能够使每个儿童得到充分发展，学生在“情知互动”中发展情与知。“教学内容生活化、教学过程游戏化、教学关系民主化是其基本策略。”张云鹰表示。

所谓综合化的开放教学，旨在面向学生的未来发展，打破单科式的教学，以综合实践方式为主，加强各学科之间的联系，为提高课堂教学的效率提供新的思路。如《奇妙的颜色》一课，将美术、英语等学科知识综合起来，让学生参与自主式的小组活动，通过动手、动口、动脑，培养学生的合作精神和鉴赏美、创造美的能力。

“课程开放是开放式教育的支撑，但网络平台这一手段创新同样重要。”张云鹰表示，学校积极开展教师信息技术培训，开发校园网络应用系列平台和信息技术校本课程，实现了信息技术与学科教学的整合，培养了现代城市人的信息技术素养。

仅以家校联络为例，学校建立起网络平台，开辟专栏向家长及时介绍学校与班级的情况，家长与教师可随时登录网上沟通联络直通车。教育评价是教育科学的一个重要分支，具有信息反馈、调节、指导、学习、管理和研究功能。开放式教育是建立在“以学习者为中心的”和素质教育基础上的实践性研究，伴随开放的社会而产生。因此，对学生评价的开放也是开放式教育的重要组成部分。

铸就精神特区：评价和德育开放。“开放式评价包含评价目标、评价主体和评价过程的开放。”张云鹰向记者分析，目标是阶段性的，发展性的，小学教育是终身教育中的起步教育，学校教师绝不能把评价作为将学生分成三六九等的标准工具，而要将评价作为帮助学生进步的推动器。在传统教育评价中，教师是评价的主体人物，这种评价主体的单一，影响到了评价结果的合理性。学校意识到学生的成长是学校教育、家庭教育、社会教育共同作用的结果，因此评价参与者也必须是多元开放的。目前，学校已形成以学生为主体、教师为指导、家长参与的评价机制。评价过程的开放式主要体现在淡化终端评价，强化过程中的形成性评价。运用形成性评价，及时修正完善一个正在进行的教育活动，让学生明白什么学习生活是有利于自身发展的；让教师明白什么样的教育方式可以让学生主动探究；让家长明白构建学习型家庭自己要扮演什么样的角色。

“尤为重要的是，我们意识到评价也是一种综合性能力，对小学生来讲，只有学会评价，才能参与到评价中去，教会学生评价的基本技能，并引导他们适时地参与评价，是推行多元评价的基础。”张云鹰说。

毫无疑问，科学评价了奠定了学校的精神内核，也促进了“开放德育”机制的形成。近年来，学校以“培养现代城市人”为突破口，针对学生的年龄、心理特点，努力体现教育活动自主性、趣味性和系列性特点，形成了一种全方位、立体化、灵活多样的，具有开放特征的德育教育。学生在日常的行为规范中完善自我，在学科渗透中成长自己。在师德养成层面，西乡中心小学引导教师自觉守护心灵梦想，精心打造“道德自律、工作自励”的教师文化；倡导“教者儒雅、以研为乐”的教风；实施“六个一”工程（即改进一个教育实践问题，完成一个学生成功案例，上一堂表现自己教学风格的思想品德课，写一篇教育叙事故事，研究一位教育楷模，研读一本教育名著），激励教师坚守职业道德底线，以文化人的操守铸就精神特区。

深圳的特质在于改革创新，西乡中心小学正是这一特质掀起的一串浪花。正所谓文化引领发展，精神特区永驻，西乡中心小学定会在开放式教育的蓝海里扬帆远航！

（《南方日报》2009年10月21日报道）

附四

《人民教育》：张云鹰和她的《开放式习作教学》

张云鹰和她的《开放式习作教学》

崔　峦

一

大约在六年前，共和国第八次基础教育课程改革开始不久，有位深圳宝安的女教研员，把一部《新小学语文活动课程设计》的书稿交给我，让我为之作“序”，她就是张云鹰。在许多地方和学校仍在“扎扎实实”地搞应试教育的时候，能自觉担当起建设语文课程的责任，借开发活动课程，加强与生活的联系，培养学生的语文实践能力，真是既有魄力又有眼光。这就是张云鹰给我的第一印象。

与此同时，她把目光投到“语文自主学习”上。她和邓蝴梅老师编著了《小学语文自主学习与素质检测》一书，希冀透过“学法指导”和“素质检测”，授之以渔，给学生点石成金的指头，把课程标准倡导的自主学习落到实处，使学生的自学能力在方法的指导下，得到质的提升。其教学研究，针对语文教学“重教轻学”的弊端，探讨如何“重学善导”，真是抓到了点子上。这是我对张云鹰进一步的印象。

之后，各自都忙，疏于联系。只知道张云鹰竞聘当了校长，干得不错。去年冬天，突然接到她的电话，约我到深圳参加“开放式习作教学研讨会”，由此不仅续上了联系，而且给了我当面向她学习的机会。与会之前，我有意识地通过多种媒体、资料对她作了进一步了解：张云鹰从华中师大毕业，已从教 28 年，先后做中小学语文教师、教研员、校长，一直痴迷于教育、教学改革，从韵语教学实验到阅读教学、习作教学探索，从开放教学、开放教育研究到课程体系的构建，从课程、教材、教法改革到学校教育创新——“培养现代城市人”教育实验，担任西乡中心小学校长短短几年，将一所乡村小学嬗变为省级优质校，带出一支崇尚“道德自律，工作自励”，酷爱读书，追求卓越的教师团队，工作之余著书十几部，发表专业文章百余篇，实现了由一名普通教师、教研员到特级教师、名校长的嬗变。

二

最近几年，张云鹰分出不少精力研究习作教学改革。她深感习作于小学生、习作教学于语文教学之重要，深知习作教学积弊之深、改革之难。张云鹰是个知难而进的人，研究越具挑战性，越能激起她旺盛的斗志和澎湃的热情。她学习教育教学理论，分析习作教学存在的问题，思考改革策略，进行改革实验，总结改革经验。这项教学实验取得了成功，《开放式习作教学》专著也随之问世。这部著作有很强的针对性：致力于克服习作教学凝固、封闭、僵化、低效的弊端，建设灵活、开放、务实、高效的习作教学。有一定的理论根基：如，多元智能理论，坚信每个学生都是潜在的天才，只要指导得法，习作人人都能成功；又如，建构主义理论，如能引导学生不断“生长”新的习作知识与经验，定能实现习作能力的自动化。具有可操作性：从开放的理念、开放的思维、开放的情感到开放的内容、开放的表达、开放的文体、开放的范式、开放的评价，初步形成了开放式习作教学体系。有很高的实效性：学生普遍爱习作，会习作，享受习作，此项教学实验大面积提高了学生的作文水平，这是我参加研讨会、现场观课留下的深刻印象。

这本书与其他的作文教学书籍不同。以往的作文教学书，很多是一般化的，说了一些众所周知的话，读了不解决问题；还有很多只讲作文招数、作文技术，看似有速效，实则治标不治本。张云鹰的《开放式习作教学》则不同，由于她在长期教学与研究中悟出了习作的真谛：习作是情感的宣泄，认识的升华，言语意识的苏醒，表达方法的内化，一句话习作是思想情感与文字表达的共生共融、同步成长。因此，改革习作教学，首先，要关注习作者的情感、思维，要营造开放情感、开放思维的“场”，要激发兴趣，激起情感，激活思维，使学生情感涌动、思维激荡，产生跃跃欲试的冲动。其次，要接通与自然、社会，与儿童生活的联系，引导学生在开放的、丰富多彩的自然、社会、日常生活中找到最想写的习作内容，使作文材料源源不断、取之不尽。再次，“开放”不等于自流，不等于不要范式，要由借鉴范式到个性习作，由扶到放到有创意地表达。总之，《开放式习作教学》分明写着这么几个关键词：相信学生、全面开放、联通生活、作中扶帮。这就是开放式习作教学成功的奥秘！我郑重地向广大教师推介：读读这本书，一定会受到启发；借鉴书中的理念与方法，习作教学一定会发生质的变化。

三

中国的基础教育呼唤本土的、原创的、符合科学发展观的教育教学经验，中国的基础教育呼唤认认真真、安安静静、扎扎实实办学的教育家型的校长。也只有教育家型的校长，才能创造出符合科学发展观的、本土的教育教学经验。张云鹰创造了这样的办学经验，她的所作所为诠释了什么样的校长是教育家型的校长。

教育家型的校长要有理想，有追求。张云鹰认为自己“为教育而生”，她视教育为自己的生命，对教育有一种割舍不掉的挚爱。进而，由对教育事业的挚爱，产生了探索的动力、创新的痴情，决心当教师要当一位名教师，当校长要当一个名校长。

教育家型的校长要懂教育，懂教学。张云鹰深知今日的教育是学生的明天、祖国的未来。她做教师，“一切为了学生，为了一切学生，为了学生的一切”；她当校长，践行“教师第一，学生第二”的原则，通过不断提升教师的素质来培养高素质的学生。她深知“教学质量是学校的生命”，而评判的唯一标准是学生学的效果。因此，她把教学改革聚焦到还学生学习的主体地位、千方百计促进学生自主学习上，用学生学习方式的转变，用把自主学习落到实处、学出效果，来切实提高教学的实效性。她深知以往学校教育的弊端，创建“开放教育”模式，实施“文化立校”战略，用开放的胸怀获取教育资源的最大化、教育途径的生活化，用学校文化的高品位提升办学的高质量。

教育家型的校长要有规划，有思路。张云鹰从当校长的第一天起，就在心中设计学校发展的蓝图——要让西乡中心小学成为“省内一流、国内知名的现代化学校”，致力于“培养现代城市人”。于是，她制定了学校发展规划，努力建设管理、师资两支队伍，开展一系列教育、教学实验。如今，二次创业五年规划已经完成，建设省内一流、国内知名学校的目标已经实现。目前她正带领全校师生研制学校“新发展”三年战略规划，持续进行“开放教育”的实践，秉承“崇尚科学、坚定执行、团结协作、乐于奉献、勇争第一”的西小精神，决心把西小办成“培养现代国际人”的著名的现代化学校。

教育家型的校长要静下心来，安安静静、扎扎实实地办学。如今的教育，有太多的浮躁，太多的“创造”，太多的“跟风”，太多的“形象工程”。教育是“花的事业、根的工程”，关乎千秋万代，来不得半点的虚浮，否则必然受到惩罚。张云鹰不然，她既有“鹰飞云天”、鸟瞰大地的志向，又有静心学习、潜心研究的行动。她要求自己既要做合格的管理者，又要做教改的引领者，更要做教改的实践者。她是崇尚以身作则、用行动说话的。2008 年春成立了“张云鹰名师工作室”，在学校之外又搭建了一个传帮带、为宝安培养名师的平台。我衷心希望，我们的校长都能像张云鹰这样“安安静静办学校，扎扎实实求发展”，累年的付出一定会有丰厚的回报——成千上万的学生成人、成才，去创造祖国更加美好的未来！

有人说张云鹰是云中之鹰，志存高远，搏击长空。我愿说张云鹰更若圣洁之水。她不弃溪流之小，不惧海洋之大，由溪流到江河，终究奔向大海；她可居溪、潭、江、河，能窄能宽，可方可圆，在什么地方都能适应，处什么环境都能发展；她平时像深潭一样沉静，积淀，积淀，时间久了终会爆发，如瀑布“飞流直下三千尺”，令人景仰、赞叹；她如春雨滋润师生心灵，如江河托起承载全校师生的船舰，既有似水柔情，又有水的力与美，给予他人无尽的关爱与温暖。

这就是我心目中的张云鹰，低调做人，高调做事的普通校长，深信“校长思想有多远，学校就能走多远”的一校之长。我坚信：只要有理想，不放弃；有行动，不止步，每个人都能成功，包括我和你。

（选自《人民教育》2010 年第 7 期，作者系全国小学语文教学研究会会长、原人民教育出版社小语室主任）

附五
《小学语文教学》：开拓一片空间

开拓一片空间

——读张云鹰《开放式活动课程》有感

闫银夫

“开放”，作为21世纪一个响亮而有力的概念，大家并不陌生。但是，张云鹰老师把“开放的教学”视为一个迫切的教育命题，躬身实践之，执著探索之，且有显著成果者，确属鲜见。继去年她出版的《开放式习作教学》获得“第五届（2004—2008）中国教育学会科研成果奖”二等奖之后，当我又看到《开放式活动课程》一书时，便对作者油然生出一种敬意。

行走于这本书中，品味作者的使命感和设计美，我也试着思考“开放”的深意。

一、开放意味着教育的智慧

如今，学校弥漫着怪怪的沉闷，教育的群体模式和考试魔咒，强化了教学的规定性，弱化了教学的灵活性，导致以课本为中心的授课形态非常拘谨，天真活泼的孩子常常被有形无形的四堵墙束缚。这种状况有目共睹，为全社会所诟病，但在今天的现实背景下却难以快速地根本扭转。有些人痛感于此，选择了家庭式的类似私塾教育，这虽是个案，却敲响了警钟。如何认识和应对，考验着我们的教育智慧。

倡导“开放”，便是一剂良方。

怎样看待这里所说的“开放”？首先，它要承认学校教育的主体存在，这是前提，这是基础。它不是简单地踢破学校围墙，或者逃离学校。它是对现行学校教育缺陷的修正和调整。它有方向，也有某种边际。在教育的范畴里，有限制的开放闪耀着理性之光，而极端式的盲目破立，则是一种不现实的幻想，也是一种错误。开放的教学，它追求学习方式的多样性，课程改革的科学化，知识视野的大拓展，说到底是学校教育的“内部”事物。

其次，它体现着新教育的胸怀。新教育的最高目标是：为了孩子的成长。捍卫这个目标，需要责任，标志着一种境界。一味固守三尺讲台上的百年成规，或许会暂时轻松，或许偶有成效，但迟早会脱离主流，脱离时代，脱离目标。用开放的心态拥抱开放的教育，包容“新生”，包容“探索中的未知”，包容“前进中的不适应”，这才是新时点下的应有姿态。开放必然伴生着改变。有胸怀，才不会惧怕“改变”，才会主动地面对，才会站在开放的前沿，渴盼并投身于教育的新变化之中。

有主体，有胸怀，求理性，求改变——这不正是教育智慧吗？这本书高扬“开放”的旗帜，定位于“课程”，诠释的就是这种教育智慧。

二、开放呼唤着切实的创造

开放与活动课，能够天衣无缝地对接。开放式活动课程，似乎天然地就是一张响亮的名片。

翻开书页，84个课型设计，不仅个个都承载着开放的理念，而且个个都挥洒着独有的创造。理念很重要；创造是行为，是落实，是支撑，尤为重要。

阅读这些设计，我发现：所有的设计都是课程的形态，课程的构架，行家功力，精致而易推广；而其内容，往往又是在课堂中加入课外的因子，甚至加入校外的元素，取舍之间，有延展，也有分寸。《我上学了》《学当小老师》如此，《爱护人民币》《只有一个地球》也是如此。

走进设计之中，几乎处处可以感觉到作者的苦心与匠心。在三年级第11课《“桥”的故事》中，活动过程为：找桥—说桥—赏桥—画桥—造桥。这是一个多么完善的链条！“画桥”处作结，本无不可；作者追加一个“造桥”，仅仅是丰富了一个环节吗？它追加的是学生的“兴趣点”，是本课的“闪光点”，是设计的“着力点”。在六年级第4课《寻找长征足迹》中，歌曲营造气氛，画面展示过程，一场波澜壮阔的长征历史，浓缩在一个微型课堂之中。而且联系曾经学过的课文，知识呈现，精神贯穿，课内课外联动，学生或欣赏，或思考，或表演，这不就是典范的“综合性学习”吗？如此这般的美妙设计，似山冈上的秋日红叶，在书中的字里行间，一簇簇一片片地绽放着，强力牵引着读者的眼球。

语文活动课，具有自主性、实践性、趣味性、创造性和多样性五大特征；分别归属常规性语文活动课、实践性语文活动课、随机性语文活动课和发展性语文活动课四大类型；通常表现为尝试式、合作式、综合式和创新式四大模式。这是作者在导言中透露的部分研究。当这些研究以及作者拟定的6阶17项参考评价系统，同84个课型联系在一起的时候，我突然意识到，作者一定还有大手笔、大规划。而这本书，也许只是初步的成果。“初步”点燃着期待。

冠以“课程”之名，推出教材式“活动课程”，有年级序列，有难易梯度，有实录示范，如此布局，如此规模，过去几近空白；而如今，已然开拓出了一片空间。这片空间属于孩子，属于新教育，属于开放的时代。

（选自《小学语文教学》2010年第1期，作者系《语文报》小学版主编）

附六
《中国教育报》：读书的教师最美

读书的教师最美
——记深圳市宝安区西乡中心小学校长张云鹰精心营造书香校园

中国教育报记者　张贵勇

触动张云鹰营造书香校园的想法，始于她走马上任的第一天。

2003 年 9 月 1 日，作为新校长，张云鹰早早到深圳市宝安区西乡中心小学准备举行开学典礼。一到现场，她就懵了，有的家长穿着拖鞋，有的穿着睡衣和短裤。学生穿着也是什么样都有，如长袖上衣配短裤，衣服扣子系错位。现场的教师似乎对此都习以为常。

眼前的情景深深地刺激了张云鹰的视觉，并激起心灵的震动。在她的心目中，教师应该是美与智慧的化身，应该随时为学生树立一种榜样。从那一刻起，她决定从改变教师的仪表入手，让书籍美化教师的精神世界。

教师之美体现在细节

小时候，在老家湖南怀化，张云鹰经常能看到一些从天津下放的女知青。大院里，女知青们长发飘飘的样子，给她留下了很深的印象。后来，张云鹰有机会成为校长。她发现，深圳城乡结合部的学校中，教师兴趣爱好比较单一，缺少品位和内涵。

在张云鹰看来，小学纯粹的知识内容不多，有的孩子一个星期就把薄薄的语文课本读完了，但教师花了很多课时，效果却欠佳。究其原因，问题还是出在教师身上。张云鹰觉得，要让学生爱上你的课堂，教师首先要博得孩子的喜欢。表面上，小学阶段对知识的要求不高，但实质上对教师的综合素质要求并不低。如果教师讲课的形式能丰富一些，能组织一些生动有趣的课间活动，内容上拓展一些，多引用名人名家的故事，等等，教学效果就会事半功倍。学生有时候记忆深刻的不是课堂内容本身，而是教师带领他们参与了什么活动，培养了他们某种兴趣爱好，甚至是教师高雅的穿着、得体的打扮、某项特长、某个独有的习惯等。

那么，采取什么样的方式提升教师的综合素质和品质呢？张云鹰经过反复思考，最终选择“读书的女人最美”主题活动。她说，中小学教师以女教师为主，女教师是否美丽、大方、高雅，对孩子影响很大，“广东人习惯穿鞋不穿袜子，穿凉鞋露出脚后跟和脚趾头。这些虽然是小事，但对学生有潜移默化的影响，而一个人的品位和修养其实就体现在这些细节上。”

让教师成为最美的形象

“我遇见一本美丽的书，页页写满这人世的爱与哀愁；终于相信有人陪我孤独陪我守候，刹那间泪如泉涌又面带笑容……”寒假开始的前一天，西乡小学和往年一样，在宝安区妇女儿童活动中心举行了“读书的女人最美”专场文艺晚会。晚会上，张云鹰和几位老师一起表演了诗朗诵《我遇见一本温暖的书》，赢得了满堂喝彩。

晚会上的女老师个个身着晚礼服，不仅呈现出与平时不同的外表美，而且自编自导的现代舞、音乐诗、钢琴独奏、英语情景剧、经典舞蹈“读书的女人最美”等节目都非常精彩。晚会上，女教师们个个光彩焕发，魅力非凡，很多男教师表示“非议”：“女教师打扮得那么漂亮，搞得我们很有危机感了。”

从2004年至今，西乡小学已经举办了六届“读书的女人最美”专场晚会。张云鹰说，这不是简单的一场晚会，也不是简简单单的娱乐活动，而是让教师感受美、爱上美的舞台，更是教师热爱生活、热爱生命的缩影。除了专场晚会，学校还经常请教师欣赏《雷雨》《日出》等经典话剧，观看《云南印象》等文艺演出。“三八”妇女节，学校还请化妆师教大家学化妆、系丝巾扣等，培养她们现代城市人的生活习惯，提升其生活品位。

教师过生日校长送好书

“小学老师生活圈子相对较小，如果视野只局限在校园内，长此以往会导致思想范围狭窄，生活单调乏味，缺乏职业幸福感。”张云鹰说，提倡读书有助于教师缓解身心压力，享受职业幸福感。其实，老师也非常渴望兼具外在与内在的美，学校不过是创造一个环境和契机，选择一个好的命题。

据张云鹰介绍，学校每学期都会举办一系列的读书活动。如每月一次读书汇报会，教师们把自己闲暇时读书中的感动和思考与大家分享。“西海讲堂”也定期举办读书沙龙活动。

每逢教师过生日，西乡小学的惯例是不送鲜花、不请宴席，而是由校长亲自为每一位过生日的老师送上精心挑选的图书。这项活动从2005年至今一直坚持，每月专门举行一次从未间断。每年度，学校会组织书香班级、书香家庭、阅读明星等评比活动，切实引导学生多读书、乐读书、读好书。

采访后记

张云鹰给人的第一印象是个爱美的人，无论是日常的穿着打扮，还是办公室的布置、校园的美化，她都追求做到最好。张云鹰成长的地方是屈原诗中常出现的“溆浦”，也是早期妇女领袖向警予的故乡，她身上天生有种辣妹子所特有的聪慧与灵气。

当爱美之心与管理的智慧结合在一起，便成就了一个善于掌舵的校长、一群热爱阅读的教师、一个书香漫溢的校园。在西乡中心小学，教师的差距不是上课水平的高下，而是读书的多少。教师之间比的不是学生的考试分数，而是学生读书的量与质。

张云鹰说，“读书、教书、写书”是教师的专业成长三部曲，这也是教师永恒的追求。

开放式教育已成为西小坚持研究与探索的永恒性课题。确立伊始，我们就将第一阶段研究重心定在课堂教学领域中，因为我们清楚地知道，学校是人们学习知识的圣地，是家长放飞家庭希望的场所，是儿童编织梦想的世界，因而我们执著地认为，在现代，学校的功能可以提升，她是造就适应社会人的主要途径，是形成人的开放心态、开放知识、开放能力的重要载体，是实现人持续发展的基点工程。

开放是未来社会的总趋势，学校的教育开放要迎合社会发展开放的节律，参与到开放社会形态的建设中，按世界发展的潮流和中国开放的趋势去培养明天开放型的建设人才。教育要现代化，就必须实施开放式教育。我们探索的开放式教育，不是对传统教育的全盘否定，而是哲学的思索，辨证的否定，以实现小学教育科学有序的开放。

在教育日益走向城市化、现代化、国际化的今天，为使我们的教育适应新时代激烈的人才竞争和知识经济对人才培养的变革，为将西小教育带向一个真实的“培养现代城市人”的境地，我们在经过充分的思考酝酿与实践后，认识到培养现代城市人必须面向开放式的转型社会，并根据社会发展需要真正理解什么是现代城市人，怎样设计培养现代城市人的教育目标，怎样改进我们的教育方法与内容。实践证明：开放式教育是我们成功探索的一种教育模式。开放式教育在未来的研究中将进一步接近人的基础发展需要，真正走向社会、家庭，使教育真正呈现出“面向现代化、面向世界、面向未来”的特征，使教育真正成为托起明天太阳的伟大事业。

（选自《中国教育报》2010 年 2 月 25 日第 05 版）

附七

《深圳教育》：张云鹰：我选择，我负责

张云鹰：我选择，我负责

深圳教育报记者　黄浩　欧伟

不要没有智慧的爱

记　者：成功的校长有两个共同的特质，一个是对事业的高度热情，一个是不断探索的思想者。熟悉你的人都认为这两种特征在你的身上都很突出，作为一名教育管理工作者，你认为这两种特质哪个更重要？

张云鹰：热情产生爱，这是前提。但对一名教育工作者来说，仅仅有爱是不够的，还需要有教育哲学和教育智慧的支撑。智慧来源于对教育的深度思考，然后引导热情用在刀刃上。

我们现在不缺乏教师对学生的爱。难道有爱就能解决所有问题吗？没有智慧的爱是盲目的爱，没有能力的爱是无知的爱。我认为一个教育人有热情是前提，有思想是根本。没有清晰的思想指引的方法，教师就不是在教学生，而是害学生，花的时间越多，学生受的伤害越大，背离教育的轨道越远。我经常说，勤奋的低效益比懒惰更可怕。

记　者：记得您来西小之后，就明确提出了"培养现代城市人"和"打造一所融入城市新文化的小学"的目标，这实际上也反映了当前的城市化进程与人的城市化不能同步的现实，您是怎么考虑的呢？

张云鹰：时代要求城市和人都要转型，我认为校长首先要思考：培养什么人，用什么方式培养；办什么学校，用什么去办。2003年我竞争上岗，当时这里还没有城市化，80%的学生都是农村的孩子，包括原村民和外来劳务工的小孩。记得我上任西小校长第一次开大会，不少家长甚至穿着睡衣和拖鞋来到会场，有的还光着膀子，孩子也蓬头垢面，衣衫不整，来到教室就席地而坐，这和我们的城市文化是格格不入的。直至去年，我们招的一年级学生60%的家长还都是初中或高中毕业。所以我提出培养学生成为现代城市人，成为有德行、有情趣、有气质、有文化的人，而这一切，就从培养学生的卫生意识、规则意识、文礼意识、城市意识和竞争意识开始。

文化有时还得重建。我们学校号称是百年老校，但是在1996年由旧址迁入碧海湾后，新学校已没有老校的任何痕迹，历史完全隔断，一切都是空白。我上任后，提

出“用文化引领学校发展”，通过8年时间，把学校的建筑特色、校园文化一点点丰富起来。现在我常听有人说，你们的孩子不像农村孩子了，我认为这是对我最高的赞赏。

找一个“非刘德华”式的教育偶像

记　者：您曾经对自己有一个很有意思的角色要求，即成为学校“引领教师的精神偶像”，做教师“精神的首席”。为什么？

张云鹰：我对教师提出了三个培养目标：教学改革的主体者，培养现代城市人的践行者，享受职业生涯的幸福者。

对教师不仅仅要有专业培养，更要是有文化引领。现在很多老师都是高校高学历毕业的，他们的学科专业问题不大，但需要文化引领。首先是敬业精神。现在的80后缺的不是专业知识，而是敬业，所以我倡导教师心中要有崇拜的教育偶像。我经常参加教育论坛，一次论坛上，有一位老师一开口就说“刘德华说”。刘德华到底说了什么不重要，关键是如果一个老师一开口就是“刘德华说”、“张学友说”，他没有教育的精神偶像，那就完了。这个精神偶像可以是古今中外的教育名家，甚至可以是现在周围的一些教育工作者。后来我专门做了一本小册子，叫《教育名言集锦》，以此引领教师的精神文化。我现在还珍藏着当年1元7毛钱买的苏霍姆林斯基的《给教师的一百条建议》，那是我毕业时案头的最爱。可以说，苏霍姆林斯基是我选择教育的第一个偶像。后来，陶行知是我的第二个偶像。

我还想说一点的是，优质的、榜样的学校不一定在都市。当年的西南大学也提出乡村教育。学校不是孤岛，要看他有没有和社会和生活对接。教育要开放才能成为多元，师生的情感才能奔放。

精神引领另一个作用是培养教师的主动意识。一名教师如果每天向往的是课堂是学生，他是主动的；如果每天向往的是寒暑假星期六星期天，他等待的只是工薪。其从事教育的结果，当然不一样。因此我非常看重教师内驱力的培养。我们看《放牛班的春天》，那种低智商、问题少年都能被培养成才，我们教师有什么理由不把我们的孩子培养成心智健全的孩子？我认为，你要看一个人能不能成为名教师名校长，你就看他八小时外的努力。这就是主动和被动的不一样。

语文教材错过了生活

记　者：你今年从事教育整整30年，这30年里你经历了5次大的变动，但有一个角色您始终没变，就是一名语文老师。您认为现在的语文教育适不适合时代的要求？与孩子的心智发展是否相匹配？

张云鹰：我们的语文教材确实存在问题。前不久很多人在抨击中小学语文教材，主要是课文脱离实际、和生活不接轨等。部分内容往往树立一种高大全的形象，与我们人性的东西是不相吻合的。而我们过去有很多文质兼美的文章，如巴金的《繁星》、老舍的《风》等，包括我在上世纪80年代教学时的一篇童话《昙花姑娘》，这些非常美的作品，在现行的教材中消失了。但我认为，语文学习应该是文质兼美的，价值观应该是借托文本让学生体会出来，而不是强加。

我们的教学方法也存在问题。我提出开放式教育，是因为我们的教学内容、思维、方法太过狭隘。深圳的小学语文是人教版教材，我们会向苏教版、北师大版开放，选用一些好的文章补充到教学中。我还有一个计划，就是立足于人教版教材，向民国时期的教材开放，向经典开放，同时向世界名著以及适合小学生的阅读开放。

我很担心一个现象，就是一名校长如果有一天不再是校长了会一无是处。我认为，名师不一定是名校长，但名校长一定是名师。一所学校的中心工作是教学，如果校长对教学不了解，那他就没有发言权。

名师首先代表的是他所在的城市

记　者：您如何看待深圳现在开始越来越重视的对"名校长"和"名师"的培养？

张云鹰：我认为"名师"和"名校长"首先代表的是他所在的城市和学校。上周我去湖南师大招聘老师，间隙还给沙子塘教育集团教师培训，四月份的整个周末时间，我都应邀在外面讲学。有些人可能不太理解，其实我在演讲的时候也在宣传宝安，宣传深圳。有句话是"有师则名"，一个名师会影响一个地域的名声。试想，如果没有魏书生，我们可能不知道盘锦。我们在宣传一种教育思想、教育理念的同时，也是在宣传这个地区，这个城市。我从湖南来到广东，感觉广东是做事文化，缺乏立言；而江浙的教师在全国知名度很高，是因为他们重视打造自己的品牌，在全国营造影响力。我践行"开放式教学"和李吉林的"情境教学"几乎同时，现在"情境教学"在全国广为人知，而我们只能靠自己默默地推行。

记　者：您现在的角色定位是宝安区的"名校长"，在全市、全国都有一定影响。同时你也是宝安区的"母亲形象大使"，刚才您还提出要成为引领教师的"精神偶像"，您怎么看待这些角色在您身上的同时体现？

张云鹰：我既是校长又是教师又是母亲，这种多重身份并不矛盾，还会相得益彰。我在宝安市民讲堂为市民讲课，为公司员工讲家庭教育，我愿意把我体会到的点滴和大家分享。我认为我的家庭教育是成功的。我是单亲家庭，但我儿子没有感到亲情缺失。他17岁就出版了第一本诗集，现在英国伦敦政经学院读研究生。他写过一篇文章叫《永不分手的情人》，就写我和他的关系。儿子和我的关系就像朋友，他也不叫我妈妈，叫我张姐。我不要求他学业一定非常好，但身心健康、心态阳光才是最重要的。

有人认为现在单亲家庭就是问题家庭，我对此有不同观点。这个世界是多元的，应允许多元的家庭存在，包括单亲家庭、丁克家庭、多子家庭还有非婚生子女家庭，我们不能歧视，而应该思考的是用什么样的方式教育他们，这些孩子同样会有一个阳光的未来。

我选择，我负责

记　者：从您的履历来看，似乎您不是一个太想当官的人，因为您在来深圳之前有过这样的机会了。后来您又高调地竞聘校长，这是为什么？您是否觉得这会对实现您的教育理想带来更大的空间？

张云鹰：我的目标本来就是做一名特级教师，术业有专攻，走专业之路。我曾获得湖南省教学大赛一等奖，有一些学校和妇联单位都想让我去，我都放弃了。调到宝安后，在教科培中心做教研员培训教师。后来为什么萌发竞争当校长的想法呢？我感觉到把自己的教育理想实现还是有困难的，所以我很希望能有一块试验田，把研究成果付诸实践。这样坚持了8年，学校有了起色，我也获评宝安区名校长和深圳市名校长，很多人都说我由研究者到管理者成功转型。

我从事过教学研究，做过培训，知道教师缺什么，课堂缺什么，这样更有利于管理。我的30年教学生涯里，头10年的时间从事教学、班主任，接着12年从事教育科研、培训，现在当了8年校长。因为这样的经历，如果以后我不再是一名校长而重新当教研员，我想这也是很好的。

我和教师们聊天经常引用一句话：你想一辈子幸福吗？工作吧。把家庭生活当做常态，而工作、事业是“变态”，可以不断地设计、超越。人孤独地来到这个世界，最后又会独自离去，但走的过程可以结伴而行，与你志同道合的人一起追寻理想，就会获得幸福。

（选自《深圳教育》2011年5月27日第7版）

主要参考文献

1. 米歇尔·福柯．规训与惩罚［M］．刘北成，杨远婴，译．上海：上海三联书店，1998.
2. 以赛亚·柏林．自由及其背叛［M］．赵国新，译．南京：译林出版社，2005.
3. 雅克·德洛尔．教育——财富蕴藏其中［M］．北京：教育科学出版社，1996.
4. 金生鈜．规训与教化［M］．北京：教育科学出版社，2004.
5. 周稽裘．教育现代化：一个特定历史时期的描述［M］．北京：人民教育出版社，2004.
6. 叶澜．“新基础教育”论——关于当代中国学校变革的探究与认识［M］．北京：教育科学出版社，2006.
7. 朱永新．新教育［M］．桂林：漓江出版社，2009.
8. 吕峰．领导进化［M］．北京：机械工业出版社，2010.
9. 冯增俊，唐海海．新世纪学校模式［M］．广州：中山大学出版社，2001.
10. 余文森．有效教学十讲［M］．上海：华东师范大学出版社，2009.
11. 张文质．教育的十字路口［M］．上海：华东师范大学出版社，2004.
12. 陈玉琨．教育——为了人的幸福［M］．北京：教育科学出版社，2005.
13. 熊梅．校本课程开发的行动研究［M］．北京：教育科学出版社，2010.
14. 张云鹰．教育智慧与学校创新［M］．北京：人民教育出版社，2008.
15. 赵中建．全球教育发展的研究热点［M］．北京：教育科学出版社，1999.
16. 赵中建．教育的使命［M］．北京：教育科学出版社，1996.
17. 徐平利．教育的陷阱［M］．桂林：广西师范大学出版社，2008.

后　记

21世纪是一个信息时代，一切都呈现出前所未有的开放。因此，对于每一个从事教育的工作者，开放式教育无疑是一个正确的选择。

开放，是一个动词，一种行动，一个过程，也是一种理念。开放式教育，对于一个教育管理者和教育实践者来说，它又是一个无法绕开的现实问题。开放使我们反躬自照，回到自身并完善自身。

我国的开放教育思想可以追溯到两千多年前的先秦诸子百家，其中较为明确地提出这一思想的是荀子。“不闻不若闻之，闻之不若见之，见之不若知之，知之不若行之，学至于行而止矣。”（荀子《儒效力》）充分说明了荀子既重视“闻”、“见”等感性认识向“知”的理性认识的提升，又更加重视理性的“知”向实践的“行”的转化，并将之作为最高境界和追求目标。

孔子提出的“在梨树之下”、“杏坛之上”，主张以自然为老师，以自然为教材，以自然为课堂，在自然界的广阔空间授课。庄子也提出以天地自然为大宗师的教育思想，主张教学要与自然、生活和社会相融合。

中国教育改革的先驱陶行知先生继承和发扬了杜威的“学校即社会”的理论，他主张把教育的范围扩大，把笼中的小鸟回归自然，放到天空中去，任它自由翱翔。他反对将教育和生活关在学校大门里，如同把一只鸟关在笼子里的教育，认为凡是生活场所，都是教育场所。

作为一个教育工作的后来者，我对开放式教育的所有建构均是建立在前辈教育家们的理论基础之上的思考和实践。

今天的教育日益走向城市化、现代化和国际化，为使我们的教育适应新时代激烈的人才竞争和知识经济对人才培养的变革，为将西小教育带向一个真实的“培养具有国际视野的现代城市人”的境地，我们在经过充分的思考酝酿与实践后，认识到培养现代城市人必须面向开放式的转型社会，并根据社会发展需要真正理解什么是现代城市人，怎样设计培养现代城市人的教育目标，怎样改进我们的教育方法与内容。实践证明：开放式教育是我们成功探索的一种教育模式。它顺应未来社会的总趋势，迎合社会发展开放的节律，参与到开放社会形态的建设中，按世界发展的潮流和中国开放的趋势去培养明天开放型的建设人才。

目前，开放式教育已成为西小坚持研究与探索的核心课题。我们将第一阶段的研究重心定位在课堂教学领域中，因为我们清楚地知道，学校是人们学习知识的圣地，是家长放飞希望的场所，是儿童编织梦想的世界，因而我们执著地认为，现代学校的功能可以提升，她是造就现代城市人的主要途径，是形成人的开放心态、开放知识、开放能力的重要载体，是实现人持续发展的基点工程。

西小践行的"开放式教育"旨在向人的生活世界回归。一是教育向"现实生活世界回归"。这就意味着，教育从理想世界走向现实世界，焕发出生活的气息和生命的活力。也意味着，教育从单质，必然，共性，简化的世界走向多质，偶然，个性，复杂的世界。二是教育向"人的生活世界"回归。这意味着教育要把握人在时空中的动态变化及其关系，拓展和解放教育的时间和空间。在时间的序列上，教育应该从人出生的早期阶段就开始做拓展人生的基础工作；在空间序列上，教育需要由课堂、学校向社会拓展人的发展的全部环境。因此，我们探索了学校管理的开放、德育工作的开放、课程教材的开放、课堂教学的开放和评价手段的开放。实施过程中，还体现了校园空间的开放、教育目标的开放和情怀视野的开放。

我们探索的开放式教育，不是对传统教育的全盘否定，而是哲学的思索，辨证的否定，以实现小学教育科学有序的开放。开放有助于尊重差异，使人变得宽容；开放使人消除偏见，学会鉴别；开放使教育在景仰、吸纳人类共同文化、科技与物质财富的基础上，给无助的心灵带来希望，给幼稚的双手带来力量，给孱弱的身躯带来强健。没有开放，就没有自由、自信、自省、自察的精神世界。

求索无止境，真理就在漫漫征途中逐渐显现。在开放式教育的思考与实践中，我真切感受着我们的教师团队对教育事业的敬畏和执著，尽情分享着孩子们健康成长的快乐和幸福。我也十分欣慰我们的实践与探索得到了来自国家省、市、区各级领导、专家和学者的关怀和指导。

在《开放式教育》文稿付梓之际，我非常感谢教育部基础教育司和师范教育司、中央教育科学研究所、广东省教育厅师训处和基教处、深圳市教育局、宝安区教育局、宝安区区委区政府、宝安区教育科学研究培训中心和宝安区西乡街道党工委长期以来对西小践行开放式教育给予的支持和鼓励；感谢中国教育报刊社、人民教育杂志社、中国教育学刊杂志社等单位对我给予的帮助和指导。在此，我还要特别感谢中央教育科学研究所所长袁振国教授、深圳市教育局郭雨蓉局长在百忙中不吝赐序。特别感谢教育科学出版社所广一社长的鼎力支持；教育界各位领导和专家的厚爱，让我没齿难忘，也必将鞭策我为着教育的“三个面向”奋力跋涉，不断攀高。

在本书的写作过程中，我还参阅、选摘了一些图书资料暨报刊中的有关材料，除了已列出的主要参考书目外，还有少数未一一注明。谨在此向所选材料的原编著者一并表示感谢。

由于笔者水平有限，加之我们践行的“开放式教育”尚处在初级阶段，故书中不乏缺憾、浅陋之处，雅正于方家，不胜感激。

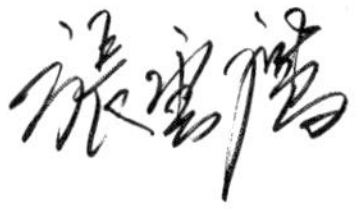

2011年8月写于深圳宝安

出 版 人　所广一
责任编辑　谭文明
版式设计　孙欢欢
责任校对　张　珍
责任印制　曲凤玲

图书在版编目(CIP)数据

开放式教育/张云鹰著．—北京：教育科学出版社，2011.11(2013.3 重印)

ISBN 978-7-5041-6053-9

Ⅰ.①开…　Ⅱ.①张…　Ⅲ.①区(城市)—小学教育—研究—深圳市　Ⅳ.①G62

中国版本图书馆 CIP 数据核字(2011)第 198108 号

开放式教育
KAIFANGSHI JIAOYU

出版发行	教育科学出版社		
社　　址	北京·朝阳区安慧北里安园甲9号	市场部电话	010-64989009
邮　　编	100101	编辑部电话	010-64981277
传　　真	010-64891796	网　　址	http://www.esph.com.cn
经　　销	各地新华书店		
制　　作	北京金奥都图文制作中心		
印　　刷	保定市中画美凯印刷有限公司	版　　次	2011年11月第1版
开　　本	169毫米×239毫米　16开	印　　次	2013年3月第2次印刷
印　　张	19.5	印　　数	5 001—8 000册
字　　数	308千	定　　价	39.00元